Common Legal Risk
Tips of Enterprise Entities
in the Internet era

INTERNET ERA

胡 栋 / 编著

互联网时代背景下
企业主体常见法律风险提示

以 全 国 典 型 案 例 为 样 本

中国法制出版社
CHINA LEGAL PUBLISHING HOUSE

前　言

Preface

互联网技术的蓬勃发展推动着互联网经济的爆炸性增长，互联网企业如雨后春笋般大量涌现。而由于互联网本身的自由性、共享性、开放性等特性，无论是极具竞争力的行业巨头，抑或是依托于互联网而开展经营的小型企业，都在这般的时代红利中，赚得极为可观的经济利益。在创造了大量的社会财富的同时，也极大地提高了我国居民群众的日常生活质量，社会生活趋于便捷化、智能化。无论是线上购物、手机支付、智能家居等生活方式的转变，还是短视频、线上直播等娱乐方式的普及，都切实地为我们日常生活带来更多便利与乐趣，也让我们对未来生活有了更多的憧憬与向往。互联网行业造就的大量工作岗位，更是直接为就业这一民生问题提供了有效的支撑，大量从业人员涌入互联网相关行业，同时也孕育了一批自由职业者。互联网经济的发展为我们的生活带来了更多的可能性。

然而，凡事皆具两面性，互联网这一新兴技术产物更是如此。互联网在良性改变人们的生活方式的同时，也带来了同样无法忽视的社会问题。互联网巨头企业滥用自身市场支配地位以获取超额利益，企业主体采取不正当竞争行为以获取不正当竞争优势，个人或企业进行违法犯罪行为以获取违法收益……凡此种种，都必将给互联网企业的正向发展带来巨大的冲击。

因此，对于互联网企业主体而言，应当积极开展企业合规建设，推动自身企业合规合法的良性运营和长远发展，避免自身因违法行为而承担相应法律责任，同时保证自身在面临相关的侵权行为时，可以第一时间采取有效措施，避免损失的进一步扩大，并通过协商、仲裁以及提起诉讼程序等方式，向相关侵权主体甚至犯罪主体主张自身合法权益。

本书正是基于此种目的，通过精心选取的司法判例，对互联网企业相关的各类法律纠纷进行分类和整理，以期为互联网企业的法律纠纷解决与合规制度建设提供有效建议。具体而言，本书选取的案例主要来源于最高人民法院发布的指导性案例、涉互联网典型案例、互联网典型案例，广东省高级人民法院发布的涉互联网典型案例，北京互联网法院发布的典型案例，杭州互联网法院发布的典型案例，力求所选取的案例具有一定程度的代表性与指导性。精炼出案例中的关键词，对基本案情进行概括以及法院裁判观点进行整理，进而对法院的裁判思路作出分析，最终为互联网企业在面临相关法律纠纷时提出具有一定参考价值的风险提示与处理意见，同时选取与之相关的法律法规条文，以确保法律规定与司法实践的有机结合。

全书主体分为五个部分，分别为垄断与不正当竞争行为纠纷、知识产权纠纷、民事合同纠纷、刑事犯罪，以及其他民商事纠纷。

第一部分，垄断与不正当竞争行为纠纷。互联网经济的发展造就了一批互联网产业的行业巨头。大量市场份额的占有、市场支配地位的形成，使得巨头企业面临着滥用市场支配地位以获取巨额利润的现实诱惑。对于互联网企业，尤其是头部性的大型互联网企业，垄断问题的合规建设，具有不可或缺的重要意义。互联网本身的虚拟特征，加之其自由、开放等基本特性，使得无论个人还是企业主体，都有通过各类"新颖"的方式手段以获取竞争优势的现实可能。然而，此类相关行为是否将会被认定为不正当竞争行为而需承担相应的法律责任，尚未可知。因此，互联网企业不正当竞争行为的审查，不容忽视。

第二部分，知识产权纠纷。互联网经济的蓬勃发展，本身就与知识产权问题密切相关。无论是商标权、著作权还是专利权，在互联网的强大交互作用下，都将面临巨大的侵权可能性。而互联网信息的瞬时传播，使得相关的侵权行为所带来的实际损失可能扩大到一个难以估量的量级。因此，互联网企业，首先应当避免知识产权侵权行为的发生，其次应当注重保护自身所享有的知识产权，避免因网络侵权而遭受损失，最后面临实际侵权行为，也应第一时间采取有效措施，避免损失进一步扩大。

第三部分，民事合同纠纷。作为民商事领域法律纠纷中最为常见的纠纷类型，合同纠纷一直是民事主体在开展各类民商事活动中所应注意的重中之重。互联网企业所从事与开展的业务类型，虽然与传统行业具有一定的差异，但对于其中相当一部分可能面临的法律纠纷，实际仍可用传统手段予以解决。具体之合同纠纷而言，既存在包括互联网企业在内的所有企业主体皆会面临的普遍性合同纠纷，也存在具有互联网特征的"新型"合同纠纷。无论怎样，与之相关的纠纷处理，应当基于合同法律的基本原理，结合行业特性，进行自身制度的审查与合同风险的防范。

第四部分，刑事犯罪。除民商事法律纠纷外，刑事法律风险更是关乎企业生存发展的根本。无论是破坏计算机信息系统、非法控制计算机信息系统，还是利用网络进行盗窃和诈骗，抑或是侵犯公民个人信息等刑事犯罪，在当今社会环境下，都是互联网企业所应当考虑的问题。确保自身所开展的经营活动不涉及刑事犯罪认定的可能性，在面临刑事犯罪的情况下积极与相关机关、部门沟通并准备诉讼程序，是互联网企业在发展过程中必须重视的红线问题。

第五部分，其他民商事纠纷。除前述各类法律问题外，随着公民对个人权利保护意识的不断增强，包括个人信息保护、个人隐私权的维护、平等就业权等权利形式的重要性已然不容忽视，《民法典》中专章规定的人格权正是对这一问题的正面回应。对于互联网企业而言，公民人格权的保护具有不容忽视的重要意义。再如 NFT（非同质化通证）等元宇宙中新型产业形式的出现，对其合法与否的定性问题必须予以重视。互联网企业合规制度建设，理当也应注重诸如此类的其他民商事纠纷的处理。

目 录
Contents

第三部分　民事合同纠纷

第四部分　刑事犯罪

第五部分 其他民商事纠纷

第一部分　垄断与不正当竞争行为纠纷

　　互联网经济的发展造就了一批互联网产业的行业巨头。大量市场份额的占有、市场支配地位的形成，使得巨头企业面临着滥用市场支配地位以获取巨额利润的现实诱惑。对于互联网企业，尤其是头部性的大型互联网企业，垄断问题的合规建设，具有不可或缺的重要意义。互联网本身的虚拟特征，加之其自由、开放等基本特性，使得无论个人还是企业主体，都有通过各类"新颖"的方式手段以获取竞争优势的现实可能。然而，此类相关行为是否将会被认定为不正当竞争行为而需承担相应的法律责任，尚未可知。因此，互联网企业不正当竞争行为的审查，不容忽视。

　　本部分选取垄断行为相关判例两则、不正当竞争行为相关判例十则。通过对判例的精简与分析，提出涉及相关垄断行为或不正当竞争行为的提示，旨在为互联网企业在此类宏观问题上的合规制度建设提供具有一定参考意义的法律建议。

判例一：滥用市场支配地位行为的认定

北京奇某科技有限公司与某科技（深圳）有限公司、深圳市某计算机系统有限公司滥用市场支配地位纠纷案①

【关键词】

滥用市场支配地位　垄断　捆绑销售

【案情简介】

北京奇某科技有限公司（以下简称奇某公司）、奇某软件（北京）有限公司于 2010 年 10 月 29 日发布扣扣保镖软件。2010 年 11 月 3 日，某科技（深圳）有限公司（以下简称某公司）发布《致广大 QQ 用户的一封信》，在装有 360 软件的电脑上停止运行 QQ 软件。11 月 4 日，奇某公司宣布召回扣扣保镖软件。同日，360 安全中心亦宣布，在国家有关部门的强力干预下，目前 QQ 和 360 软件已经实现了完全兼容。2010 年 9 月，QQ 即时通信软件与 QQ 软件管理一起打包安装，安装过程中并未提示用户将同时安装 QQ 软件管理。2010 年 9 月 21 日，某公司发出公告称，正在使用的 QQ 软件管理和 QQ 医生将自动升级为 QQ 电脑管家。

奇某公司诉至广东省高级人民法院，指控某公司滥用其在即时通信软件及服务相关市场的市场支配地位。奇某公司主张，某公司和深圳市某计算机系统有限公司（以下简称某计算机公司）在即时通信软件及服务相关市场具有市场支配地位，两公司明示禁止其用户使用奇某公司的 360 软件，否则停止 QQ 软件服务；拒绝向安装有 360 软件的用户提供相关的软件服务，强制用户删除 360 软件；采取技术手段，阻止安装了 360 浏览器的用户访问 QQ 空间，上述行为构成限制交易；某公司和某计算机公司将 QQ 软件管家与即时通信软件相捆绑，以升级 QQ 软件管家的名义安装 QQ 医生，构成捆绑销售。请求判令某公司和某计算机公司立即停止滥用市场支配地位的垄断行为，连带赔偿奇某公司经济损失 1.5 亿元。

---

① 最高人民法院指导案例 78 号。最高人民法院（2013）民三终字第 4 号，载于中国裁判文书网。

【裁判观点】

二审法院认为，本案中涉及的争议焦点：一是如何界定本案中的相关市场，二是某公司是否具有市场支配地位，三是某公司是否构成《反垄断法》所禁止的滥用市场支配地位行为。

关于本案中的相关市场这一问题，法院认为本案相关市场应界定为中国大陆地区即时通信服务市场，既包括个人电脑端即时通信服务，又包括移动端即时通信服务；既包括综合性即时通信服务，又包括文字、音频以及视频等非综合性即时通信服务。

关于某公司是否具有市场支配地位这一问题，法院从市场份额、相关市场的竞争状况、被诉经营者控制商品价格、数量或者其他交易条件的能力、该经营者的财力和技术条件、其他经营者对该经营者在交易上的依赖程度、其他经营者进入相关市场的难易程度等方面，对某公司是否具有市场支配地位进行考量和分析，最终认定本案现有证据不足以支持某公司具有市场支配地位的结论。

关于某公司是否构成《反垄断法》所禁止的滥用市场支配地位行为这一问题，对此主要涉及两个方面：一是关于某公司实施的"产品不兼容"行为（用户二选一）是否构成《反垄断法》禁止的限制交易行为，法院认为其实施的"产品不兼容"行为对用户造成了不便，但是并未导致排除或者限制竞争的明显效果。这一方面说明其实施的"产品不兼容"行为不构成《反垄断法》所禁止的滥用市场支配地位行为，也从另一方面佐证了其不具有市场支配地位的结论。二是某公司是否构成《反垄断法》所禁止的搭售行为，法院认为奇某公司所述的"某公司将QQ软件管家与即时通信软件捆绑搭售，并且以升级QQ软件管家的名义安装QQ医生，不符合交易惯例、消费习惯或者商品的功能，消费者选择权受到了限制"的上诉观点不具有正当理由。

最终，最高人民法院于2014年10月8日作出（2013）民三终字第4号民事判决，驳回了奇某公司的上诉请求维持原判，即驳回奇某公司的诉讼请求。

【判例分析】

滥用市场支配地位行为，是指具有市场支配地位的经营者凭借其支配地位，在相关市场内不正当排除、限制竞争，损害消费者利益和社会公共利益的行为。故，法院对其裁判也从这三方面出发，即相关市场的界定、市场支配地位的认定以及判断是否存在滥用市场支配地位行为。

对于平台经济领域相关市场这一问题的判定，通常以替代性分析为基本方法。在界定相关商品市场时，首先对平台的商业模式进行分析，特别是分析该平台对平台各边交易相对人提供的具体服务，以及具体服务匹配了各边交易相对人的相应需求。然后对商业模式类似的、有替代可能的商品进行替代性分析。对相关地域市场界定同样采用需求替代和供给替代分析。平台经济具有网络性和跨地域性，在界定相关地域市场时，需要根据平台服务的特点来确定地域范围。

上述案例中，就相关市场界定时应如何考虑平台竞争的特点及处理方式，法院认为：第一，互联网竞争一定程度地呈现出平台竞争的特征。被诉垄断行为发生时，互联网的平台竞争特征已经比较明显。互联网经营者通过特定的切入点进入互联网领域，在不同类型和需求的消费者之间发挥中介作用，以此创造价值。第二，判断本案相关商品市场是否应确定为互联网应用平台，其关键问题在于，网络平台之间为争夺用户注意力和广告主的相互竞争是否完全跨越了由产品或者服务特点所决定的界限，并给经营者施加了足够强大的竞争约束。第三，界定相关市场是为了明确经营者所面对的竞争约束，合理认定经营者的市场地位，并正确判断其行为对市场竞争的影响。即使不在相关市场界定阶段主要考虑互联网平台竞争的特性，但为了正确认定经营者的市场地位，仍然可以在识别经营者的市场地位和市场控制力时予以适当考虑。而对于相关地域市场的界定，法院认为应从中国大陆地区的即时通信服务市场这一目标地域开始，对本案相关地域市场进行考察，主要考虑多数需求者选择商品的实际区域、法律法规的规定、境外竞争者的现状及其进入相关地域市场的及时性等因素。

在市场支配地位这一问题上，并不能以市场份额作为唯一判断要素，互联网企业主体的经营模式、用户数量、网络效应、处理数据的能力，以及在关联市场的市场影响力等因素，都可以成为对市场支配地位产生影响的重要因素。法院认为，一般而言，市场份额越高，持续的时间越长，就越可能预示着市场支配地位的存在。但市场份额只是判断市场支配地位的一项比较粗糙且可能具有误导性的指标，且互联网环境下的竞争存在高度动态的特征，相关市场的边界远不如传统领域那样清晰。

对于是否存在滥用市场支配地位行为的判断，法院认为滥用市场支配地位行为以市场支配地位为前提，在相关市场边界较为模糊、被诉经营者是否具有市场支配地位不甚明确时，可以进一步分析被诉垄断行为对竞争的影响效果，以检验关于其具有市场支配地位的结论正确与否。此外，即使被诉经营者具有市场支配地位，判断其是否构成滥用市场支配地位，也需要综合评估该行为对消费者和竞争造成的消极效果和可能具有的积极效果，进而对该行为合法与否作出判断。

从法院裁判思路不难发现，对于这三方面而言，界定相关市场通常是重要的分析步骤，是评估经营者的市场力量及被诉垄断行为对竞争的影响的工具，但是并非在每一个滥用市场支配地位的案件中均必须明确而清楚地界定相关市场，即使不明确界定相关市场，也可以通过排除或者妨碍竞争的直接证据对被诉经营者的市场地位及被诉垄断行为可能的市场影响进行评估。而对于企业主体而言，一般以市场份额作为判断市场支配地位的重要依据，但是在互联网的背景下，企业主体之间的竞争存在高度的动态性，相关市场的边界远不如传统领域清晰，且具有市场支配地位本身并不违法，实际可能受互联网企业主体的经营模式、用户数量、网络效应、数据处理能力、市场影响力等众多因素的影响。对于企业主体是否存在《反垄断法》所禁止的滥用行为，则应当针对具体实务案例，结合多方面因素进行判断。

【风险提示】

互联网时代背景下，互联网企业主体借助行业特性及自身战略等因素得以野蛮生长，在造就了众多行业巨头的同时，垄断行为的调查也随之而来，对于互联网企业而言，在面临反垄断执法机构的调查时，应当积极履行自身所应当履行的义务，正确对待反垄断执法机构的调查，消除或降低涉嫌垄断行为对社会的不利影响。

具体而言，互联网企业应当对自身开展反垄断合规检查，必要时聘请第三方评估机构进行反垄断合规评估，若存在达成或实施垄断协议、滥用市场支配地位，未经申报而实施的经营者集中行为等情形，及时主动地向反垄断执法机构报告，在行为尚未被发现之前就主动报告或揭发检举违法、违规行为，以期达到责任的部分或全部的免除。对于达成横向垄断协议的经营者，可以注意对宽大制度的适用，即通过主动向反垄断执法机构自首，报告所达成的垄断协议并提供重要证据，反垄断执法机构可以酌情减轻或者免除对该经营者处罚的制度。

在面临反垄断执法机构的调查时，经营者应当配合反垄断执法机构的调查，积极履行协助调查的义务，提供相关证据、资料；不从事任何阻碍调查，隐匿、销毁、转移证据，或者提供虚假或误导性材料、信息的行为。经营者可以在反垄断调查过程中作出承诺，在固定的期限内纠正自身行为并主动采取措施消除行为后果，并提出中止调查的书面申请。在反垄断执法机构接受承诺的情况下，积极采取措施以争取获得终止调查的最优结果。

对于大型互联网企业而言，建议聘请反垄断领域专家或律师，对企业反垄断合规过程中遇到的问题进行咨询。

【相关法条】

《中华人民共和国反垄断法》

第二十二条 禁止具有市场支配地位的经营者从事下列滥用市场支配地位的行为：

（一）以不公平的高价销售商品或者以不公平的低价购买商品；

（二）没有正当理由，以低于成本的价格销售商品；

（三）没有正当理由，拒绝与交易相对人进行交易；

（四）没有正当理由，限定交易相对人只能与其进行交易或者只能与其指定的经营者进行交易；

（五）没有正当理由搭售商品，或者在交易时附加其他不合理的交易条件；

（六）没有正当理由，对条件相同的交易相对人在交易价格等交易条件上实行差别待遇；

（七）国务院反垄断执法机构认定的其他滥用市场支配地位的行为。

具有市场支配地位的经营者不得利用数据和算法、技术以及平台规则等从事前款规定的滥用市场支配地位的行为。

本法所称市场支配地位，是指经营者在相关市场内具有能够控制商品价格、数量或者其他交易条件，或者能够阻碍、影响其他经营者进入相关市场能力的市场地位。

第二十三条 认定经营者具有市场支配地位，应当依据下列因素：

（一）该经营者在相关市场的市场份额，以及相关市场的竞争状况；

（二）该经营者控制销售市场或者原材料采购市场的能力；

（三）该经营者的财力和技术条件；

（四）其他经营者对该经营者在交易上的依赖程度；

（五）其他经营者进入相关市场的难易程度；

（六）与认定该经营者市场支配地位有关的其他因素。

第二十四条 有下列情形之一的，可以推定经营者具有市场支配地位：

（一）一个经营者在相关市场的市场份额达到二分之一的；

（二）两个经营者在相关市场的市场份额合计达到三分之二的；

（三）三个经营者在相关市场的市场份额合计达到四分之三的。

有前款第二项、第三项规定的情形，其中有的经营者市场份额不足十分之一的，不应当推定该经营者具有市场支配地位。

被推定具有市场支配地位的经营者，有证据证明不具有市场支配地位的，不应当认定其具有市场支配地位。

判例二：基于市场支配地位的捆绑交易问题

吴某某与某广电网络传媒（集团）股份有限公司
捆绑交易纠纷案①

【关键词】

捆绑交易　垄断　市场支配地位　搭售

【案情简介】

2012年5月10日，吴某某前往某广电网络传媒（集团）股份有限公司（以下简称"某广电公司"）缴纳数字电视基本收视维护费时获悉，数字电视基本收视维护费每月最低标准由25元上调至30元。吴某某缴纳了2012年5月10日至8月9日的数字电视基本收视维护费90元。某广电公司向吴某某出具的收费专用发票载明：数字电视基本收视维护费75元及数字电视节目费15元。之后，吴某某通过某广电公司客户服务中心（服务电话96766）咨询，某广电公司节目升级增加了不同的收费节目，有不同的套餐，其中最低套餐基本收视费每年360元，用户每次最少应缴纳3个月费用。某广电公司是经陕西省政府批准，陕西境内唯一合法经营有线电视传输业务的经营者和唯一电视节目集中播控者。某广电公司承认其在有线电视传输业务中在陕西省占有支配地位。

另查，2004年12月2日国家发展改革委、国家广电总局印发的《有线电视基本收视维护费管理暂行办法》规定：有线电视基本收视维护费实行政府定价，收费标准由价格主管部门制定。2005年7月11日国家广电总局《关于推进试点单位有线电视数字化整体转换的若干意见（试行）》的通知规定，各试点单位在推进整体转换过程中，要重视付费频道等新业务的推广，供用户自由选择，自愿订购。陕西省物价局于2006年5月29日出台的《关于全省数字电视基本收视维护费标准的通知》规定，数字电视基本收视维护费收费标准为：以居民用户收看一台电视机使用一个接收终端为计费单位。全省县城以上城市居民用户每个终端每月25元；有

① 最高人民法院指导案例79号。最高人民法院（2016）最高法民再98号民事判决书，载于中国裁判文书网。

线数字电视用户可根据实际情况自愿选择按月、按季或按年度缴纳基本收视维护费。国家发展改革委、国家广电总局于2009年8月25日出台的《关于加强有线电视收费管理等有关问题的通知》指出：有线电视基本收视维护费实行政府定价；有线电视增值业务服务和数字电视付费节目收费，由有线电视运营机构自行确定。

【裁判观点】

法院认为，本案争议焦点：一是本案诉争行为是否违反了《反垄断法》第17条第1款第5项①之规定，二是一审法院适用《反垄断法》是否适当。

某广电公司在市场准入、市场份额、经营地位、经营规模等各要素上均具有优势，占有支配地位。《反垄断法》第17条第1款第5项规定禁止具有市场支配地位的经营者没有正当理由搭售商品。本案中，某广电公司在提供服务时其工作人员告知吴某某每月最低收费标准已从2012年3月起由25元上调为30元，每次最少缴纳一个季度，并未告知吴某某可以单独缴纳数字电视基本收视维护费或者数字电视付费节目费。吴某某通过某广电公司客户服务中心咨询获悉，某广电公司节目升级，增加了不同的收费节目，有不同的套餐，其中最低套餐基本收视费为每年360元，每月30元，用户每次最少应缴纳3个月费用。根据前述事实并结合某广电公司给吴某某开具的收费专用发票记载的收费项目——数字电视基本收视维护费75元及数字电视节目费15元的事实，可以认定某广电公司实际上是将数字电视基本收视节目和数字电视付费节目捆绑在一起向吴某某销售，并没有告知吴某某可以单独选购数字电视基本收视服务的服务项目。此外，从某广电公司客户服务中心的答复中亦可佐证某广电公司在提供此服务时，是将数字电视基本收视维护费和数字电视付费节目费一起收取并提供。虽然某广电公司提交了其向其他用户单独收取数字电视基本收视维护费的相关票据，但该证据仅能证明某广电公司在收取该费用时存在客户服务中心说明的套餐之外的例外情形。构成《反垄断法》第17条第1款第5项规定的滥用市场支配地位行为。

关于一审法院适用《反垄断法》是否适当这一问题，吴某某并未主张其消费者权益受到损害，因此一审法院根据吴某某的诉讼请求适用《反垄断法》进行审理，并无不当。

最终，再审法院认定某广电公司在陕西省境内有线电视传输服务市场上具有市

---

① 为了展现审理思路，此处对应的是案件发生时的《反垄断法》条文，《反垄断法》已于2022年6月24日修改。本书其他处如出现此类情况，做相同处理。

场支配地位，其将数字电视基本收视服务和数字电视付费节目服务捆绑在一起向吴某某销售，违反了《反垄断法》第 17 条第 1 款第 5 项之规定。吴某某关于确认某广电公司收取其数字电视节目费 15 元的行为无效和请求判令返还 15 元的再审请求成立。一审判决认定事实清楚，适用法律正确，应予维持，二审判决认定事实依据不足，适用法律有误，应予纠正。

【判例分析】

在前一奇某公司与某公司滥用市场支配地位纠纷中，笔者提到，滥用市场支配地位行为，是指具有市场支配地位的经营者凭借其支配地位，在相关市场内不正当排除、限制竞争，损害消费者利益和社会公共利益的行为，所以对不正当竞争行为的判断也应从这三方面出发，即相关市场的界定、市场支配地位的认定以及判断是否存在滥用市场支配地位行为。

在本案中，相较于互联网平台，有线电视传输业务作为相对传统的业务类型，相关市场的划分较为清晰，不存在较大的争议，而某广电公司作为特定区域内唯一合法经营有线电视传输业务的经营者及电视节目集中播控者，在市场准入、市场份额、经营地位、经营规模等各要素上均具有优势，可以认定该经营者占有市场支配地位。相关市场的界定与市场支配地位的认定实际并非本案中的争议焦点。

数字电视基本收视维护费和数字电视付费节目费属于两项单独的服务。在诉讼程序中，某广电公司未证明将两项服务一起提供符合提供数字电视服务的交易习惯；同时，如将数字电视基本收视维护费和数字电视付费节目费分别收取，亦无证据证明会损害该两种服务的性能和使用价值；某广电公司更未对前述行为说明其正当理由，在此情形下，某广电公司利用其市场支配地位，将数字电视基本收视维护费和数字电视付费节目费一起收取，客观上影响消费者选择其他服务提供者提供相关数字付费节目，同时也不利于其他服务提供者进入电视服务市场，对市场竞争具有不利的效果。

法院最终以《反垄断法》第 17 条第 1 款第 5 项为裁判依据，即"没有正当理由搭售商品，或者在交易时附加其他不合理的交易条件"，判定某广电公司有滥用市场支配地位的搭售行为。

【风险提示】

《反垄断法》第 22 条通过列举的方式对具有市场支配地位的经营者从事滥用市

场支配地位的行为进行了规定，笔者在此对典型的滥用市场支配地位的行为进行归纳，以期为企业垄断行为的合规审查提出参考。

1. 关于商品或服务的价格问题。

一是以不公平的高价销售商品或者以不公平的低价购买商品，即具有市场支配地位的经营者，在相同或者相似市场条件下，以明显不合理的价格销售或购买同种商品或者可比较商品，或以明显不合理的比例大幅降低商品购买价格，都有可能构成不公平价格行为。对于互联网平台而言，大幅提高平台服务价格的抽成比例或者大幅降低购买服务的价格，发生排除和限制竞争、损害相关从业人员合法权益等情况时，将会面临较高的垄断行为风险。

二是没有正当理由，以低于成本的价格销售商品，即经营者是否以低于成本的价格排挤具有竞争关系的其他经营者，以及是否可能在将其他经营者排挤出市场后提高价格获取不当利益、损害市场公平竞争和消费者合法权益等情况。例如，经营者通过对消费者发放大额补贴、优惠券等方式，获得用户规模、将竞争对手排挤出市场后，取消补贴、提高商品或服务价格以获取不当利益。市场经济中，此类行为屡见不鲜。但是，基于开展新业务、吸引新用户、进行商品或服务的促销等原因，在合理期限内通过补贴、优惠等方式提供商品和服务，一般可以认为是正当理由。

2. 针对交易本身的问题。

一是没有正当理由，拒绝与交易相对人进行交易。对于互联网平台经营者而言，出于销售价格、附加条件等的考量，其作为平台控制者，可能对平台内的经营者与交易相对人之间的交易，通过流量、算法、下架等技术手段，进行限制和障碍。具有市场支配地位的平台经营者，没有正当理由而干涉平台内经营者的平台使用，或其与交易相对方已经存在与可能发生的正常交易，或通过技术手段，直接或间接阻断相关交易，将面临较高的垄断行为风险。

二是没有正当理由，限定交易相对人只能与其进行交易或者只能与其指定的经营者进行交易。包括通过合同等方式的直接限定，也包括"利诱"等方式在内的间接限定。对于互联网平台而言，其通过算法、下架等技术手段，可以对平台内经营者的交易进行限定。互联网经济中，最典型的限定交易方式，即"二选一"的独家交易方式，通过独家协议等方式，要求交易相对人进行"二选一"，排除和限制现在或潜在的竞争者，除非有可以采信的正当理由，否则此类行为将面临较大的限定行为认定风险。

三是没有正当理由搭售商品，或者在交易时附加其他不合理的交易条件，即本案例中法院的裁判依据。经营者利用市场支配地位，将不同商品或服务项目费用捆绑在一起向消费者收取，侵害了消费者的消费选择权，不利于其他服务提供者进入相关市场。对于互联网经营者而言，利用格式条款、弹窗等必经步骤等交易相对人无法选择和拒绝的方式进行销售；对交易方式、付款方式等的不合理限制；收取交易之外的费用；强制收集非必要的用户信息等行为，如常见的在用户产品软件或应用程序的下载过程中，捆绑下载其他软件或应用程序，就可能造成滥用市场支配地位的行为的认定，企业主体应当以适当方式告知用户，保障用户选择权，降低法律风险。

3. 对于不同相对方的差别待遇。

没有正当理由，对条件相同的交易相对人在交易价格等交易条件上实行差别待遇。对于互联网经营者而言，由于其在经营过程中获取了大量的交易相对人的消费习惯、支付能力等数据信息，可能借此实现差异的价格或交易条件，包括不同的价格定位，不同的付款方式、优惠折扣等交易条件，将会造成对消费者的差别待遇。利用数据优势，通过技术手段向已有客户收取"高价"，通过"低价"吸引潜在客户，对消费者面临同一商品或服务实施差异化待遇的"大数据杀熟"行为，具有较高的垄断行为风险。

【相关法条】

《中华人民共和国反垄断法》

第二十二条　禁止具有市场支配地位的经营者从事下列滥用市场支配地位的行为：

（一）以不公平的高价销售商品或者以不公平的低价购买商品；

（二）没有正当理由，以低于成本的价格销售商品；

（三）没有正当理由，拒绝与交易相对人进行交易；

（四）没有正当理由，限定交易相对人只能与其进行交易或者只能与其指定的经营者进行交易；

（五）没有正当理由搭售商品，或者在交易时附加其他不合理的交易条件；

（六）没有正当理由，对条件相同的交易相对人在交易价格等交易条件上实行差别待遇；

（七）国务院反垄断执法机构认定的其他滥用市场支配地位的行为。

具有市场支配地位的经营者不得利用数据和算法、技术以及平台规则等从事前款规定的滥用市场支配地位的行为。

本法所称市场支配地位，是指经营者在相关市场内具有能够控制商品价格、数量或者其他交易条件，或者能够阻碍、影响其他经营者进入相关市场能力的市场地位。

判例三：在网站强行弹出广告的不正当竞争行为认定

北京某网讯科技有限公司与青岛某网络技术有限公司等不正当竞争纠纷案①

【关键词】

不正当竞争　网络服务　诚信原则

【案情简介】

北京某网讯科技有限公司（以下简称"北京某公司"）经营范围为互联网信息服务业务，核准经营网址为 www.baidu.com 的百度网站，主要向网络用户提供互联网信息搜索服务。青岛某网络技术有限公司（以下简称"青岛某公司"）经营范围包括网络工程建设、网络技术应用服务、计算机软件设计开发等，其网站为 www.og.com.cn。该公司在上述网站"企业概况"中称其拥有 4 个网站：中国奥商网（www.og.com.cn）、讴歌网络营销伴侣（www.og.net.cn）、青岛电话实名网（www.0532114.org）、半岛人才网（www.job17.com）。该公司介绍"网络直通车"业务时称：无需安装任何插件，广告网页强制出现。介绍"搜索通"产品表现形式时，以图文方式列举了下列步骤：第一步在搜索引擎对话框中输入关键词；第二步优先出现网络直通车广告位（5 秒钟展现）；第三步同时点击上面广告位直接进入宣传网站新窗口；第四步 5 秒后原窗口自动展示第一步请求的搜索结果。该网站还以其他形式介绍了上述服务。联通某公司的经营范围包括因特网接入服务和信息服务等，青岛信息港（域名为 qd.sd.cn）为其所有的网站。"电话实名"系联通某公司与青岛某公司共同合作的一项语音搜索业务，网址为 www.0532114.org 的"114 电话实名语音搜索"网站表明该网站版权所有人为联通某公司，独家注册中心为青岛某公司。联通山东公司经营范围包括因特网接入服务和信息服务业务。其网站（www.sdcnc.cn）显示，联通某公司是其下属分公司。某航空公司经营范围包括航空机票销售代理等。

2009 年 4 月 14 日，北京某公司发现通过山东省青岛市网通接入互联网，登录

---

① 最高人民法院指导案例 45 号。山东省高级人民法院（2010）鲁民三终字第 5-2 号民事判决书，载于中国裁判文书网。

百度网站（www.baidu.com），在该网站显示对话框中：输入"某航空"，点击"百度一下"，弹出显示有"打折机票抢先拿就打114"的页面，迅速点击该页面，打开了显示地址为http：//air.qd.sd.cn/的页面；输入"青岛人才网"，点击"百度一下"，弹出显示有"找好工作到半岛人才网www.job17.com"的页面，迅速点击该页面中显示的"马上点击"，打开了显示地址为http：//www.job17.com/的页面；输入"电话实名"，点击"百度一下"，弹出显示有"查信息打114，语音搜索更好用"的页面，随后该页面转至相应的"电话实名"搜索结果页面。北京某公司委托代理人利用公证处的计算机对登录百度搜索等网站操作过程予以公证，公证书记载了前述内容。经专家论证，所链接的网站http：//air.qd.sd.cn/与联通山东公司的下属网站青岛信息港（www.qd.sd.cn）具有相同域（qd.sd.cn），网站air.qd.sd.cn是联通山东公司下属网站青岛站点所属。

【裁判观点】

法院认为，本案判断原告的主张能否成立应按以下步骤进行：一、本案被告是否实施了被指控的行为；二、如果实施了被指控行为，该行为是否构成不正当竞争；三、如果构成不正当竞争，如何承担民事责任。

关于被指控的行为是否实际存在这一问题。涉诉广告页面的弹出并非接入互联网的公证处计算机本身安装程序所导致，联通某公司既没有证据证明在其他网络接入服务商网络区域内会出现同样情况，又没有对在其网络接入服务区域内出现的上述情况给予合理解释，可以认定在联通某公司提供互联网接入服务的区域内，对于网络服务对象针对百度网站所发出的搜索请求进行了人为干预，使干预者想要发布的广告页面在正常搜索结果页面出现前强行弹出。

关于该行为是否构成不正当竞争这一问题。该行为既没有征得北京某公司同意，又违背了使用其互联网接入服务用户的意志，容易导致上网用户误以为弹出的广告页面系北京某公司所为，会使上网用户对百度公司提供服务的评价降低，对北京某公司的商业信誉产生不利影响，损害了北京某公司的合法权益，同时也违背了诚实信用和公认的商业道德，已构成不正当竞争。

关于民事责任承担这一问题。首先，青岛某公司、联通某公司不得利用技术手段使通过联通某公司提供互联网接入服务的网络用户，在登录百度网站进行关键词搜索时，弹出两被告的广告页面。其次，根据原告为本案支出的合理费用、被告不正当竞争行为的情节、持续时间等，酌定两被告共同赔偿经济损失20万元。最后，两被告应当承担消除影响的民事责任，在其各自网站的首页上刊登消除影响的声明。

【判例分析】

为了保障我国市场经济的健康发展，保护经营者和消费者的合法权益，鼓励和保护公平竞争，我国于 1993 年出台了《反不正当竞争法》，并经 2017 年和 2019 年两次修改。依据《反不正当竞争法》第 2 条的规定，不正当竞争行为，即经营者在生产经营活动中，违反《反不正当竞争法》规定，扰乱市场竞争秩序，损害其他经营者或者消费者的合法权益的行为。

《反不正当竞争法》第二章专章对不正当竞争行为进行了列举式的规定。而在上述案例中，法院并未将涉诉的指控行为适用于《反不正当竞争法》中所列举的不正当竞争行为，所适用的实际为《反不正当竞争法》中的第 2 条这一关于不正当竞争行为的一般条款，认为被告作为在市场竞争中存在商业联系的经营者，违反诚信原则和公认商业道德，不正当地妨碍了其他经营者正当经营，并损害其他经营者合法权益，应当认定为不正当竞争行为。

具体而言，通常情况下，在互联网上登录搜索引擎网站进行关键词搜索时，出现的应该是搜索引擎网站搜索结果页面。但是在联通某公司所提供的网络接入服务网络区域内，却出现了与搜索结果无关的广告页面强行弹出的现象，联通某公司既没有证据证明在其他网络接入服务商网络区域内会出现同样情况，又没有对在其网络接入服务区域内出现的上述情况给予合理解释，可以认定在联通某公司提供互联网接入服务的区域内，对于网络服务对象针对百度网站所发出的搜索请求进行了人为干预，使干预者想要发布的广告页面在正常搜索结果页面出现前强行弹出。因此，可以认定被告的行为违反了诚信原则和公认商业道德，不正当地妨碍了其他经营者正当经营，并损害其他经营者合法权益，属于不正当竞争行为。

随着社会生产力水平的飞速发展，市场经济中商业竞争愈发激烈，新形式的不正当竞争行为方式大量出现，借助互联网特性而展开的不正当竞争行为方式更是层出不穷，《反不正当竞争法》第二章中列举的不正当竞争行为明显无法满足司法实践中的新型不正当竞争行为模式，《反不正当竞争法》的第 2 条，作为不正当竞争行为的一般条款，对于不正当竞争行为的判断起到了重要的作用。但是，由于一般性条款本身的性质，其在大量的司法实践中，受地区、裁判水平等因素差异的影响，裁判标准不统一的现象时有发生。

2022 年 3 月 16 日，最高人民法院发布《关于适用〈中华人民共和国反不正当竞争法〉若干问题的解释》。针对新型商业行为模式关于不正当竞争行为的一般性条款适用这一问题，最高人民法院民三庭认为，人民法院运用一般性条款认定市场竞争行为正当与否，核心是判断经营者是否违反了商业道德，即特定商业领域普遍遵循和认可的行为规范。

具体而言，人民法院应当结合案件具体情况，综合考虑行业规则或者商业惯例、经营者的主观状态、交易相对人的选择意愿、对消费者权益、市场竞争秩序、社会公共利益的影响等因素，依法判断经营者是否违反商业道德。针对网络经营行为与传统经营行为交叉融合造成的规则适用难题，人民法院认定经营者是否违反商业道德时，可以参考行业主管部门、行业协会或者自律组织制定的从业规范、技术规范、自律公约等，以便调动行业协会、商会等组织通过签署行业自律协议、发布自律章程等方式，提高经营者诚实守信的积极性。

【风险提示】

互联网时代背景下，企业主体对于在生产经营中基于商业判断所作出的商业行为，应当判断其是否属于不正当竞争行为，以规避可能面临的法律风险。基于上述判例，建议企业主体从两个层面对自身的商业行为作出是否属于不正当竞争行为的商业判断。

第一，企业主体应当判断所做出的商业行为是否为《反不正当竞争法》第二章中所列举的不正当竞争行为，具体包括：

1. 经营者在市场经营活动中，以不实手法对自己的商品或服务作虚假表示、说明或承诺，或不当利用他人的智力劳动成果推销自己的商品或服务，使用户或者消费者产生误解，扰乱市场秩序、损害同业竞争者的利益或者消费者利益的行为。

2. 经营者为争取交易机会，暗中给予交易对方有关人员和能够影响交易的其他相关人员以财物或其他好处的行为。

3. 经营者利用广告和其他方法，对产品的质量、性能、成分、用途、产地等所作的引人误解的不实宣传。

4. 经营者以不当手段获取、披露、使用他人商业秘密的行为。

5. 经营者以排挤竞争对手为目的，以低于成本的价格销售商品的行为。

6. 经营者违反诚实信用原则和公平竞争原则，利用物质、金钱或其他经济利益引诱购买者与之交易，排挤竞争对手的不正当竞争行为。

7. 经营者捏造、散布虚假事实、损害竞争对手的商业信誉、商品声誉，从而削弱竞争力，为自己取得竞争优势的行为。

第二，企业主体应当判断所做出的商业行为是否属于《反不正当竞争法》中第2条所规定的情形。

根据最高人民法院民三庭的观点，关于不正当竞争行为的判定，运用一般性条款认定市场竞争行为正当与否，核心是判断经营者是否违反了商业道德，即特定商业领域普遍遵循和认可的行为规范。对于企业主体而言，其自身商业判断的作出，应当综合考虑行业规则和商业惯例，参考行业主管部门、行业协会或者自律组织制定的从业规范、技术规范、自律公约等，判断自身所作商业行为，是否符合所处领域普遍遵循和认可的行为规范。对于企业主体在对商业行为判断的过程中所遇到的问题，建议咨询专业律师以获取建议。

【相关法条】

《中华人民共和国反不正当竞争法》

第二条 经营者在生产经营活动中，应当遵循自愿、平等、公平、诚信的原则，遵守法律和商业道德。

本法所称的不正当竞争行为，是指经营者在生产经营活动中，违反本法规定，扰乱市场竞争秩序，损害其他经营者或者消费者的合法权益的行为。

本法所称的经营者，是指从事商品生产、经营或者提供服务（以下所称商品包括服务）的自然人、法人和非法人组织。

《最高人民法院关于适用〈中华人民共和国反不正当竞争法〉若干问题的解释》

第三条 特定商业领域普遍遵循和认可的行为规范，人民法院可以认定为反不正当竞争法第二条规定的"商业道德"。

人民法院应当结合案件具体情况，综合考虑行业规则或者商业惯例、经营者的主观状态、交易相对人的选择意愿、对消费者权益、市场竞争秩序、社会公共利益的影响等因素，依法判断经营者是否违反商业道德。

人民法院认定经营者是否违反商业道德时，可以参考行业主管部门、行业协会或者自律组织制定的从业规范、技术规范、自律公约等。

判例四："通知—删除"规则的合法适用

天津市某瑞宝金属制品有限公司与徐某某、邓某某、赵某某、天津某维斯地毯有限公司、天津某豪雅地毯有限公司、第三人浙江某网络有限公司不正当竞争纠纷案①

【关键词】

不正当竞争 "通知—删除"规则 网络侵权

【案情简介】

原告天津市某瑞宝金属制品有限公司(以下简称"某瑞宝公司")于2016年12月9日在某平台开设了名称为"某瑞宝旗舰店"的店铺,主要进行地毯销售。被告赵某某于2015年8月14日开设了淘宝店铺"某嘉家居地毯"。经核查,该店铺主要进行地毯销售。被告天津某维斯地毯有限公司(以下简称"某维斯公司")于2016年4月11日注册淘宝店铺"SenMei家居艺术地毯",主要进行地毯销售。被告某豪雅地毯有限公司(以下简称"某豪雅公司")于2015年8月29日开设了淘宝企业店铺"某豪雅地毯",主要进行地毯地垫的销售。

自2019年6月起,被告邓某某作为知识产权代理人,就登记为被告徐某某名下的涉案三幅美术作品,以著作权侵权为由在阿里巴巴知识产权保护平台对原告的"某瑞宝旗舰店"先后发起5次投诉,导致原告店铺所售两种商品的三个链接下架。

原告的"某瑞宝旗舰店"因上述投诉,共导致两个商品的三个链接下架。被删除的链接恢复后,当月及次月相关商品的日销售额较投诉前整体均呈下滑趋势。另,原告在天猫直通车自2019年1月至11月的推广投入费用为2726379元。

本案中,原告被投诉事宜实为邓某某接受某维斯公司法定代表人赵某某委托,通过赵某某取得了徐某某的身份证照片、授权委托书及用于证明销售在先的订单截图等资料,对涉案三幅美术作品进行了版权登记并用于投诉。邓某某认可因投诉成功三个链接,按照每个链接1000元的标准收取赵某某3000元费用。

---

① 2021年5月31日最高人民法院发布的互联网十大典型案例。https://www.court.gov.cn/zixun-xiangqing-306541.html. 天津市滨海新区人民法院(2019)津0116民初5880号,载于中国裁判文书网。

阿里巴巴知识产权保护平台的相关情况。《阿里巴巴知识产权保护平台投诉指引》规定了一站式投诉、"通知—删除"机制，同时说明如何在阿里巴巴保护知识产权。《知识产权保护平台使用协议》第二条规定，知识产权保护平台（××）支持用户对存在于电子商务平台上涉嫌知识产权侵权内容进行投诉。第五条知识产权保护平台的使用第1款，用户在提交投诉时，须按照知识产权保护平台的要求提交投诉资料，包括但不限于权利证明、初步侵权证据、侵权信息的具体网络链接地址等。第2款，用户了解并同意，知识产权保护平台受理用户投诉的前提为用户提交的是合格通知。合格通知的含义为用户明确指明被投诉商品链接和疑似侵权信息的具体位置，并提交被投诉商品或者信息构成侵权的初步证据。第六条用户的声明第2款，用户了解并同意，阿里巴巴仅是互联网信息服务平台，对发布于阿里巴巴网站的信息，阿里巴巴本身不具备判断是否构成侵权的能力，对于任何超出其判断能力而作出的处理决定不承担任何法律责任。当被投诉人就投诉事件向阿里巴巴提供反通知时，阿里巴巴有权根据该反通知酌情决定保留相关信息与否。第3款，用户知晓其提供虚假不实陈述及材料将会受到处罚，且用户真诚地相信提交于知识产权保护平台的全部信息皆真实、准确、合法、有效。因用户提交虚假、不实及违法资料，或者错误投诉而造成阿里巴巴及被投诉人损失的，阿里巴巴保留所有法律追究及赔偿权利。第4款，用户不得滥用知识产权保护平台，如因其滥用知识产权保护平台导致的一切后果，阿里巴巴保留所有法律追究及赔偿权利。

【裁判观点】

法院认为，本案的焦点问题：一、被告在阿里巴巴知识产权保护平台对原告实施的投诉行为是否构成不正当竞争；二、如果被诉行为构成不正当竞争，被告应承担何种法律责任。

1. 关于被诉行为是否构成不正当竞争，应主要考虑以下几个方面：

一是原告是否具有《反不正当竞争法》保护的权益。原告店铺销售的地毯种类较多、图案丰富、数量较大。即使原告所售商品存在侵害他人作品著作权的可能，如果其认为被告实施的投诉行为构成不正当竞争，仍有权提起诉讼。

二是原、被告之间是否存在竞争关系。原告某瑞宝公司与被告赵某某、某维斯公司、某豪雅公司均为在淘宝网开设店铺并从事地毯销售的经营者，且经营地点位于同一地区，各方在经营模式、销售平台、商品类别、用户群体等方面高度重合，故可以认定双方之间存在直接的竞争关系。

三是被告的投诉行为是否构成恶意投诉。作为原告的同业经营者，赵某某、某维斯公司在明知其不具有投诉资格且不能证明被投诉商品存在侵权的情形下，仍然通过伪造权利依据的方式，利用阿里巴巴知识产权保护平台规则对原告多款销量较大的商品发起数次投诉，其意图通过打击竞争对手、破坏原告竞争优势以获取自身利益的主观恶意明显，可以认定赵某某、某维斯公司实施的被诉行为属于典型的"恶意"投诉。

四是被诉行为的损害后果。被告赵某某、某维斯公司恶意利用阿里巴巴知识产权保护平台规则进行投诉致原告商品链接被删除，以此为己谋取不正当利益的行为，直接损害了原告的经营利益和竞争优势，也破坏了网络交易平台的良好秩序和竞争生态，有违诚实信用原则和公认的商业道德，具有明显的不当性，构成对原告的不正当竞争。被告某豪雅公司参与的对原告大红色欧式图形地毯的投诉行为，亦构成不正当竞争。

2. 关于被告的责任承担。

被告赵某某、某维斯公司共谋，恶意利用阿里巴巴知识产权保护平台规则进行投诉致原告商品链接被删除的行为，构成对原告的不正当竞争，应当承担连带赔偿责任。被告某豪雅公司在未核实授权人徐某某真实身份以及徐某某是否为涉案作品权利人的情况下，向某维斯公司提供其销售记录及含有虚假内容的《声明函》，最终导致原告大红色欧式图形地毯被投诉而下架，其应就该行为与被告赵某某、某维斯公司承担连带赔偿责任。至于被告邓某某的赔偿责任问题，因其未尽合理注意义务并为他人不正当竞争行为的实施提供便利条件，已构成共同侵权，其对原告的损失亦应承担连带赔偿责任。

【判例分析】

本案分析重点，在于对电子商务经营者虚构事实骗取作品登记，向网络服务平台发出恶意通知，致使同业竞争者利益被损害而构成不正当竞争的分析论证。

民法上的恶意，指行为人明知相应的行为缺乏法律依据仍故意为之。本案中，被告徐某某仅向赵某某出借了身份证，对后续用其身份证进行版权登记及原告被投诉事宜并不知情亦未参与任何环节，不能认定其存在实施被诉不正当竞争行为的主观过错。

对于其他被告，从涉案店铺的经营情况看，原告经营的"某瑞宝旗舰店"与被告赵某某的"某嘉家居地毯"、被告某维斯公司经营的"SenMei 家居艺术地毯"及被告某豪雅公司经营的"某豪雅地毯"均为在淘宝平台销售地毯类商品的网店，原告与上述被告为直接竞争关系。《阿里巴巴知识产权保护平台投诉指引》规定了一站式投诉、"通知—删除"机制，同时说明如何在阿里巴巴保护知识产权。作为该平台内的店铺经营者，被告赵某某、某维斯公司、某豪雅公司理应知晓相关规则。

赵某某借用徐某某的身份证，利用赵某某、某维斯公司和某豪雅公司店铺的销售记录，由赵某某委托邓某某以徐某某的名义办理了相关版权登记，发起对原告的投诉事宜，邓某某对原告在售的三款商品先后发起 5 次投诉，致原告两款商品的三个链接被删除。其中，针对原告销售最好的地毯进行的投诉，曾在原告申诉成功后撤销，其后又针对该款商品的两个链接继续投诉直至商品下架。赵某某与某维斯公司存在利用虚假作品登记证书投诉原告著作权侵权的共谋，其借助平台投诉机制使原告经营的同类商品链接被删的主观意图明显。某豪雅公司与某维斯公司存在合作关系，在未核实授权人徐某某真实身份以及徐某某是否为涉案作品权利人的情况下，即声称其经过徐某某授权并向某维斯公司提供了其店铺大红色欧式图形地毯销售记录，对原告产品被投诉而下架存在过错。

被诉行为一方面损害了原告的利益，影响了店铺的等级、信誉及所带来的关注度和流量，减损了原告可以通过排名靠前而获得更多的交易机会，且在商品链接被删除后，即使申诉成功得以恢复，原本承载的数据并不能恢复，排名也无法恢复。另一方面也破坏了健康有序的平台生态和公平竞争的市场秩序，对鼓励创新、维护市场公平、激发市场活力等知识产权保护目的造成了损害。

【风险提示】

笔者建议互联网平台公司首先应当重视对"通知"的审查。通常而言，互联网平台对于通知的审查为形式性审查，即对通知外在形式审查，而并不考量实质性内容。这在一定程度上造成部分主体恶意利用规则的现实情况，对通知进行实质性审查，提高权利人发出通知的要求，要求提供能证明对方侵权的材料并符合一定要求的形式要件，可以在相当程度上降低通知错误的情况发生，减少营业者可能产生的经济损失。同时可以引入保证制度，通过向相关营业者收取保证金等方式，在确切的调查结果产生之前停止采取措施。

当然，实质性审查也好，保证制度也罢，需要互联网企业对效率与秩序做出衡平，确立符合自身企业实际情况的运行模式。互联网企业可以在不违背《电子商务法》的基本价值基础上尝试平台的自治，但不能降低法律规定的基本要求和知识产权的保护水平，以法律规定为判定标准，将平台纠纷处理与法律程序的处理方式进行有机的结合。如本案中浙江某网络有限公司所适用的《阿里巴巴知识产权保护平台投诉指引》，就是对于"通知—删除"规则在自身平台经营中适用的合理尝试。

【相关法条】

《中华人民共和国电子商务法》

第四十二条　知识产权权利人认为其知识产权受到侵害的，有权通知电子商务平台经营者采取删除、屏蔽、断开链接、终止交易和服务等必要措施。通知应当包括构成侵权的初步证据。

电子商务平台经营者接到通知后，应当及时采取必要措施，并将该通知转送平台内经营者；未及时采取必要措施的，对损害的扩大部分与平台内经营者承担连带责任。

因通知错误造成平台内经营者损害的，依法承担民事责任。恶意发出错误通知，造成平台内经营者损失的，加倍承担赔偿责任。

《中华人民共和国反不正当竞争法》

第十七条　经营者违反本法规定，给他人造成损害的，应当依法承担民事责任。

经营者的合法权益受到不正当竞争行为损害的，可以向人民法院提起诉讼。

因不正当竞争行为受到损害的经营者的赔偿数额，按照其因被侵权所受到的实际损失确定；实际损失难以计算的，按照侵权人因侵权所获得的利益确定。经营者恶意实施侵犯商业秘密行为，情节严重的，可以在按照上述方法确定数额的一倍以上五倍以下确定赔偿数额。赔偿数额还应当包括经营者为制止侵权行为所支付的合理开支。

经营者违反本法第六条、第九条规定，权利人因被侵权所受到的实际损失、侵权人因侵权所获得的利益难以确定的，由人民法院根据侵权行为的情节判决给予权利人五百万元以下的赔偿。

判例五：诋毁商誉类的不正当竞争行为认定

酒泉某眼泉食品有限责任公司与
酒泉市某森瑞达商贸有限责任公司商业诋毁纠纷案①

【关键词】

不正当竞争　商誉　商业诋毁

【案情简介】

酒泉某眼泉食品有限责任公司（以下简称"某眼泉公司"）系"杏香源"杏皮茶生产经销商并于 2017 年 12 月 14 日获得"杏香源"注册商标，核定使用商品项目第 32 类：啤酒（截止），注册人朱某，注册日期 2017 年 12 月 14 日，有效期至 2027 年 12 月 13 日。2018 年 6 月，某眼泉公司发现酒泉市某森瑞达商贸有限责任公司（以下简称"某森瑞达公司"）在微信朋友圈发送了一则落款为"酒泉市某森瑞达商贸有限责任公司"的"郑重声明"，该声明载明：经由老味道饮料厂生产的杏香园牌杏皮茶现有非常严重的产品质量问题，我厂要求市场全部撤回，请各店方务必重视，立即联系配货人员无条件将产品如数退回，如无视此声明出现的任何相关问题，均由店方全部承担，本厂概不负责。同时我厂老味道牌杏皮茶、独壹品牌杏皮茶无问题，正常食用。后某眼泉公司向工商部门举报某森瑞达公司诋毁其商誉。同年 11 月 14 日，甘肃省酒泉市肃州区工商局作出肃工商罚（2018）30 号《行政处罚决定书》，该决定书载明：2018 年 6 月 26 日肃州区工商局接到省工商局 12315 申诉举报中心举报登记，某眼泉公司法定代表人朱某投诉某森瑞达公司盗用其"杏香源"注册商标。肃州区工商局执法人员遂于同年 6 月 27 日对上述投诉内容进行核查。经查证，"杏香源"为某眼泉公司注册商标，某森瑞达公司法定代表人高某、股东李某某、会计崔某某等人在无事实依据的情况下在朋友圈编造并发送内容包含"经由老味道饮料厂生产的杏香园牌杏皮茶现有非常严重的产品质量问题"的"郑重声明"，并被其朋友圈部分朋友转发，此行为足以构成其他经销商和消费者对"杏香源"杏皮茶商品的误解，给某眼泉公司的产品销量和市场地位造成

---

① 2021 年 5 月 31 日最高人民法院发布的互联网十大典型案例。https://www.court.gov.cn/zixun-xiangqing-306541.html. 甘肃省高级人民法院（2019）甘民终 591 号，载于中国裁判文书网。

了不良的社会影响，违反了《反不正当竞争法》第 11 条的规定，构成损害竞争对手商品声誉的行为，决定对某森瑞达公司罚款人民币 1 万元。后某眼泉公司向法院提起诉讼，要求某森瑞达公司停止侵权、消除影响并赔偿损失 60 万元。

【裁判观点】

一审法院认为，本案争议焦点为：一、案件管辖权问题；二、某森瑞达公司的行为是否构成诋毁商誉的不正当竞争行为；三、若某森瑞达公司构成侵权，应如何承担侵权责任。

关于本案管辖权的问题。对于商业诋毁纠纷案件的级别管辖，《最高人民法院关于审理不正当竞争民事案件应用法律若干问题的解释》① 第 18 条规定：一般由中级人民法院管辖，经最高人民法院批准的基层人民法院也可以受理。故一审法院对本案具有管辖权。

关于某森瑞达公司是否构成诋毁商誉行为的问题。本案中，某森瑞达公司通过其微信朋友圈发布的"郑重声明"内容系某森瑞达公司自行编造，其中所涉及的"杏香园牌杏皮茶"与某眼泉公司享有商标专用权的"杏香源"注册商标仅一字之差，且读音一致，形成高度近似，足以引起公众误解，该"郑重声明"中所述"杏香园牌杏皮茶现有非常严重的产品质量问题"的内容，足以使公众对某眼泉公司所生产的"杏香源"杏皮茶产生误导性的不良影响，构成对其商誉的侵害。

关于某森瑞达公司应如何承担赔偿责任的问题。本案中，双方当事人具有商业竞争关系，某森瑞达公司发布自行编造的不实信息，该内容明显损害了某眼泉公司的商品声誉，违反了《反不正当竞争法》的相关规定，应当依法承担民事责任。鉴于某森瑞达公司已删除信息，停止侵权行为，但其在微信朋友圈发布虚假信息导致相关公众误解并损害了某眼泉公司的商誉，扰乱了正常的市场竞争秩序，理应消除相应影响，但方式、范围应该与其侵权行为方式及造成的影响范围相当，考虑到案涉侵权信息是通过微信朋友圈发布，故判令某森瑞达公司在其微信朋友圈中刊登声明即能达到消除相应影响的效果。关于赔偿数额，法院酌定由某森瑞达公司赔偿某眼泉公司因案涉不正当竞争行为导致的经济损失 3 万元。

后某眼泉公司提出上诉，二审法院认为二审争议焦点为一审判决判令某森瑞达公司赔偿某眼泉公司经济损失 3 万元是否适当。最终综合考量案涉侵权行为的情

---

① 已被《最高人民法院关于适用〈中华人民共和国反不正当竞争法〉若干问题的解释》废止。

节、过错程度、损害后果以及某眼泉公司支出的合理维权费用等因素，酌定由某森瑞达公司赔偿某眼泉公司因案涉商业诋毁行为导致的经济损失 8 万元。

【判例分析】

笔者认为，本案的核心问题在于某森瑞达公司法定代表人在其微信朋友圈发送"郑重声明"的行为，是否构成诋毁商誉类的不正当竞争行为。《反不正当竞争法》第 11 条规定：经营者不得编造、传播虚假信息或者误导性信息，损害竞争对手的商业信誉、商品声誉。对于诋毁商誉行为的认定，应当以两个条件为判断标准，一是经营者是否实际实施了捏造、散布虚假事实的行为，二是该种行为是否足以达到诋毁竞争对手商誉的后果。而本案中的诉争"捏造、散布虚假事实的行为"，即为某森瑞达公司法定代表人在其微信朋友圈发送"郑重声明"的行为。可以明确的是，其明知某眼泉公司经营"杏香源"牌杏皮茶且自身对"杏香园"三字不享有知识产权权利。其在朋友圈发布的"郑重声明"，属于没有任何事实依据情况下的自行编造。利用微信朋友圈的发布和转发功能，声称并不存在的自家品牌存在"非常严重的产品质量问题"，利用读音完全相同的两种品牌，通过"谐音"的方式，对竞争对手的商品和商誉加以诋毁。这样的行为足以造成不特定人群的误解，破坏了公平竞争的市场经营秩序，应当判定其构成对某眼泉公司商誉的诋毁。

在判定某森瑞达公司法定代表人在其微信朋友圈发送"郑重声明"的行为，构成诋毁商誉类的不正当竞争行为的情况下，应当考量的则为某森瑞达公司应如何承担赔偿责任。对于赔偿金额，应当按因被侵权所受到的实际损失确定，实际损失难以计算的，按照侵权人所获得的利益确定，同时应当计算被侵权人为制止侵权行为所支付的合理开支。最终，一审法院综合各项因素，酌定赔偿金额为人民币 3 万元。某眼泉公司提出上诉后，二审法院最终酌定赔偿金额为人民币 8 万元。

而本案判决的创新之处在于，法院判令某森瑞达公司在原微信朋友圈刊登声明消除影响。通过微信朋友圈等互联网平台捏造、散布虚假的、易于引起公众误解的信息，在造成了损害竞争对手商业信誉和商品声誉，引发误导性的恶劣影响的情况下，应当认定其属于不正当竞争行为。判令侵权者在微信朋友圈刊登声明消除影响，属于责任承担方式的创新，丰富了消除影响责任适用的可操作方式。

【风险提示】

互联网时代背景下，随着移动互联网和电子商务的迅猛发展，各类社交平台的影响力愈发扩大，大量的社交活动乃至于实质性的商品服务交易，都可以通过一部智能手机实现。微信、微博、抖音等众多社交软件的蓬勃发展，正在且已经引发了社交与信息传播的革命性变化，其所带来的影响力在相当程度上已经超越传统的媒体方式。而商誉，则是企业主体在长期的市场经营中基于自身产品及服务等所建立起的良性的企业形象和社会评价，对于企业的发展具有积极的推动意义。

不法分子利用社交平台的巨大影响力，通过编造、传播虚假信息或者误导性信息，可以在相当程度上达到损害竞争对手商誉的目的，应对这一问题，企业主体首先应当审查自身行为。作为最高人民法院互联网十大典型案例，本案的裁判思路已经明确了通过微信朋友圈等社交媒体平台发布蓄意捏造并易于引起公众误解的不实信息的非法行为的禁止规则。企业主体应当对自身员工行为作出规制，避免类似诋毁商誉类的不正当竞争行为出现。依据《反不正当竞争法》中确立的损失赔偿规则，经营者实施不正当竞争行为的情况下，其赔偿责任的承担与其所获得的利益相关。故，即使该类不正当行为的实施者可以依据该行为获利，其也将承担获利部分的赔偿责任，属"伤敌八百，自损一千"的不明智行为，得不偿失。

而企业主体在面对类似诋毁商誉类的不正当竞争行为时，首先应当做到保存相关证据，包括但不限于社交平台、互相沟通信息截图等证据材料，确保在后续可能的诉讼程序中握有起诉依据。同时，企业主体应当积极采取措施以避免影响的进一步扩大，一方面与行为实施者进行沟通协商，要求其通过撤销不实言论、发布道歉声明等方式，避免不良影响的产生；另一方面通过社交平台公告、出具律师函等方式，对诋毁自身商誉行为进行回应，避免不特定公众人群受不法分子一面之词影响，造成自身的进一步损失，在做出回应过程中同样应当注意证明材料的保存。在协商等方式无法解决实际问题的情况下，企业应当积极采取诉讼的手段，起诉要求不正当竞争行为实施人赔礼道歉、消除影响，并承担相应的赔偿责任。对于损害商业信誉、商品声誉，造成重大损失或者有其他严重情节的行为，还可以依据《刑法》第221条，要求其承担刑事责任，以最大限度地维护自身的合法权益。

【相关法条】

《中华人民共和国民法典》

第一百七十九条　承担民事责任的方式主要有：

（一）停止侵害；

（二）排除妨碍；

（三）消除危险；

（四）返还财产；

（五）恢复原状；

（六）修理、重作、更换；

（七）继续履行；

（八）赔偿损失；

（九）支付违约金；

（十）消除影响、恢复名誉；

（十一）赔礼道歉。

法律规定惩罚性赔偿的，依照其规定。

本条规定的承担民事责任的方式，可以单独适用，也可以合并适用。

《中华人民共和国反不正当竞争法》

第十一条 经营者不得编造、传播虚假信息或者误导性信息，损害竞争对手的商业信誉、商品声誉。

第十七条 经营者违反本法规定，给他人造成损害的，应当依法承担民事责任。

经营者的合法权益受到不正当竞争行为损害的，可以向人民法院提起诉讼。

因不正当竞争行为受到损害的经营者的赔偿数额，按照其因被侵权所受到的实际损失确定；实际损失难以计算的，按照侵权人因侵权所获得的利益确定。经营者恶意实施侵犯商业秘密行为，情节严重的，可以在按照上述方法确定数额的一倍以上五倍以下确定赔偿数额。赔偿数额还应当包括经营者为制止侵权行为所支付的合理开支。

经营者违反本法第六条、第九条规定，权利人因被侵权所受到的实际损失、侵权人因侵权所获得的利益难以确定的，由人民法院根据侵权行为的情节判决给予权利人五百万元以下的赔偿。

《中华人民共和国刑法》

第二百二十一条 捏造并散布虚伪事实，损害他人的商业信誉、商品声誉，给他人造成重大损失或者有其他严重情节的，处二年以下有期徒刑或者拘役，并处或者单处罚金。

判例六：安装插件改变程序功能的不正当竞争行为认定

某科技（深圳）有限公司、深圳市某计算机系统有限公司与 深圳某源码软件开发有限公司、某圈（深圳）联合发展有限公司等 不正当竞争纠纷案①

【关键词】

不正当竞争　网络干扰　行为兜底条款

【案情简介】

某科技（深圳）有限公司（以下简称"某科技公司"）是"微信"软件著作权人，与深圳市某计算机系统有限公司（以下简称"某系统公司"）共同提供"微信"即时通信服务。某科技公司享有核定使用在 9 类计算机、计算机软件、计算机程序等商品上"微信及图"的注册商标专用权。某科技公司于 2014 年 10 月 30 日向国家版权局就软件名称为"某微信软件【简称：微信】V5.3"申请"软著登字第 0332962 号"著作权登记，权利范围为全部权利。

深圳某源码软件开发有限公司（以下简称"某源码公司"）于 2015 年 7 月 21 日成立，经营范围包括计算机软件的设计、销售、网络技术开发等。侯某某为该公司股东和监事。某圈（深圳）联合发展有限公司（以下简称"某圈公司"）于 2016 年 6 月 1 日成立，该公司的经营范围包括计算机软硬件的技术服务、技术开发、手机及软件的研发销售等。

某科技公司、某系统公司指控某源码公司、某圈公司、侯某某实施不正当竞争行为。具体表现为：某源码公司、某圈公司、侯某某开发、运营数据精灵软件，使用该软件并配合某源码公司、某圈公司、侯某某提供的特定微信版软件、天下游软件（以上三个软件统称为数据精灵软件包），可以在手机终端上实现某科技公司、某系统公司正版微信软件服务不具有的"定点暴力加粉、公众号图文回复、关键词回复、一键点赞和评论、通讯录好友群发、微信群自动回复、定点摇一摇、微信群

---

① 2021 年 5 月 31 日最高人民法院发布的互联网十大典型案例。https://www.court.gov.cn/zixun-xiangqing-306541.html. 广东省高级人民法院（2019）粤民终 2093 号，载于中国裁判文书网。

好友一键添加、微信群自动推广、多账号自由切换、微信群群发、朋友圈内容一键转发"特殊功能，这些特殊功能与某科技公司、某系统公司正版微信软件服务形成交互关系，干扰了某科技公司、某系统公司微信服务的运行数据，破坏了某科技公司、某系统公司微信服务的系统运营环境和商业模式，损害了某科技公司、某系统公司利益，构成不正当竞争。

2016 年 10 月 26 日，深圳市市场监督管理局向某源码公司发出《责令改正通知书》，认定该公司侵害了某科技公司享有的注册商标专用权，责令其变更企业名称中的字号。

某科技公司、某系统公司起诉请求判令某源码公司、某圈公司停止不正当竞争行为；赔偿经济损失人民币 500 万元以及维权合理支出人民币 10 万元。

【裁判观点】

二审法院认为，本案二审争议焦点为：一、被诉提供"数据精灵"软件下载并进行宣传、推广、运营等行为是否构成不正当竞争行为；二、某源码公司、某圈公司、侯某某是否共同实施了被诉行为；三、民事责任如何承担。

关于被诉提供"数据精灵"软件下载并进行宣传、推广、运营等行为是否构成不正当竞争行为这一问题。通过分析"数据精灵"软件相关情况，法院认为，被诉行为具有以下几个技术特性：1. 利用了网络和技术手段。2. 安装运行"数据精灵"软件的微信用户，可以利用"植入"功能与其他微信用户发生信息交互，可对其他微信用户的使用造成影响。3. 其他微信用户对于受到的影响，无法自动屏蔽或难以避免。4. "植入"的新功能具有高频次、大范围、自动发送的特点，可以频繁、大量地向不特定用户发送或交互信息。某源码公司、某圈公司、侯某某实施的行为具有不正当性和可责性，一是，其他经营者的合法权益受到侵害。二是，消费者的合法权益受到损害。三是，被诉行为扰乱了公平竞争的市场秩序。四是，被诉行为有违诚实信用和商业伦理。

至于某源码公司上诉认为本案系某科技公司、某系统公司"抢"来"微信"商标引发的"血案"，属滥用诉权的报复性诉讼行为，该主张欠缺事实依据和关联关系，属某源码公司的主观臆测，法院未予认可。最终，法院认定被诉提供"数据精灵"软件下载并进行宣传、推广、运营等行为，构成对某科技公司、某系统公司的不正当竞争。

关于某源码公司、某圈公司、侯某某是否共同实施了被诉行为。根据查明事实情况，某源码公司、某圈公司、侯某某在公司注册成立以及经营活动中存在诸多关联关系，就被诉行为而言，主观上存在意思联络，行为上存在密切的分工、合作。法院最终认定其共同实施了被诉不正当竞争行为。

关于民事责任的承担。法院认为，鉴于被诉行为会对某科技公司、某系统公司提供微信软件产品及服务的商誉产生影响，故其要求赔礼道歉、消除影响的诉讼请求亦可予以支持。至于赔偿金额，法院综合各种因素，认为一审判决赔偿数额500万元，有事实和法律依据，数额合理，予以维持。

【判例分析】

本案案情实际并不复杂，重点在于某源码公司的包含定点暴力加粉、公众号图文回复、关键词回复等十三项特殊功能的"数据精灵"程序插件的开发和使用，是否构成《反不正当竞争法》中所规定的不正当竞争行为。

关于不正当竞争行为的界定，我国反不正当竞争法对其作一般性规定与列举式的特别规定。《反不正当竞争法》第2条，确定了反不正当竞争法的立法精神和基本原则，也作出了不正当竞争行为是指经营者在生产经营活动中，违反本法规定，扰乱市场竞争秩序，损害其他经营者或者消费者的合法权益的行为的一般性规定。由于互联网领域科技发展迅速，技术手段形式千变万化，为了更好地适用于法律实践，针对类型化的互联网不正当竞争行为，《反不正当竞争法》第12条对其规定了一般要件并列举了三类特定行为，同时设置了兜底条款以保证条文的周延性。

而对于《反不正当竞争法》第12条中"其他"不正当竞争行为的认定，则成为司法实践中的热点和难点。关于是否属于该条文下"其他"不正当竞争行为的认定，应当以关于不正当竞争行为的一般性规定为基本判定原则，结合前款中其他列举式的特定类型化互联网不正当竞争行为的行为特点进行判断。

具体而言，应当判断：1. 经营者是否利用网络从事生产经营活动，与其他经营者存在竞争关系；2. 经营者是否利用了技术手段，通过影响用户选择或者其他方式，实施了妨碍、破坏其他经营者合法提供的网络产品或者服务正常运行的行为；3. 该行为是否扰乱了市场竞争秩序，损害其他经营者或者消费者的合法权益；4. 经营者是否有违自愿、平等、公平、诚信原则以及商业道德。

本案中，某源码公司的"数据精灵"程序插件使微信用户获得微信程序原本并不具备的应用功能，包括定点暴力加粉、公众号图文回复、关键词回复等十三项特殊功能。诉争行为系利用网络和技术手段，使安装运行"数据精灵"软件的微信用户，可通过"植入"功能频繁、大量地向不特定用户发送或交互信息，而其他微信用户对于受到的影响，无法自动屏蔽或难以避免。上述网络干扰行为不仅损害了其他经营者的竞争利益，而且对网络秩序和公众的生活秩序造成影响，损害广大消费者的利益，应当认定为《反不正当竞争法》第 12 条规定中的"其他妨碍、破坏其他经营者合法提供的网络产品或者服务正常运行的行为"。

本案判决逻辑清晰，论证严谨，为软件插件类纠纷是否构成不正当竞争行为的判断提供了完整而清晰的分析架构。

【风险提示】

随着计算机程序的发展，用户安装软件插件以改变计算机程序的原有功能的情况时有发生，软件插件是否构成不正当竞争行为的纠纷时有发生。

对于软件插件开发企业而言，应当规范自身行为，避免被认定为不正当竞争行为而承担相应的法律责任。获取利润，当然是企业运营的最主要目的，但是软件开发企业一般会限制用户对第三方插件的使用。软件插件的开发，本就因面临软件开发企业一方的禁止性条款，而具有不正当竞争行为认定的法律风险。因此，软件插件开发企业，在插件的开发上，除获取利润的目的外，应当以帮助用户修改并完善软件功能为开发方向，降低不正当竞争行为的认定风险。而以保护程序经营者、用户自身或他人合法权益为目的的许可协议或技术措施等以限制第三方插件的情况，提供软件插件以帮助用户突破这一限制，软件开发主体有较大可能构成不正当竞争行为。

更重要的是，软件插件开发企业应当加强与软件开发企业的交流与合作。即使插件的开发，以帮助用户修改并完善软件功能为目的，其仍旧存在不正当竞争行为的认定风险。只有在取得软件开发方的许可后，插件的使用方可正常不受限。且，同软件开发企业的合作，也有助于插件开发方的进一步发展。

对于软件开发企业而言，通常情况下，软件开发者在实际投入市场时，会在授权用户使用软件程序时采取措施以限制用户安装第三方插件。用户限于鉴别能力，受到软件专业性、用户黏性等因素的影响，容易对之产生较高的信赖。而针对这一问题，限制用户安装第三方插件的措施，可能因为损害或限制用户自主选择等合法权益，违反《消费者权益保护法》《民法典》等法律规定，使得相应的协议措施等自始无效。因此，软件应当坚持中立性原则，基于客观、真实情况，以公开、透明、清楚的方式作出提示，避免用户对软件产生不当误解。同时，在面临可能存在不正当竞争行为性质的软件插件时，应当及时保存相关证据材料，询问相关专业法务人员或专业律师以采取措施，通过协商等方式解决实际问题。协商不成的情况下，可以通过诉讼手段解决纠纷。

【相关法条】

《中华人民共和国反不正当竞争法》

第二条　经营者在生产经营活动中，应当遵循自愿、平等、公平、诚信的原则，遵守法律和商业道德。

本法所称的不正当竞争行为，是指经营者在生产经营活动中，违反本法规定，扰乱市场竞争秩序，损害其他经营者或者消费者的合法权益的行为。

本法所称的经营者，是指从事商品生产、经营或者提供服务（以下所称商品包括服务）的自然人、法人和非法人组织。

第十二条　经营者利用网络从事生产经营活动，应当遵守本法的各项规定。

经营者不得利用技术手段，通过影响用户选择或者其他方式，实施下列妨碍、破坏其他经营者合法提供的网络产品或者服务正常运行的行为：

（一）未经其他经营者同意，在其合法提供的网络产品或者服务中，插入链接、强制进行目标跳转；

（二）误导、欺骗、强迫用户修改、关闭、卸载其他经营者合法提供的网络产品或者服务；

（三）恶意对其他经营者合法提供的网络产品或者服务实施不兼容；

（四）其他妨碍、破坏其他经营者合法提供的网络产品或者服务正常运行的行为。

判例七：擅自使用他人电竞直播画面的不正当竞争行为认定

广州某鱼网络科技有限公司与上海某宇文化传媒股份有限公司
著作权侵权及不正当竞争纠纷案①

【关键词】

不正当竞争　电竞赛事直播　商业惯例

【案情简介】

原告上海某宇文化传媒股份有限公司（以下简称"某宇公司"）于 2012 年 4 月成立，被告广州某鱼网络科技有限公司（以下简称"某鱼公司"）于 2014 年 4 月成立。原告经营"火猫 TV"网站，被告经营"某鱼"网站。上述两家网站均系网络游戏互联网在线视频直播类型的网站，页面中存在商业广告，直播模式主要为网站将正在进行的游戏比赛的画面内容、游戏主播（解说员）对比赛的解说内容以及相关音乐、字幕、主播及直播间的画面、观众评论文字等音像内容进行整合后，通过网站的视频播放器实时播出，供网络用户在线免费观看。"DOTA2（刀塔二）"游戏系世界知名的电子竞技类网络游戏，该游戏的开发商为"Valve Corporation（维尔福公司）"，该游戏在中国大陆地区的代理运营商为完美世界（北京）网络技术有限公司（以下简称"完美公司"）。该游戏以比赛形式进行，网络用户可以通过该游戏官方网站的客户端中的旁观者观战功能观看正在进行的比赛，该客户端对同一场比赛可以呈现给观战者多个不同视角的比赛画面。其他网络服务提供者在技术上能够通过相关计算机软件将上述比赛画面提取到其服务器中，并通过其网站向网络用户播出，播出时能够加上游戏主播的解说、观众评论文字等内容。

2014 年 4 月 28 日，原告、完美公司签订《电子竞技赛事战略合作框架协议》，约定了双方就 DOTA2 职业联赛、DOTA2 亚洲杯冠军赛等电竞类赛事进行合作，合作赛事在中国大陆地区的视频转播权独家授权给原告等事项，并明确相关事项由双方另签执行协议。为举办涉案 DOTA2 亚洲邀请赛，原告与多个案外人就租赁比赛场所、租赁及购买设备、宣传推广、门票发送、礼仪模特、现场秩序维护、现场拍

---

① 2021 年 7 月 17 日上海市浦东新区人民法院发布的互联网不正当竞争典型案例。见上海浦东法院官方公众号。最后访问时间 2023 年 4 月 2 日。

摄、赛事视频拍摄制作、网站建设、奖杯制作、酒店住宿等事项签订了相关合同，约定的应付款项共计 1205 万余元，原告已实际付款 1240 万余元。

某鱼公司未经授权，在其经营的"某鱼"网站对涉案赛事进行了实时的视频直播，播出画面来源于涉案游戏的旁观者观战功能，并在视频播放框上方突出使用了"火猫 TV"标识。某宇公司起诉要求判令某鱼公司停止侵权，赔偿经济损失 800 万元、合理开支 211000 元，消除影响。

【裁判观点】

一审法院认为，本案主要争议焦点为：一、被告是否侵害原告的信息网络传播权或者其他著作权；二、被告是否构成对原告的不正当竞争；三、侵权构成前提下被告应当承担的民事责任。

关于被告是否侵害原告的著作权这一问题。法院认为，无论原告就涉案赛事的直播所形成的音像视频内容是否构成作品，也无论被告的直播内容是否与原告的直播内容相同或者实质性相同，被告的直播行为均与侵害信息网络传播权无关。涉案赛事节目不属于原告的作品且被告进行了侵权性质的使用的情形，原告行使著作权的主体资格在本案中也存在明显缺陷。原告关于被告侵害其著作权的主张不能成立。

关于被告是否构成不正当竞争的问题。首先，原告经有效授权，已经取得了 DOTA2 职业联赛及亚洲杯赛事在中国大陆地区的独家视频转播权。其次，涉案赛事的转播权的授权约定合法有效，且体育比赛的组织方、主办方包括类似与体育比赛的电子竞技网络游戏比赛的开发商、运营商等对他人转播比赛行为进行相关授权许可系国际国内较长时期以来的通常做法、商业惯例。涉案转播权具有强烈的商业属性，承载着原告可以由此获得的商誉及经济利益，可以依法给予制止不正当竞争的保护。最后，原、被告具有同业竞争关系，被告明知涉案赛事由原告举办、原告享有涉案赛事的独家视频转播权、原告付出了较大的办赛成本，明知转播他人举办的游戏比赛须获得相关授权许可系视频网站行业的商业惯例，仍向其用户提供涉案赛事的部分场次比赛的视频直播，严重违反了诚实信用原则和公认的商业道德。法院最终判断被告行为构成对原告的不正当竞争。

至于某鱼公司在视频播放框上方突出使用某宇公司的品牌标识，易使网络用户产生某鱼公司与涉案赛事、与某宇公司具有合作关系等错误认识，法院判定其构成引人误解的虚假宣传。

关于侵权构成前提下被告应当承担的民事责任这一问题。法院认为，被告对原告实施不正当竞争行为，应当依法承担停止侵权、赔偿损失、消除影响等相应的民事责任。最终判决某鱼公司赔偿某宇公司经济损失 100 万元和合理开支 10 万元，判令被告在"某鱼"网站的首页显著位置刊登声明，消除对原告造成的不良影响。判决后，某鱼公司提起上诉，二审维持原判。

【判例分析】

本案系全国首例电竞游戏赛事直播纠纷案。

在本案中，被告虽在未经许可的情况下对正在进行的涉案赛事进行了实时的视频直播，但未提供涉案赛事录播内容的点播观看等服务，网络用户仅能够在被告直播的特定时间段内观看正在进行的涉案赛事，无法通过自身控制任意观看涉案赛事。我国著作权法规定的信息网络传播权是指以有线或者无线的方式向公众提供作品，使公众可以在其个人选定的时间、地点获得作品的权利，因此被告直播涉案赛事的行为不落入信息网络传播权的控制范围。再者，涉案赛事直播内容属于由图像、声音等多种元素组成的一种比赛类型的音像视频节目，无法享受著作权的保护，且原告本身也没有行使著作权的主体资格。

本案的创新意义在于对未经许可擅自使用他人电竞直播画面构成不正当竞争行为的认定。所谓商业惯例，是指在一些商品交换领域，由于长期交易活动而成为习惯，并逐渐形成的为所有参与交易者公认并普遍得到遵循的习惯做法。随着互联网的飞速发展，电子竞技相关产业随之愈发成熟，电竞市场逐步扩大，而转播赛事需取得权利人授权许可就属于电竞游戏市场业已形成的商业惯例。

本案中，原、被告双方所各自经营的网站均系网络游戏互联网在线视频直播类型的网站，应当知晓行业中的商业惯例。为获取赛事直播权，原告方通过与权利方签订《电子竞技赛事战略合作框架协议》等相关协议，支付合理对价以获取直播许可。当今时代背景下，电子竞技网络游戏已经具有明显的商品属性，其开发商、运营商等相关主体不仅可以通过组织、主办相关的赛事活动，获取与举办、转播比赛相关的通过投放广告、进行授权许可等途径获得的直接的经济收益，还可以借此提高相关主体的知名度、影响力，与之相关的利益应当属于我国法律保护的一种财产性的民事利益。

但对于被告方而言，其作为原告在同一经营领域的竞争对手，在未经许可的情况下，擅自进行游戏赛事的转播，侵害了原告的合法权益，应当认定其行为属于不正当竞争行为。

至于被告在直播涉案赛事时，在网站页面显著位置即在视频播放框的上方，突出使用了涉案赛事举办方、独家视频转播方的品牌标识即原告的"火猫 TV"标识的行为，属于对其直播行为的授权来源、直播内容的品牌来源方面的宣传。但被告就涉案赛事并未获得任何授权许可，上述宣传内容无任何事实依据，被告的上述行为损害了原告作为涉案赛事举办方、独家视频转播权人享有的合法权益，构成引人误解的虚假宣传的不正当竞争行为。

【风险提示】

随着互联网的进一步普及，以电子游戏为载体的电子竞技逐渐风靡开来，电竞产业作为一种新型娱乐方式为大众所熟知，随之而来的商业利益也引人注目。

以此为经营业务的互联网企业，应当保证自身不发生未经许可擅自使用他人电竞直播画面的情况。如本案判决观点一般，虽然原告并不享有涉案游戏画面著作权，但对于其支付合理对价而获取的赛事转播权益，被告未经许可擅自转播，实际损害了经营者利益，违反商业惯例，属于不正当竞争行为，应当承担相应的赔偿责任。通过非法转播获取的利益，将使企业面临超过所借此获取的利益的赔偿责任风险。

欲通过支付对价以获取转播许可的互联网企业，应当对准入授权合同进行明确约定。通常情况下，授权合同包括普通许可使用合同和专有许可使用合同。企业应当尽力争取专有许可使用合同，在此情况下被许可方才能获得排他性的财产性民事利益，针对特定范围内的侵权行为更好地行使独立诉权。

在充分尊重意思自治原则的基础上，企业在获取许可时，还应当对合同限制条款所带来的反竞争性以及利益平衡要求进行合理评估。对于特定的电子游戏而言，游戏开发商完全掌握游戏初始著作权，如果不对其进行评估和限制，将会造成电竞赛事资源的垄断，游戏开发商的"漫天要价"，也将使得欲获取转播许可的互联网企业面临更为高昂甚至苛刻的经济成本。

当获取转播许可后面临其他自然人或公司主体的非法转播时，企业应当第一时间保留相关证据材料，并与侵权人及时取得联系，避免损失的进一步扩大。在无法通过协商解决争议的情况下，基于前期留存的证据材料提起民事诉讼，要求侵权人赔偿损失，并通过诸如本案中通过在被告网站的首页显著位置刊登声明等方式，消除因侵权行为造成的不良影响。

【相关法条】

《中华人民共和国反不正当竞争法》

第二条　经营者在生产经营活动中，应当遵循自愿、平等、公平、诚信的原则，遵守法律和商业道德。

本法所称的不正当竞争行为，是指经营者在生产经营活动中，违反本法规定，扰乱市场竞争秩序，损害其他经营者或者消费者的合法权益的行为。

本法所称的经营者，是指从事商品生产、经营或者提供服务（以下所称商品包括服务）的自然人、法人和非法人组织。

第九条 经营者不得实施下列侵犯商业秘密的行为：

（一）以盗窃、贿赂、欺诈、胁迫、电子侵入或者其他不正当手段获取权利人的商业秘密；

（二）披露、使用或者允许他人使用以前项手段获取的权利人的商业秘密；

（三）违反保密义务或者违反权利人有关保守商业秘密的要求，披露、使用或者允许他人使用其所掌握的商业秘密；

（四）教唆、引诱、帮助他人违反保密义务或者违反权利人有关保守商业秘密的要求，获取、披露、使用或者允许他人使用权利人的商业秘密。

经营者以外的其他自然人、法人和非法人组织实施前款所列违法行为的，视为侵犯商业秘密。

第三人明知或者应知商业秘密权利人的员工、前员工或者其他单位、个人实施本条第一款所列违法行为，仍获取、披露、使用或者允许他人使用该商业秘密的，视为侵犯商业秘密。

本法所称的商业秘密，是指不为公众所知悉、具有商业价值并经权利人采取相应保密措施的技术信息、经营信息等商业信息。

判例八：恶意破坏"用户粘性"的不正当竞争行为认定

浙江某猫网络有限公司与上海某和网络科技有限公司、某信软件（上海）有限公司其他不正当竞争纠纷案①

【关键词】

不正当竞争　网络购物助手　共同侵权

【案情简介】

原告浙江某猫网络有限公司（以下简称"某猫公司"），系"某猫商城"的所有者及实际运营者，该网站为第三方网络零售购物平台。被告上海某和网络科技有限公司（以下简称"某和公司"）系"帮5买"网站的经营者，该网站将某信软件（上海）有限公司（以下简称"某信公司"）亦称为帮5买公司。"帮5淘"购物助手系某和公司委托某信公司开发，网络用户可通过"帮5买"网站及其他第三方平台下载该购物助手。用户电脑安装、运行该购物助手后登录淘宝网、某猫商城时，该购物助手会在淘宝页面中插入"帮5买"的标识、商品推荐图片、搜索框、收藏按钮、价格走势图及减价按钮等内容，其中减价按钮在淘宝原网页的购买按钮附近。其主要功能包括为用户提供网购的全网搜索、比价、包邮等服务。用户点击减价按钮后，则跳转至某和公司经营的"帮5买"网站完成购买及支付行为，款项直接支付至某和公司，某和公司员工下单后货物由相应商家向用户发货。

某猫公司认为某和公司、某信公司运营的"帮5淘"购物助手相关行为违反诚信原则和商业道德，对其经营造成巨大损失，构成不正当竞争。遂以上述行为违反诚实信用原则和公认的商业道德，构成不正当竞争为由，向法院起诉，请求判决被告停止侵害、赔偿损失、消除影响。诉讼过程中，鉴于被诉行为已经停止，原告撤回第一项诉讼请求。被告某和公司辩称，原被告不存在竞争关系，"帮5淘"购物助手使用中立的技术手段，保障了用户的知情权和选择权，是合理满足消费者需求并市场化的一种服务，不会造成混淆，且最终仍在某猫商城购物，不会给原告造成

---

① 2021年7月17日上海市浦东新区人民法院发布的互联网不正当竞争典型案例。见上海浦东法院官方公众号。最后访问时间2023年4月2日。

用户流量的损失。被告某信公司辩称，其受某和公司委托开发，已经尽到合理审慎义务，不承担连带责任。

【裁判观点】

法院认为，市场经济背景下市场主体从事跨行业经营的情况实属常见，互联网环境下行业边界模糊，故不应将竞争关系局限于同行业竞争者之间的狭隘竞争，应从经营者具体实施的经营行为出发加以考量，广义理解竞争关系。竞争的本质是对客户即交易对象的争夺，在互联网行业，将网络用户吸引到自己的网站是经营者开展经营活动的基础，培养用户粘性是获得竞争优势的关键。因此，即使双方的经营模式存在不同，只要具有相同的用户群体，在经营中争夺与相同用户的交易机会，亦应认定存在竞争关系。

原告付出巨额成本，经过多年形成其特有的商业模式，吸引和积累大量稳定客户，在购物类网站具有较高竞争优势和商业价值，属于应受反不正当竞争法保护的合法权益。被告通过"帮5淘"购物助手在原告网页插入标识，并以减价标识引导用户至"帮5买"网站购物的行为，会破坏原告网站的用户粘性，给原告造成了损失。综合判定"帮5淘"购物助手的涉案行为违反了诚实信用原则和购物助手这一领域公认的商业道德，具有不正当性。该不正当行为破坏原告网站的用户粘性，给原告造成损害，构成不正当竞争。两被告具有共同经营"帮5淘"购物助手的主客观条件，共同实施了涉案的侵权行为，应承担连带责任。

最终法院判决被告某和公司、某信公司共同赔偿原告某猫公司经济损失人民币100万元及为制止侵权行为所支付的合理开支人民币10万元；被告某和公司、某信公司自本判决生效之日起十五日内，共同在"某猫商城"和"帮5买"网站首页上连续十五日发布公开声明，以消除因其不正当竞争行为对原告某猫公司造成的不良影响。判决后，两被告提起上诉，二审维持原判。

【判例分析】

本案系国内首例涉及购物助手不正当竞争的案件。

本案被控不正当竞争行为是由于某和公司、某信公司未经某猫公司同意在其网站上插入信息，该行为实际上是对某猫商城网站运行进行某种程度的干扰，并对原告某猫公司造成影响。分析的重点在于原被告双方是否存在竞争关系、原告购物平台是否遭受利益损失，是否构成《反不正当竞争法》中规定的违反诚实信用原则和公认的商业道德这一条款。被告的行为在市场竞争中是否违背诚信原则以及公认的商业道德需要将该行为放置在反不正当竞争法促进竞争、鼓励创新，实现竞争公平与自由的立法目的下进行判断，防止脱离反不正当竞争法的目标进行泛道德化评判。

本案一审法院对案件争议焦点即当事人之间是否具有竞争关系，原告某猫公司利益遭受的损害，被诉行为是否具有正当性进行判定，即"帮5淘"购物助手的涉案行为违反了诚实信用原则和购物助手这一领域的公认商业道德，具有不正当性，对此二审法院予以认定并维持原判。

购物助手这一商业模式借用了购物网站的用户基础，有利用他人拓展业务之嫌。在激烈的互联网竞争中，"用户粘性"是获得竞争优势的关键，因此任何竞争行为均应充分尊重竞争对手在客户培育等方面的付出，不得不合理地借用他人的竞争优势为自己谋取交易机会。购物助手的商业模式实现了不同购物平台商品信息的实时比较，解决了网购信息不对称的问题，合理范围内有助于鼓励购物平台积极创新，提高竞争能力的效果。只要购物助手在实际经营中未产生不当影响，没有对他人的正当经营模式造成不当干扰，未实施导致消费者混淆的竞争行为，购物网站应对这一商业模式有一定的容忍义务。但运用不当或超过合理限度的干扰，易引发对购物网站经营者的损害、侵犯消费者权益等诸多问题。购物助手与原购物网站应该是相辅相成的关系。购物助手能满足消费者的网购需求，提高网购透明度，促进网购良性竞争。但购物网站经营者对其网站的展示空间享有正当权益，购物助手若要在该空间拓展服务须谨慎适度，注意行为边界，并且需保证消费者的选择权、知情权等正当权益，否则可能涉嫌不正当竞争。本案中"帮5淘"的具体行为造成争夺原告网站粘性客户，削弱其竞争力的后果，不仅如此，涉案的越界行为同时造成混淆服务来源、影响原购物网站信誉、售后难以保障等不良后果，长此以往会对网络购物环境产生更恶劣的影响。

从市场竞争秩序整体来看，互联网电商的比价、帮购等服务的基础是电子商务网站，购物助手与购物网站之间服务功能的开展应该是一种正向关系。因此只有保障电商购物网站行业整体正常经营，排除不正当妨碍、利益侵害等才能使整个行业蓬勃发展，相关比价、帮购等购物助手产业也才得以持续发展。禁止本案中"帮5淘"的违法行为并非禁止购物助手这种商业模式，不会对实行正当行为的购物助手相关行业产生不利影响，能够同时平衡与保护购物网站与购物助手的合法权益，从而更有利于社会整体利益。互联网时代企业之间竞争日益激烈，情况变化多样，本案的相关认定有助于维护互联网商业秩序，对规范互联网行业竞争有一定的指导意义。

【风险提示】

互联网时代背景下，电商发展日新月异，各类购物助手应运而生。其核心功能是满足网购用户对于商品比价、优质选择的需求，提升消费者福祉。但作为此类购物助手的经营主体在服务过程中的"搭便车"、对原网站经营者过度妨碍、模式违规等行为易构成对原购物网站的不正当竞争，甚至对消费者造成损失。《反不正当竞争法》第2条第1款规定：经营者在生活经营活动中，应当遵循自愿、平等、公平、诚实信用的原则，遵守法律和商业道德。虽然《反不正当竞争法》中对不正当行为的列举式规定可对相关企业的行为作为规避风险的参考，但随着互联网市场经济的迅速发展，新型案件和新情况层出不穷。降低相关风险，除具体规定外，应综合考量是否违反诚实信用原则和公认的商业道德。笔者建议可从以下方面防范相关风险。

1. 正确理解不正当竞争的范围。《反不正当竞争法》规定的经营者不正当竞争关系包括狭义的竞争关系和广义的竞争关系。因此从事购物助手相关的经营者在考虑是否可能构成不正当竞争时不能仅仅认为自身与购物平台不属于同性质同行业经营者就不可能构成竞争关系。应在广义层面理解，即非同行业经营者的经营行为之间的损害与被损害关系也构成不正当竞争。互联网市场行业边界模糊，跨行业经营屡见不鲜，经营者应从实际经营行为出发加以考量，即使双方经营模式存在差异，只要有相同的用户群体，在经营中争夺交易机会，就可能被认定为存在竞争关系，从而造成经营风险。因此应及时避免不正当争夺相同用户群体，以及依托于购物平台运营基础、依附性搭便车为自身牟利行为。

2. 考虑是否可能造成利益损失。《反不正当竞争法》所保护的法益，要从多重角度综合分析。除我们所熟悉的成本、利润等金钱损失，社会经济秩序外，在互联网经济下，受不确定性因素影响，损失还包括已发生的直接损失和将来必然发生的损失。因此企业应在考虑是否会因直接获利侵害他人合法权益外，一方面防范侵犯对方增值服务、商业信誉、累积的粘性客户流量、独有商业模式的竞争优势，另一方面防范因改变用户流量入口、上网习惯等会造成未来必然发生的损失。以上均属于在法院实际裁判中综合考量的因素，也是防范风险需注意和考量的部分。

3. 排除行为的不正当性。经营者应在法律允许的对购物助手容忍义务限度内进行商业行为，注意行为边界，规避超限度的风险。作为购物助手经营者，创造商业价值和利益的方式是使消费者实现不同购物平台商品之间比较、提高价格透明度、提供多样化服务，解决网购信息不对称问题。因此要求购物助手在实际经营中应谨慎适度，不能对购物网站过度妨碍和干扰，实施容易导致消费者混淆的竞争行为，从而造成不当影响。即应充分尊重用户知情权与选择权，明确告知其功能，由用户自主选择使用，并能以通用方式卸载关闭等。明确标注标识来源，避免消费者混淆。作用方式需在合理程度内，避免植入信息占据过大空间从而影响消费者购物体验，造成对网站的干扰或使消费者产生该信息由原购物网站发布的误解。对网购交易的介入不得达到干涉消费者选择购物平台决策的程度。

【相关法条】

《中华人民共和国反不正当竞争法》

第二条　经营者在生产经营活动中，应当遵循自愿、平等、公平、诚信的原则，遵守法律和商业道德。

本法所称的不正当竞争行为，是指经营者在生产经营活动中，违反本法规定，扰乱市场竞争秩序，损害其他经营者或者消费者的合法权益的行为。

本法所称的经营者，是指从事商品生产、经营或者提供服务（以下所称商品包括服务）的自然人、法人和非法人组织。

第二十条　经营者违反本法第八条规定对其商品作虚假或者引人误解的商业宣传，或者通过组织虚假交易等方式帮助其他经营者进行虚假或者引人误解的商业宣传的，由监督检查部门责令停止违法行为，处二十万元以上一百万元以下的罚款；情节严重的，处一百万元以上二百万元以下的罚款，可以吊销营业执照。

经营者违反本法第八条规定，属于发布虚假广告的，依照《中华人民共和国广告法》的规定处罚。

判例九：网络抢购服务的不正当竞争行为认定

上海陆家嘴某金融资产交易市场股份有限公司、
上海某金所互联网金融信息服务有限公司与
西安某智投软件科技有限公司其他不正当竞争纠纷①

【关键词】

不正当竞争　网络抢购服务　科技金融产品

【案情简介】

某金所公司的经营范围包括金融产品的研究开发、组合设计、咨询服务以及非公开发行的股权投资基金等的各类交易相关配套服务。该公司系"平安某金所官网"的主办单位，也是"某金所"手机应用的运营主体。某金服公司的经营范围包括金融信息服务（除金融业务）、金融产品的研发以及金融类应用软件开发等。该公司系"上海某金所互联网金融信息服务有限公司网站"的主办单位，也是"某金服"手机应用的运营主体。

在两原告运营的上述网站和手机应用中，均有债权转让产品的交易服务。其中，两原告自营的债权转让产品仅有"慧盈-安 e+"一类，下辖多款不同产品，相应的转让价格、约定出借利率、投资期限等各不相同。两原告的用户在登录上述网站或手机应用后，可以查看可供购买的债权转让产品信息，并通过产品详情页内的"立即投资"选项，在输入交易账号、交易密码和验证码后进行抢购。

某智投公司成立于 2017 年 4 月 18 日，登记的经营范围包括软件开发及销售、计算机基础软件服务和应用软件服务等。该公司系微信小程序"某智投""掌上某智投"的开发者以及微信公众号"某智投"的账号主体，同时也是"某智投"安卓手机应用 1.0.24 版的运营主体和"某智投科技"网站的登记主办单位。

某智投公司运营的服务渠道中，除"某智投"微信公众号和"某智投"微信小程序外，均有抢购两原告债权转让产品的功能。相较通过人工方式抢购债权转让

---

① 2021 年 7 月 17 日上海市浦东新区人民法院发布的互联网不正当竞争典型案例。见上海浦东法院官方公众号。最后访问时间 2023 年 4 月 2 日。

产品的用户，使用"某智投"抢购功能的用户在产品信息浏览、作出交易判断和完成交易流程等环节上，均具有一定的时间优势。但与此同时，两原告对于自身平台用户的交易行为也采取相应的监管措施。除向用户发送站内信进行风险提示外，对于成交耗时明显过短的用户，两原告将采取复杂化验证码等方式延长其完成交易所需的时间，以保证各用户在抢购债权转让产品时的公平机会。为此，"某智投"抢购服务在成交耗时方面进行了一定的延长，使其设定为略微领先于人工抢购的时长，从而规避两原告平台的监管。

有鉴于此，两原告诉请法院判令被告停止涉案不正当竞争行为、消除影响并赔偿原告经济损失及合理费用共计 50 万元。

【裁判观点】

法院认为，本案所需评判的核心问题在于：一、被告提供的抢购服务是否在公平交易规则、用户粘性等方面不正当地损害了两原告依法享有的竞争利益；二、被告在其商业宣传中使用两原告的相关信息，是否构成虚假宣传或混淆行为；三、若被告的行为构成不正当竞争，两原告作为交易平台经营者所受的竞争利益损害应如何通过经济损失赔偿加以衡量。

关于被告提供的抢购服务是否在公平交易规则、用户粘性等方面不正当地损害了两原告依法享有的竞争利益这一问题。法院认为，被告经营的"某智投"抢购服务利用技术手段，通过为两原告平台用户提供不正当抢购优势的方式，妨碍两原告债权转让产品抢购业务的正常开展，对两原告及平台用户的整体利益造成了损害，不正当地破坏了两原告平台公平竞争的营商环境，构成不正当竞争，该行为应给予反不正当竞争法上的否定评价。

关于被告在其商业宣传中使用两原告的相关信息，是否构成虚假宣传或混淆行为这一问题。针对两原告提出虚假宣传的主张，可根据被告实施的三类行为的具体样态逐一评价。关于第一类行为，其所称"投资返利"并未得到佐证。该行为实属对被告服务内容所作的虚假陈述，依法应受规制。关于第二类行为，被告"某智投科技"网站中关于合作平台额外返利的宣传内容全然指向其他投资平台，与两原告并无关联。关于第三类行为，被告提供的抢购服务本身虽被置以反不正当竞争法的否定评价，但其具有自动抢购功能确属事实，不宜认定为虚假宣传。针对两原告提出的混淆行为的主张。法院认为，被告实施的上述三类行为，尽管在措辞上均有涉及两原告平台的相关信息，但在经营者主体身份方面并未与两原告发生混淆。

关于责任承担的问题。法院认为，被告首先应立即停止干扰两原告平台债权转让产品的抢购，并停止以"推荐返利"为名进行虚假宣传以吸引用户通过被告设置的链接注册成为两原告的会员。其次，被告应当在"某智投"微信公众号刊登声明以覆盖虚假宣传行为的影响范围。关于被告应当赔偿的经济损失数额，法院判定支持两原告诉请经济损失赔偿的数额。同时，法院认为，两原告为本案诉讼支付的公证费与律师费，属于为制止侵权行为支付的合理开支，予以支持。

【判例分析】

《反不正当竞争法》的立法目的，在于鼓励和保护公平竞争、维护正常的市场竞争秩序，从而降低经营者的生产经营成本和消费者的商品选择成本。法院认为，不正当竞争行为的认定与否，应着眼于经营者实施的特定行为是否具有市场竞争属性和不正当性。经营者间的同业竞争关系，并非不正当竞争行为认定的必要前提，法院并未将竞争关系作为不正当竞争行为认定的要件作为争议焦点而展开论述。

本案的分析要点，在于被告提供抢购服务的行为，是否属于不正当地损害两原告的竞争利益的民事行为。而本案中被告提供抢购服务的行为，既造成了对两原告的客观损害结果，又存在竞争行为上的不正当性。

首先，被告提供抢购服务的行为，使得被告一方的产品使用用户的行为模式发生了改变，以用户预设需求为基础的定向检索，造成了相关用户对两原告的平台访问频度与浏览时长的客观减少，减损了两原告原本可获得的平台流量利益。其次，被告提供抢购服务的行为，剥夺了原告产品使用用户的潜在交易机会，通过科技手段大大降低了原告产品使用用户的抢购成功率，大幅度减损了两原告平台投资者在投资过程中本应享有的获取投资收益的机会。最后，被告提供抢购服务的行为，使得两原告平台的投资者的投资信心受到冲击，用户粘性降低，将使得两原告平台赖以生存的经营体系遭受巨大影响，被告所认为的短期内可促使两原告平台债权转让产品快速成交以实现的短期利息，与平台整体价值的减损相比，相去甚远。

《反不正当竞争法》第12条第2款规定：经营者不得利用技术手段，通过影响用户选择或者其他方式，实施妨碍、破坏其他经营者合法提供的网络产品或者服务正常运行，而本案中，被告通过"某智投"抢购服务，规避两原告平台的规制，打破了两原告平台原有投资者的公平交易基础，存在明显的不正当性。

此外，被告还通过提供抢购服务的方式套取两原告平台上的会员信息。如前所述，被告提供抢购服务的行为本身就存在不正当性，则以此为基础进行的两原告用户信息的套取，同样具有不正当性。

关于两原告提出被告虚假宣传与混淆行为的主张。商业宣传的内容应符合准确性的要求，对被告行为应当做划分以判定。被告所做的"智能管理"功能描述，虽行为具有不正当性，但其客观上具有自动抢购功能，因此不应当认定为虚假宣传。而被告关于合作平台额外返利的宣传内容则是指向其他投资平台，与两原告并无关联；至于被告关于"投资返利"的宣传则并未得到佐证，属于对服务内容的虚假陈述，依法应予规制。被告的上述行为，在经营者主体身份方面并未与两原告发生混淆，因而不应当认定为混淆行为。

至于被告应当承担的法律责任，其由于侵害了两原告的相关竞争利益，依法应当承担停止侵害、消除影响、赔偿损失等民事责任，笔者在此不予赘述。

【风险提示】

互联网时代背景下，互联网平台的功能愈发多样化，甚至包括理财产品等在内的金融服务也可以通过互联网平台得以实现。这也就催生了大量的自动抢购软件，提供各类网络抢购服务的商家越来越多。但自动性的网络抢购服务的使用，就意味着相关的使用用户相较其他用户而言具有巨大的竞争优势，从本案来看，这样的行为既对原网络平台的经营者的正常经营秩序造成冲击，对正常的使用用户与网络平台的合法权益均造成了减损，同时又具有不正当性，应当认定为不正当竞争行为。因此，互联网企业应当停止和避免此类自动抢购服务的开发，避免承担相应的法律责任。

对于网络平台经营者而言，应当设置技术手段以规避此类"网络抢购服务"。网络抢购的技术原理，无外乎通过软件"外挂"的形式以对原平台程序进行篡改，以及通过外置手段以实现网络抢购效果两种方式。

针对前者，以互联网平台为业的票务公司应当设置一定购买条件以防止抢票软件的批量抢票等行为，如设置验证码等方式，或者在使用用户许可的前提下进行人脸识别等生物信息相关技术手段。针对后者，如大量出现的类似于自动抢红包软件等，由于其并未对原软件程序进行修改，是否能将其认定为不正当竞争行为，司法实践中尚存争议。

但无论怎样，网络平台经营者，一方面应当设置技术壁垒，以规避软件"外挂"的侵入，维持自身正常经营秩序，维护平台使用用户之间公平选择的权利，加强对平台的监管。另一方面应当积极解决经营过程中所面临的"网络抢购服务"，保存相关证据材料以应对可能发生的诉讼程序，实现对当下受损利益的弥补，更重要的是可以维护平台的营商环境，保障用户关注度和活跃度实现持续运营，通过用户习惯的培育和用户粘性的建立不断吸纳新的投资者和资本。

【相关法条】

《中华人民共和国反不正当竞争法》

第八条 经营者不得对其商品的性能、功能、质量、销售状况、用户评价、曾获荣誉等作虚假或者引人误解的商业宣传，欺骗、误导消费者。

经营者不得通过组织虚假交易等方式，帮助其他经营者进行虚假或者引人误解的商业宣传。

第十二条 经营者利用网络从事生产经营活动，应当遵守本法的各项规定。

经营者不得利用技术手段，通过影响用户选择或者其他方式，实施下列妨碍、破坏其他经营者合法提供的网络产品或者服务正常运行的行为：

（一）未经其他经营者同意，在其合法提供的网络产品或者服务中，插入链接、强制进行目标跳转；

（二）误导、欺骗、强迫用户修改、关闭、卸载其他经营者合法提供的网络产品或者服务；

（三）恶意对其他经营者合法提供的网络产品或者服务实施不兼容；

（四）其他妨碍、破坏其他经营者合法提供的网络产品或者服务正常运行的行为。

判例十：恶意劫持流量行为的不正当竞争行为认定

上海某网络科技有限公司与北京某豹移动科技有限公司、
北京某山安全软件有限公司不正当竞争纠纷案①

【关键词】

不正当竞争　劫持流量　安全类软件

【案情简介】

原告上海某网络科技有限公司（以下简称"某网络公司"）成立于2012年3月，注册资本为91000万元，经营范围为计算机软硬件及辅助设备的开发、销售、设计等。其主要经营2345王牌浏览器、2345网址导航等互联网产品。2016年6月30日，原告官网介绍2345网址导航用户超过4000万，日访问用户2500万，行业排名前三。

被告北京某豹移动科技有限公司（以下简称"某豹公司"）成立于2009年4月，注册资本为1000万元。被告北京某山安全软件有限公司（以下简称"某山公司"）成立于2009年11月，注册资本为800万元，经营范围为技术推广、技术开发、技术服务、技术咨询等。某山公司多年来从事网络安全工作，取得了一定成绩，其产品也具有较高知名度。

驱动精灵软件是一款集驱动管理和硬件检测于一体的、专业级的驱动管理和维护工具，为用户提供驱动备份、恢复、安装、删除、在线更新等实用功能。在驱动工具软件中，驱动精灵软件排名靠前。

原告主张两被告实施了下列三类不正当竞争行为。1. 在安装、运行驱动精灵软件过程中，利用技术手段，在无提示的情况下将用户在浏览器中设定的2345网址导航主页变更为毒霸网址大全。2. 在安装、运行驱动精灵软件过程中，利用技术手段，在虚假提示的情况下将用户在浏览器中设定的2345网址导航主页变更为毒霸网址大全。3. 驱动精灵软件针对不同网址导航区别对待，在相同操作的情况下，驱动精灵软件将用户在浏览器主页中设定的2345网址导航变更为毒霸网址大

---

① 2021年7月17日上海市浦东新区人民法院发布的互联网不正当竞争典型案例。见上海浦东法院官方公众号。最后访问时间2023年4月2日。

全，而对设置为 hao123 网址导航、QQ 导航等的浏览器主页不作变更。

根据原告主张，并综合归纳上述认定事实，法院认为，在原告公证时，该公证版本的驱动精灵软件在安装、运行过程中存在以下行为：1. 在可见选项中不存在提示用户变更浏览器主页的内容；2. 在可见选项中存在提示用户变更浏览器主页的内容；3. 点击安装选项，无隐藏选项，且在可见选项中不存在提示用户变更浏览器主页的内容；4. 点击安装选项，有隐藏的提示用户变更浏览器主页的内容，且在可见选项中也存在提示用户变更浏览器主页的内容。在全部去除上述可见及隐藏选项勾选的情况下安装完成驱动精灵软件后，用户在浏览器设置的原主页 2345 网址导航均被变更为域名为 www. duba. com 的毒霸网址大全或"上网导航"。同时，在部分公证中，实施相同的安装驱动精灵软件操作后，用户在浏览器设置的 2345 网址导航主页发生变更，设置的 hao123 网址导航及 QQ 导航等主页未发生变更。

【裁判观点】

法院认为，本案的主要争议焦点是：一、被告某豹公司、某山公司是否是本案不正当竞争之诉的适格被告；二、原告某网络公司指控的两被告通过驱动精灵软件实施的擅自变更网络用户浏览器主页以及区别对待等行为是否构成不正当竞争；三、如上述行为构成侵权，两被告应承担的民事责任。

关于被告某豹公司、某山公司是否是本案不正当竞争之诉的适格被告这一问题。被告某山公司自认其为驱动精灵软件的经营者，但两被告辩称，驱动精灵软件由被告某山公司独立经营，毒霸网址大全则由被告某豹公司独立经营。对此，法院认定，某豹公司亦参与了驱动精灵软件的实际经营。两被告共同经营了驱动精灵软件，均为本案适格被告。

关于两被告行为是否构成不正当竞争行为这一问题。法院认为，两被告在驱动精灵软件安装、运行过程中，未经用户许可，擅自实施的变更网络用户浏览器主页行为，属利用技术手段，违背用户本意，以侵害用户知情权及选择权的方式，误导、欺骗、强迫用户修改、关闭原告合法提供的网络产品，构成不正当竞争。同时，两被告在通过驱动精灵软件变更网络用户浏览器主页过程中实施的区别对待行为违背自愿、平等、公平、诚信的原则，违反了法律和商业道德，扰乱了市场竞争秩序，损害了原告及消费者的合法权益，亦构成不正当竞争。

关于两被告应承担怎样的民事责任这一问题。两被告共同经营驱动精灵软件，构成共同侵权，应对本案全部民事责任承担连带责任。首先，法院判令两被告应立即停止实施原告在本案中主张的包括各类擅自变更用户浏览器主页以及区别对待行为在内的不正当竞争行为。其次，法院支持了原告要求两被告在三个网站刊登声明消除影响的请求。最后，法院综合考虑多项因素，最终确定经济损失赔偿额为2511500元，同时两被告还应当赔偿原告为制止侵权支出的合理开支11500元。

后两被告提起上诉，二审法院判决驳回上诉、维持原判。

【判例分析】

本案中诉争被告不正当竞争行为的认定，与流量劫持这一新型概念相关。所谓流量劫持，指的是行为人利用篡改浏览器、锁定主页、弹窗轰炸等手段，强制网络用户访问相关页面，导致该指定页面获取网络用户流量的情形。

《反不正当竞争法》自1993年9月2日颁布以来，未对流量劫持予以规制。但随着互联网在国内的不断普及和发展，2017年11月4日修订后的《反不正当竞争法》首次在第12条第2款第2项以"列举+兜底"方式涉及类似行为认定。2022年3月施行的《最高人民法院关于适用〈中华人民共和国反不正当竞争法〉若干问题的解释》第21条明确，未经其他经营者和用户同意而直接发生的目标跳转，人民法院应当认定为反不正当竞争法第12条第2款第1项规定的"强制进行目标跳转"。上述解释的出台，意味着关于流量劫持这一问题有了具体的司法认定标准。本案中法院认为被告擅自变更网络用户浏览器主页以及区别对待等行为构成不正当竞争，前者就是依据《反不正当竞争法》第12条第2款第2项的规定予以确定的。

本案中，对于两被告的区别对待行为，即实施相同的安装驱动精灵软件操作后，用户在浏览器设置的2345网址导航主页发生变更，设置的hao123网址导航及QQ导航等主页未发生变更，是否构成不正当竞争行为的争议较大。办案法院从行业规约与消费者角度出发，认为两被告的区别对待构成不正当竞争行为，理由如下：

从行业规约角度来看。中国互联网协会发布的《互联网终端软件服务行业自律公约》第17条第1项规定，"同类终端软件拥有平等的被选择权和市场推广权"。该规定内容可以被认定为互联网终端软件服务行业的商业道德。某豹公司、某山公司利用技术手段，通过驱动精灵软件有选择性地变更用户浏览器主页，使某网络公司的2345网址导航产品丧失平等的被选择权，违反了上述商业道德，亦违背了自愿、平等、公平、诚信的原则。某豹公司、某山公司的区别对待行为针对不同的网址导航，扰乱了网址导航产品间平等的市场竞争秩序。

从消费者角度来看。用户在使用浏览器过程中，因安装了涉案驱动精灵软件，其所设置的2345网址导航主页发生变更，而其所设置的hao123网址导航、QQ网址导航主页均未发生变更，由此将导致原告网址导航产品的客户体验和用户评价下降，使用户对 2345 网址导航产品的质量产生怀疑，继而换用其他网址导航产品，2345 网址导航产品安装数量亦会随之下降，致使原告合法权益遭受损害。

因此，法院认定两被告行为构成不正当竞争，应当承担相应的民事责任。

【风险提示】

对于网络服务提供商而言，流量劫持行为将影响其网站的用户访问量和市场份额，致使网站用户大量流失，造成经济损失和名誉损害，商业利益受损，更会严重影响互联网行业的健康发展。

在民商事层面，个人或企业主体为了自身经营发展，抑或是为了获取相关利益，流量劫持行为屡见不鲜。流量劫持不断引起互联网经营主体、政府监管部门、司法部门的高度重视。本案作为典型的流量劫持案件，对互联网企业来说可见微知著。除此之外，针对类似情况，相关企业、个人还应关注以下重点。

一是流量劫持中竞争关系的非直接性。随着"互联网+"经济的蓬勃发展，目前狭义的竞争关系已发展至广义的竞争关系。狭义的竞争关系是指经营的商品或者服务具有直接的替代关系。广义的竞争关系，是将经营活动存在相互交叉、依存或者其他的关联关系，即为吸引消费者或者不正当地损害了其他经营者的竞争优势，或者获取了本不应当属于你的竞争优势和交易机会等都纳入其中。从目前的司法判例可以发现，对于竞争关系而言，无论是行为说、损害说或是消费者群体的交叉说等，都认可竞争关系的广义性。也就是说，企业主体不能简单地以非直接竞争关系，作为自身规避流量劫持被认定为不正当竞争行为的抗辩理由。

二是新司法解释下流量劫持行为多样性。2022 年 3 月起施行的《最高人民法院关于适用〈中华人民共和国反不正当竞争法〉若干问题的解释》第 21 条第 1 款将未经其他经营者和用户同意而直接发生的"目标跳转"认定为构成《反不正当竞争法》第 12 条第 2 款第 1 项规定的"强制进行目标跳转"。笔者认为，该行为是典型的流量劫持行为。另外，解释第 21 条第 2 款规定，若经营者仅插入链接，目标跳转是由用户自行触发的，法院则需要结合插入链接的具体方式、是否具有合理理由、是否对用户利益和其他经营者利益造成不良影响等因素来综合考虑是否构成不正当竞争行为。

换言之，企业主体在预计开展流量劫持相关行为前应当慎之又慎，有相当程度的可能被认定为不正当竞争行为而需要承担相应的法律责任。而对于面临流量劫持的企业主体而言，则应当积极留存相关证据，通过协商、仲裁以及提起民事诉讼等手段，维护自身合法权益。具体问题，建议咨询相关领域律师以获取有效且可靠的专业建议。

【相关法条】

《中华人民共和国反不正当竞争法》

第二条　经营者在生产经营活动中，应当遵循自愿、平等、公平、诚信的原则，遵守法律和商业道德。

本法所称的不正当竞争行为，是指经营者在生产经营活动中，违反本法规定，扰乱市场竞争秩序，损害其他经营者或者消费者的合法权益的行为。

本法所称的经营者，是指从事商品生产、经营或者提供服务（以下所称商品包括服务）的自然人、法人和非法人组织。

第十二条　经营者利用网络从事生产经营活动，应当遵守本法的各项规定。

经营者不得利用技术手段，通过影响用户选择或者其他方式，实施下列妨碍、破坏其他经营者合法提供的网络产品或者服务正常运行的行为：

（一）未经其他经营者同意，在其合法提供的网络产品或者服务中，插入链接、强制进行目标跳转；

（二）误导、欺骗、强迫用户修改、关闭、卸载其他经营者合法提供的网络产品或者服务；

（三）恶意对其他经营者合法提供的网络产品或者服务实施不兼容；

（四）其他妨碍、破坏其他经营者合法提供的网络产品或者服务正常运行的行为。

判例十一：**首例涉 App 唤醒策略网络不正当竞争诉前禁令**

某（中国）网络技术有限公司与江苏某马软件技术有限公司不正当竞争纠纷行为保全案①

【关键词】

不正当竞争　诉前禁令　流量利益

【案情简介】

申请人某（中国）网络技术有限公司（以下简称"某公司"）于 2020 年 11 月 9 日向法院申请诉前行为保全，请求责令被申请人江苏某马软件技术有限公司（以下简称"某马公司"）立即停止以设置相同 URLScheme 的方式对"支付宝"App 正常跳转进行干扰的不正当竞争行为。

申请人某公司称：其系"支付宝"App 的主要经营者，对"支付宝"App 的流量利益和商誉等享有合法的竞争利益。被申请人某马公司开发、运营"家政加"App，为增加用户访问量，其在该款 App 中设置与"支付宝"App 唤醒策略一致的 URLScheme。URLScheme 是 iOS 系统应用开发者常用的技术开发协议，主要功能在于识别特定应用软件，以实现各项应用之间的顺利跳转。某公司在业内早已将"alipays：//"或者"alipay：//"公示作为其"支付宝"App 的 URLScheme，以方便各类应用软件识别。被申请人没有任何正当理由，将"alipay：//"设置为"家政加"App 的 URLScheme，使得正常消费后选择结算方式打开"支付宝"App 进行付款操作的用户被引导跳转至"家政加"App。针对这一情况，目前已有合作伙伴向某公司提出投诉，用户亦质疑"支付宝"App 的安全性与稳定性。某公司认为，某马公司的上述行为不仅严重妨碍了"支付宝"App 的正常功能，也影响了某公司与客户间业已建立的良好合作关系，更将使相关用户对"支付宝"App 产生负面评价，令某公司遭受经济损失和商誉损害。此外，目前各大电商平台正处于"双十一"大促活动期间，用户使用"支付宝"App 进行消费支付的频度显著上升。若某马公司继续实施涉案行为，将会对某公司造成难以弥补的损害。综上，某公司提出

① 2021 年 7 月 17 日上海市浦东新区人民法院发布的互联网不正当竞争典型案例。见上海浦东法院官方公众号。最后访问时间 2023 年 4 月 2 日。

行为保全申请，请求法院依法裁定。

为上述申请，某公司提交了《支付宝服务协议》、支付宝开放平台公示"支付宝"App 的 URLScheme 介绍、（2020）沪静证经字第 2370 号公证书、（2020）沪静证经字第 2371 号公证书、（2020）沪静证经字第 2372 号公证书、（2020）沪静证经字第 2447 号公证书及（2020）沪东证经字第 15693 号公证书、淘宝网等电商平台 2020 年"双十一活动"介绍等证据材料并提供了担保。

【裁判观点】

法院认为，本案涉及不正当竞争纠纷，对诉前行为保全的审查应重点考量如下因素：1. 申请人的请求是否具有事实基础和法律依据；2. 不采取行为保全措施是否会对申请人的合法权益造成难以弥补的损害；3. 采取行为保全措施是否会导致当事人间利益显著失衡；4. 采取行为保全措施是否损害社会公共利益。

关于申请人的请求是否具有事实基础和法律依据的问题。法院认为，被申请人某马公司前述干扰第三方应用向"支付宝"App 跳转的行为，阻碍了"支付宝"App 在 iOS 系统内的正常跳转，严重干扰了"支付宝"App 支付服务的正常运行，减损了某公司提供支付服务本应获取的运营收益，损害了某公司的流量利益，行为缺乏正当性。故采取诉前行为保全措施具有相应的事实基础和法律依据。

关于不采取行为保全措施是否会对申请人的合法权益造成难以弥补的损害的问题。因某马公司实施的涉案行为，某公司的合作平台"平安产险"已提出投诉，且在社交平台上，网络用户对使用"拼多多"App 过程中选择"支付宝支付"进行付款时被引导至"家政加"App 的问题也进行了全面反馈。同时，在"双十一"这一特定期间内，对其正常支付功能的干扰所造成的损害结果也将被放大。因此，若不及时制止某马公司的涉案行为，可能给某公司的竞争优势、经营利益等带来难以弥补的损害。

关于采取保全措施是否会导致当事人间利益显著失衡的问题。某马公司实施的涉案行为使某公司的竞争利益正处于被侵害的风险之中，申请人某公司要求被申请人立即停止对"支付宝"App 正常跳转的干扰，其所提出的该项行为保全申请系为防止其利益持续受损或损害结果扩大所采取的合理措施，本身并不会实质影响"家政加"App 的正常运营。该申请指向明确、范围适当，不会造成当事人间利益的显著失衡。

关于采取保全措施是否会损害社会公共利益的问题。"家政加"App 对"支付宝"App 支付功能的干扰，不仅损害了某公司的竞争优势和经济利益，亦导致相关用户无法使用"支付宝"App 完成支付，降低了用户进行电商交易的便捷性，并对用户就支付渠道自主选择的权利进行了不当限制，对某马公司就涉案行为采取诉前行为保全措施，不会损害社会公共利益。

综上，法院判定申请人的申请符合作出诉前行为保全措施的条件。

【判例分析】

诉前行为保全，是指利害关系人因情况紧急于诉讼前向人民法院申请禁止被申请人实施特定行为的保全措施，以避免其合法权益受到难以弥补的损害。

根据《反不正当竞争法》第 12 条之规定，经营者利用网络从事生产经营活动，不得利用技术手段，通过影响用户选择或者其他方式，妨碍、破坏其他经营者合法提供的网络产品或者服务的正常运行。本案中，某马公司在苹果手机 iOS 系统中，在没有正当理由的情况下将"家政加"App 的 URLScheme 同样定义为"alipay：//"，使得 iOS 系统将"家政加"App 错误地识别为"支付宝"App。使用苹果手机的用户安装"家政加"App 后，只要其在第三方商家应用内选择以"支付宝支付"作为交易结账方式，则 iOS 系统将强制跳出选择按钮，询问用户是否打开"家政加"App。用户选择"取消"选项后，虽不会跳转至"家政加"App，但亦无法完成相应订单的支付；若用户选择"打开"选项，则将跳转至"家政加"App，不仅无法完成相应订单的支付，还会使"家政加"App 取得 iOS 系统对该项误导性识别的默认，在后续相同应用需要调用"支付宝"App 时不经询问直接跳转至"家政加"App。

某马公司通过设定与某公司相同的 App 唤醒策略以增加用户访问量，该行为客观上不正当地阻碍了申请人"支付宝"App 在 iOS 系统内的正常跳转，严重干扰了其支付服务的正常运行，属于《反不正当竞争法》中所规定的不正当竞争行为的情形。

"双十一"是全民性的网上购物"节日"，在此特定期间，商品交易量相较平日大幅增长，涉案的行为所可能造成的损害也将随之放大。若不及时制止某马公司的涉案行为，可能对某公司的竞争优势、经营利益等带来难以弥补的损害。

某公司要求被申请人立即停止对"支付宝"App 正常跳转的干扰的申请，属于防止损害产生或损害扩大的合理措施，并不会对被申请人的公司运营造成实质性损害，采取相应的保全措施并不会导致申请人与被申请人之间利益显著失衡。同时，被申请人的行为使得相关用户的自主选择受到限制，影响交易的便捷性，对被申请人采取保全措施，非但不会损害社会公共利益，反而有利于保护相关的用户利益。

综上，该案所采取的诉前行为保全措施，迅速、高效地制止了针对支付宝应用正常调用的技术干扰行为，尤其保障了"双十一"期间支付宝用户及商家的交易和支付安全，同时也净化了互联网环境的公平竞争秩序。

【风险提示】

前文提到，诉前行为保全，是指利害关系人因情况紧急于诉讼前向人民法院申请禁止被申请人实施特定行为的保全措施。在传统的民事损害赔偿制度下，权利人在损害实际发生的情况下，方可向法院主张要求侵权人赔偿损失。然而，这显然不足以充分保护权利人，尤其是在互联网时代背景下，由于网络本身虚拟化和无形化的特点，基于互联网的交易对象存在不特定性和广泛性的特征，权利人的合法权益更容易遭受侵害，且对其造成的商誉损失、市场份额的降低等损害可能难以通过赔偿的方式弥补。故此，有必要允许权利人在起诉前申请法院责令侵权人停止侵权行为。

互联网企业在为维护自身合法权益而采取申请诉前行为保全时，应当考量自身作为权利人，是否具有胜诉可能性，即本案例中所提到的请求是否具有事实基础和法律依据、被申请人的行为是否符合不正当竞争行为的条件，只有合理合法的权利基础，才会出现后续的侵权、保全、赔偿等一系列措施。

再者，企业应当考量采取行为保全措施是否会对被申请人的合法权益造成难以弥补的损害，对此的充分说理与法律适用将加大企业申请诉前行为保全的实现可能性。同时，企业应当保证采取保全措施不会损害社会公共利益以及被申请人以外的其他人的利益。

在司法实践中，诉前行为禁令当然是对于权利人而言的有效诉讼手段。但是，也应当意识到，诉前行为禁令的申请，是在诉讼进入正式庭审程序之前的，完全依据权利人单方申请而作出的，为避免司法资源被滥用，对于诉前行为禁令申请，人民法院会采取严格的审查和限制。

企业在申请诉前行为禁令时，一方面，应当明确所申请的事项，如本案中，某公司请求责令被申请人某马公司立即停止以设置相同 URLScheme 的方式对"支付宝"App 正常跳转进行干扰的不正当竞争行为，即申请事项必须是非常明确且可以直接操作或执行的措施。对此条件，虽无明确的法律规定，但司法实践中，明确的申请事项以及具有直接可能性的操作或执行措施，对于诉前行为禁令的批准具有重要的意义。另一方面，企业应当就采取保全措施提供相应担保，在避免权利滥用的同时，为可能存在错误的诉前禁令提供事先的补救措施。至于保全的金额，应当考虑禁令实施后对被申请人可能造成的直接经济损失和间接经济损失，起诉时诉讼请求中的赔偿金额也可以作为担保数额的参考依据。

【相关法条】

《中华人民共和国民事诉讼法》

第一百零四条 利害关系人因情况紧急，不立即申请保全将会使其合法权益受到难以弥补的损害的，可以在提起诉讼或者申请仲裁前向被保全财产所在地、被申请人住所地或者对案件有管辖权的人民法院申请采取保全措施。申请人应当提供担保，不提供担保的，裁定驳回申请。

人民法院接受申请后，必须在四十八小时内作出裁定；裁定采取保全措施的，应当立即开始执行。

申请人在人民法院采取保全措施后三十日内不依法提起诉讼或者申请仲裁的，人民法院应当解除保全。

《最高人民法院关于审查知识产权纠纷行为保全案件适用法律若干问题的规定》

第七条 人民法院审查行为保全申请，应当综合考量下列因素：

（一）申请人的请求是否具有事实基础和法律依据，包括请求保护的知识产权效力是否稳定；

（二）不采取行为保全措施是否会使申请人的合法权益受到难以弥补的损害或者造成案件裁决难以执行等损害；

（三）不采取行为保全措施对申请人造成的损害是否超过采取行为保全措施对被申请人造成的损害；

（四）采取行为保全措施是否损害社会公共利益；

（五）其他应当考量的因素。

判例十二：首例屏蔽广告不正当竞争纠纷诉前禁令

某酷信息技术（北京）有限公司与上海某杉网络技术发展有限公司不正当竞争纠纷行为保全案①

【关键词】

不正当竞争　诉前禁令　广告屏蔽

【案情简介】

某酷信息技术（北京）有限公司（以下简称"某酷公司"）原企业名称为某一信息技术（北京）有限公司，于2017年10月17日变更为现企业名称。某酷公司是优酷网（www.youku.com）的经营者。优酷网播出的综艺节目《火星情报局第二季》载明：本节目版权及解释权归合一集团（优酷·土豆）与天津银河某娱文化传媒有限公司（以下简称某娱公司）共同所有。2016年12月7日，某娱公司和某酷公司共同出具《声明书》，称：某娱公司和某酷公司是《火星情报局第二季》的联合制作人和权利共有方，针对该节目在中国大陆境内的诉讼维权权利双方均可行使，维权所得扣除维权成本后按该节目实际出资额比例分配，于取得维权收入后三十日内结算。

某酷公司运营的优酷网是国内领先的在线视频平台，其每年斥巨资购买正版视频内容在优酷网上供用户观看或下载，并通过在视频播放前、暂停时以及在播放页面周边投放广告以收取广告费、付费会员服务（免广告）、对特定视频单独收费三种模式来实现盈利目的的。上海某杉网络技术发展有限公司（以下简称"某杉公司"）研发和运营的电视猫视频软件是一款视频聚合软件，主要向智能电视用户提供视频点播服务。某酷公司认为，电视猫视频软件通过技术手段获得了只能由某酷公司后台服务程序才能生成的特定密钥key值，该行为破坏了某酷公司的技术保护措施，非法盗取了某酷公司的视频存储链接，最终实现了以屏蔽某酷公司片前广告、暂停广告的形式向电视猫视频用户提供优酷网视频内容的行为，构成不正当竞争，若不及时制止该行为，将给某酷公司造成无法挽回的重大损

① 2021年7月17日上海市浦东新区人民法院发布的互联网不正当竞争典型案例。见上海浦东法院官方公众号。最后访问时间2023年4月2日。

失，故在诉前申请责令某杉公司立即停止实施该不正当竞争行为，并提交了优酷网上600余部作品的权属证据以及电视猫视频软件播放上述作品时相关行为的证据材料。同时以6600万元的财产保全责任险合同的方式提供了担保。

【裁判观点】

浦东法院经审查认为，首先，电视猫视频软件及优酷网均向消费者提供视频播放服务，两者具有直接竞争关系。被申请人的上述行为实质上是将优酷网视频内容与申请人设置的与视频内容共同播放的片前广告、视频暂停时广告相分离，足以使既不愿意观看广告也不愿意支付申请人相应费用的消费者转而使用电视猫视频软件，被申请人此行为损害了申请人的合法权益。因此，被申请人的行为有可能构成不正当竞争。其次，优酷网系国内领先的在线视频平台，电视猫视频软件也拥有大量用户，若不及时制止上述被控侵权行为，可能对申请人的竞争优势、市场份额造成难以弥补的损害。最后，采取保全措施不会损害社会公共利益，且申请人已提供有效担保。综上，申请人的申请符合作出诉前行为保全的条件。据此，法院裁定被申请人立即停止在经营的电视猫视频软件链接播放来源于优酷网视频时绕开申请人在优酷网设置的片前广告、视频暂停时广告的行为。

在庭审过程中，法院认为，首先，原告是优酷网的运营商，其与案外人某娱公司共同制作了《火星情报局第二季》，原告对该节目享有合法权益。根据原告与某娱公司共同出具的《声明书》，原告有权提起本案诉讼。其次，原告与被告存在直接的竞争关系。被告运营的电视猫软件，使得网络用户无需观看片前广告也无需成为优酷网会员即可直接观看优酷网的涉案综艺节目。被告该行为会将原属于优酷网的用户吸引到自己的客户端，损害了原告依托其正当商业模式获取商业利益的合法权益，被告却因此获益，该行为违背了诚实信用原则，构成不正当竞争行为。最后，被告应当依法承担相应的民事责任，停止通过电视猫视频软件以不正当的方式链接播放来源于优酷网的涉案视频的不正当竞争行为。被告还应承担赔偿损失的民事责任。综合考虑涉案综艺节目的知名度、被告播出涉案综艺节目的期数、被告的经营规模等因素，法院酌定确定经济损失赔偿额为2万元。被告还应当赔偿两原告为本案支出的合理费用，法院酌定律师费为6000元。对于原告要求被告刊登声明、消除影响的诉讼请求，法院未予支持。

后某杉公司提起上诉，二审法院未予支持，驳回上诉，维持原判。

【判例分析】

本案系全国首例视频聚合软件屏蔽广告不正当竞争纠纷诉前禁令案。

针对某酷公司关于诉讼禁令的申请，法院从申请人具有胜诉可能性、不采取保全措施会对申请人造成难以弥补的损害、采取保全措施不损害社会公共利益三方面入手，最终裁定被申请人在诉前立即停止相关行为。

首先，申请人具有胜诉的可能性。申请人与被申请人经营业务均为向消费者提供视频播放服务，具有直接竞争关系。被申请人通过技术手段以实现屏蔽某酷公司片前广告、暂停广告的形式向电视猫视频用户提供优酷网视频内容的行为，足以使得部分消费者放弃申请人所提供的视频服务，客观上损害了申请人的合法权益，此种行为具有被认定为不正当竞争行为的可能性。其次，由于申请人与被申请人均拥有大量的使用用户，若不及时制止上述被控侵权行为，可能对申请人的竞争优势、市场份额造成难以弥补的损害。最后，申请人已就采取保全措施提供相应担保，为可能存在错误的诉前禁令提供了事先的补救措施，采取保全措施也不会损害社会公共利益。最终法院对其申请予以准许。

可见，虽然诉前禁令仅为纠纷正式进入审判程序的裁定，但法院作出此种裁定的基础在于对案件事实综合考量后，认为申请人某酷公司一方具有相较更大的胜诉可能性。

在后续的审判程序中，法院首先确认了原告对涉诉节目的合法权益，依法有权提起民事诉讼。同时，一审法院认可诉前禁令裁定中原被告在视频播放服务领域的直接竞争关系。至于被告通过技术手段获得了只能由某酷公司后台服务程序才能生成的特定密钥 key 值的行为，用以实现视频用户由原告平台向被告平台的转移，既具有竞争行为上的不正当性，又在客观上减损了原告方的合法权益而增加了自身的收益，依法应当认定为不正当竞争行为。

关于被告应当承担的法律责任。其首先应当停止不正当的竞争行为，也就是原告已经通过诉前禁令所实现的合法权益维护的请求内容。而赔偿责任的金额，则应当综合考虑涉案综艺节目的知名度、被告播出涉案综艺节目的期数、被告的经营规模等因素以确定。至于原告要求被告刊登声明、消除影响的诉讼请求，法院认为原告并未通过举证证明相关的不良影响，未予支持。

【风险提示】

诉前行为保全，是指利害关系人因情况紧急于诉讼前向人民法院申请禁止被申请人实施特定行为的保全措施。在司法实践中，诉前行为禁令是对于权利人而言的有效诉讼手段。如判例十一所述，由于诉前行为禁令的特殊性，对其的审查也较为严格。具体包括申请人在诉讼中的胜诉可能性、不采取保全措施会对申请人造成难以弥补的损害、采取保全措施不损害社会公共利益等内容的考察。企业在申请时，应当提出具体明确的申请事项，并提供相应的担保以避免权利的滥用。

广告，根据《广告法》的规定，一般指商品经营者或者服务提供者通过一定媒介和形式直接或者间接地介绍自己所推销的商品或者服务的商业活动。随着互联网的进一步普及，网络甚至可以被称为广告最为重要的传播媒介。作为向使用用户传递商品或服务信息的重要方式，广告在信息传递的过程中，自然伴随着相应的经济价值和文化价值，是诸如视频网站之类互联网企业用以支付视频资源版权费用与实现盈利的重要资金来源。而广告的大量渗透，催生出各类对于广告的屏蔽方法与专门的软件程序。

针对广告屏蔽程序软件是否属于不正当竞争行为这一问题，司法实践中观点并不统一。如本案一般，法院认为，采用技术手段以提供屏蔽广告后的视频播放服务，以损害他人利益的方式使自身获取利益，这种以损害其他经营者正当利益为代价的竞争不应当被法律所认可，应当认定为不正当竞争行为。但也有裁判观点认为，若广告屏蔽软件不是针对特定对象开发和使用，便难以认定该行为违背诚实信用原则和商业道德，不构成不正当竞争。

对于互联网企业而言，首先应当对合法投放的广告与"恶意广告"加以区分。"恶意广告"的商业模式当然不受法律的保护，而在符合商业惯例的广告运营模式下合法投放的商业广告，应当受法律保护。对此类广告的过滤、屏蔽，依主流裁判观点，一般应当承担相应的法律责任。

互联网企业，在面临相关的实际纠纷时，首先应当积极协商解决，并收集相关证据材料，为诉讼程序做准备。在实际进入诉讼程序后，首先，互联网企业应当从《反不正当竞争法》的条款中寻找依据，对经营者合法权益造成实际损害，且违反诚实信用原则和商业道德而具有不正当性的，可以适用《反不正当竞争法》中的关于不正当竞争行为的一般条款进行规制；其次，互联网企业可以在《民法典》中寻找相关依据，对诚实信用原则、公平原则、公序良俗原则等内容进行匹配和适用；最后，中国互联网协会于 2011 年 8 月制定了《互联网终端软件服务行业自律公约》，公约中明确规定"除恶意广告外，不得针对特定信息服务提供商拦截、屏蔽其合法信息内容及页面"，作为行业协会制定的自律公约，可以作为认定商业惯例和公共商业道德的渊源。

至于广告屏蔽程序软件究竟是否属于不正当竞争行为这一问题，当下主要裁判观点对其仍是肯定性的回答。笔者认为，互联网经营者应当实时关注相关动态，以司法裁判方向为主要参考依据，方能作出最为符合自身企业利益的商业决策和判断。

【相关法条】

《中华人民共和国反不正当竞争法》

第二条　经营者在生产经营活动中，应当遵循自愿、平等、公平、诚信的原则，遵守法律和商业道德。

本法所称的不正当竞争行为，是指经营者在生产经营活动中，违反本法规定，扰乱市场竞争秩序，损害其他经营者或者消费者的合法权益的行为。

本法所称的经营者，是指从事商品生产、经营或者提供服务（以下所称商品包括服务）的自然人、法人和非法人组织。

《最高人民法院关于审查知识产权纠纷行为保全案件适用法律若干问题的规定》

第七条　人民法院审查行为保全申请，应当综合考量下列因素：

（一）申请人的请求是否具有事实基础和法律依据，包括请求保护的知识产权效力是否稳定；

（二）不采取行为保全措施是否会使申请人的合法权益受到难以弥补的损害或者造成案件裁决难以执行等损害；

（三）不采取行为保全措施对申请人造成的损害是否超过采取行为保全措施对被申请人造成的损害；

（四）采取行为保全措施是否损害社会公共利益；

（五）其他应当考量的因素。

第二部分　知识产权纠纷

互联网经济的蓬勃发展，本身就与知识产权问题密切相关。无论是商标权、著作权还是专利权，在互联网的强大交互作用下，都将面临巨大的侵权可能性。而互联网信息的瞬时传播，使得相关的侵权行为所带来的实际损失可能扩大到一个难以估量的量级。因此，互联网企业，首先应当避免知识产权侵权行为的发生，其次应当注重保护自身所享有的知识产权，避免因网络侵权而遭受损失，最后面临实际侵权行为，也应第一时间采取有效措施，避免损失进一步扩大。

本部分选取知识产权相关判例共十一则，包括专利权、著作权以及商标权等相关纠纷，通过对判例的精简与分析，旨在为互联网企业在关于知识产权的合规制度建设及处理相关法律纠纷时，提供具有一定参考意义的法律建议。

判例一：专利主题名称限定作用的相关规则

北京某狗科技发展有限公司与某度在线网络技术（北京）有限公司、北京某网讯科技有限公司、上海某熙贸易有限公司侵害发明专利权纠纷案①

【关键词】

专利权　权利要求　解释主题名称　举证责任分配

【案情简介】

北京某狗科技发展有限公司（以下简称"某狗公司"）系名称为"一种用户词参与智能组词输入的方法及一种输入法系统"专利（以下简称"涉案专利"）的专利权人。涉案专利共有28项权利要求，权利要求1的具体内容为：一种建立用户多元库的方法，其特征在于，包括：在用户输入过程中，记录所述用户对句子的输入和对上屏词的选择操作，根据所述用户输入的上屏方式获取具有相邻关系的用户字词对，所述用户字词对包括至少两个相邻的用户字词；记录所述用户字词对在所述用户输入时出现的总次数，统计所述用户字词对在所述用户输入时相邻出现的概率；建立用户多元库，将所述用户字词对及其相邻出现的概率保存到所述用户多元库。

某狗公司公证购买了"OnePlus 2"手机，发票开具单位为上海某熙贸易有限公司（以下简称"某熙公司"）。某度在线网络技术（北京）有限公司和北京某网讯科技有限公司（以下简称"两某公司"）在该手机上预装了被控侵权的百度输入法软件。某狗公司指控百度输入法中用户自造词的技术方案包含了建立用户多元库的方法，侵犯了涉案专利权。

某狗公司诉称，两某公司未经某狗公司许可，为生产经营目的共同制作的百度输入法实施了某狗公司涉案专利的技术方案。故诉至法院，请求判令：1. 两某公司、某熙公司立即停止侵害发明专利"一种用户词参与智能组词输入的方法及一种

---

① 《最高人民法院办公厅关于印发 2020 年中国法院 10 大知识产权案件和 50 件典型知识产权案例的通知》。https://www.court.gov.cn/fabu-xiangqing-297991.html。

输入法系统"（专利号为 ZL200810113984.9）专利权的行为；2. 两某公司赔偿某狗公司包括为制止侵权所支付的合理开支在内的经济损失人民币 1000 万元，其中人民币 5 万元由某熙公司连带赔偿。

两某公司辩称，百度输入法不包括用户二元库或者用户多元库，百度输入法用户词库记录了词的存储位置、词的类型、词的长度、词的频次和根据输入先后顺序录入的字，不记录词与词之间的关联关系，未统计用户输入自造词的总次数以及任一自造词出现的概率。百度输入法系免费软件，不存在某狗公司的损失或者两某公司的获利，某狗公司的索赔没有事实依据。

某熙公司辩称，某狗公司在本案出示的发票为假发票，无法证明被控侵权的"OnePlus 2"手机来自某熙公司。

【裁判观点】

法院生效判决认为，本案二审争议集中于：一、涉案专利权利要求 1 的解释及相关技术特征的比对；二、计算机软件发明专利的举证责任分配。

关于涉案专利权利要求 1 的解释及相关技术特征比对。

首先是主题名称的限定作用。涉案专利权利要求 1 前序部分为"一种建立用户多元库的方法"，其系涉案专利权利要求 1 的主题名称。涉案专利权利要求 1 特征部分描述了完整的建立用户多元库的技术方案，"建立用户多元库"的表述亦出现在权利要求 1 的特征部分，故主题名称"一种建立用户多元库的方法"仅系对权利要求 1 全部技术特征所构成技术方案的概括，限定了涉案专利技术方案所适用的技术领域。百度输入法软件用户词库与涉案专利用户多元库均是用以存储用户自造词及其相关信息的词库，二者存储的用户自造词均需参与到智能组词过程中。本领域普通技术人员通过阅读权利要求和说明书即可明确，二者的技术领域相同。

其次是"具有相邻关系的用户字词对"技术特征范围的界定。从涉案专利说明书相关记载可知，涉案专利对自造词中的二元关系作了区分，并在此基础上实现了发明效果。故"具有相邻关系的用户字词对"包含两层含义：一是字或词的组合；二是字或词之间具有相邻关系，即谁与谁相邻。而百度输入法采用整词的存储方式，并没有获取相邻关系的用户字词对，其采用了与涉案专利不同的用户自造词的技术手段。

最后是"所述用户字词对在所述用户输入时相邻出现的概率"的理解。涉案专利权利要求和说明书均将词频和概率采用了不同的表述，故本案中概率和词频不应解释为具有相同含义。因此"词频"和"概率"属于不同的技术手段，不构成等同的技术特征。

关于本案的举证责任分配。本案中，某狗公司提出了 C-2 等相关实验以证明百度输入法软件在组词过程中存储并调用了二元词对；两某公司进行了一系列反证实验，证明其采用的是用户自造词的技术方案，且两某公司亦向一审法院提交了被控百度输入法软件源代码进行勘验。因此，在某狗公司进行相关实验后，两某公司已经尽到了相应的举证责任。

二审法院驳回了某狗公司的上诉请求，维持原判，驳回其全部诉讼请求。

【判例分析】

关于计算机软件专利侵权案件中的举证责任这一问题。由于侵权软件实现某种技术效果及功能的过程通常为终端用户所不可见，因此当事人间举证责任的分配就需要结合其举证能力、现象与方法流程的对应关系等因素，进行合理分配。通常情况下，专利权人至少应在现象上证明被控侵权软件具备了涉案专利限定的全部功能，被控侵权的基本事实具有高度可能性。而后将剩余举证责任转移至被诉侵权人，被诉侵权人应当证明其软件虽然具有同等技术功能和效果，但采用了有别于原告方专利的技术方案。基于此种观点，法院认定两某公司已经尽到了相应的举证责任。

主题名称与最接近的现有技术共有的必要技术特征，共同组成前序部分，前序部分则与特征部分共同组成专利独立权利的要求。特征部分用于载明专利区别于最接近的现有技术的技术特征，因而特征部分和前序部分中的特征结合，限定专利权的保护范围。

如果主题名称仅是对全部技术特征所构成的技术方案的概括，而非技术特征的限定，其实质并未增加权利要求的含义，则其对权利要求的限定作用一般限于确定专利技术方案所适用的技术领域。技术领域由本领域普通技术人员通过阅读权利要求和说明书即可明确。

本案中，百度输入法软件用户词库与涉案专利用户多元库均是用以存储用户自造词及其相关信息的词库，二者存储的用户自造词均需参与到智能组词过程中。本领域普通技术人员通过阅读权利要求和说明书即可明确，二者的技术领域相同。

而涉案专利说明书是对自造词中的二元关系作区分，并在此基础上实现发明效果。百度输入法则采用整词的存储方式，采用了与涉案专利不同的用户自造词的技术手段。至于"所述用户字词对在所述用户输入时相邻出现的概率"的理解。本案中"词频"和"概率"属于不同的技术手段,自然不构成等同的技术特征。

【风险提示】

如前所述,专利权利要求由前序部分与特征部分组成,前序部分又由主题名称和与最接近的现有技术共有的必要技术特征组成。主题名称对于专利权利要求保护范围的确定具有十分重要的作用,同时其对专利保护范围的限定作用也十分复杂,目前尚无统一的规则标准。本案关于主题名称限定作用的相关规则的探索,对于同类案件的裁判标准具有一定的借鉴意义。

而对于互联网企业而言,应当清楚的是,与专利相关的法律诉讼不同于一般的仲裁或诉讼纠纷,因专利问题进入诉讼程序后,其判决结果关系产品及服务能不能继续在市场上销售的问题及公司的发展前景,所造成的实际结果是不确定的,专利权纠纷的判决结果对企业的影响较大。对于科技型企业更是如此,技术和专利作为科技型企业立身之本,一旦面临不具备或者丧失核心专利的现实情况,可能对企业造成近乎毁灭性的打击。

因此,互联网企业,尤其是科技型企业,必须重视与专利相关的制度构建。具体而言,首先,企业应当及时、提早地制定和实施专利权战略,增加研发费用,加强技术研发与创新,在获取新成果时及时申报以获取相应知识产权。其次,企业应当设立专门的 IP 部门,确保与知识产权相关申报、年费缴纳、纠纷处理等有专门的人员与制度予以处理。企业同时应当聘请专业的法务、专利工程师、专利律师与专利代理人等,一同进行企业的专利布局。

在面临实际纠纷时,涉及侵权一方应当判断涉诉产品或服务是否落入对方专利权保护范围,可以通过比对形成侵权对比分析报告以实现初步结果的确认。若初步认定己方侵权,应当判断对方权利要求是否稳定。针对发明专利,因申请时需要实质审查,专利权一般较为稳定。而外观设计专利和实用新型专利由于申请时无需实质审查,因此可以通过专利评价报告等材料,确定其专利权利是否稳定。若对方专利权利稳定,则应当考虑能否通过和解的方式解决纠纷,同时应当开始制定诉讼策略,选取适当的抗辩理由,包括但不限于现有设计抗辩、合法来源抗辩、先用权抗辩等,建议咨询专利律师以确立切实有效的诉讼策略。

而对于自身专利权利面临侵害的企业,则应当立即展开调查并收集侵权线索,进行侵权比对,确定对方侵权后,固定对方的侵权证据。建议通过向公证机关提出申请,对其购买侵权产品的过程及购得的侵权产品进行公证,或对侵权现场(如销售、许诺销售）或对侵权产品的生产场所、销售地进行勘查公证，通过公证保全的方式固定证据。根据收集的证据，确定维权目的，通过采取包括但不限于协商、发函、行政投诉等方式进行纠纷的解决，在前述方式难以解决的情况下，建议通过提起民事诉讼，通过国家强制力保障自身合法权益。具体维权策略，建议咨询专业律师以获取有效建议。

【相关法条】

《中华人民共和国专利法实施细则》

第二十一条　发明或者实用新型的独立权利要求应当包括前序部分和特征部分，按照下列规定撰写：

（一）前序部分：写明要求保护的发明或者实用新型技术方案的主题名称和发明或者实用新型主题与最接近的现有技术共有的必要技术特征；

（二）特征部分：使用"其特征是……"或者类似的用语，写明发明或者实用新型区别于最接近的现有技术的技术特征。这些特征和前序部分写明的特征合在一起，限定发明或者实用新型要求保护的范围。

发明或者实用新型的性质不适于用前款方式表达的，独立权利要求可以用其他方式撰写。

一项发明或者实用新型应当只有一个独立权利要求，并写在同一发明或者实用新型的从属权利要求之前。

《最高人民法院关于审理侵犯专利权纠纷案件应用法律若干问题的解释（二）》

第五条　在人民法院确定专利权的保护范围时，独立权利要求的前序部分、特征部分以及从属权利要求的引用部分、限定部分记载的技术特征均有限定作用。

判例二："通知—删除"规则在专利侵权领域的适用

威海某易烤生活家电有限公司与永康市某仕德工贸有限公司、浙江某猫网络有限公司侵害发明专利权纠纷案①

【关键词】

侵害发明专利权　有效通知　网络服务提供者

【案情简介】

2009年1月，威海某易烤生活家电有限公司（以下简称"某易烤公司"）及其法定代表人连某向国家知识产权局申请了名为"红外线加热烹调装置"的发明专利，并于2014年9月获得专利号为ZL200980000002.8的授权。该发明专利的特征在于，该红外线加热烹调装置包括：托架，在其上部中央设有轴孔，且在其一侧设有控制电源的开关；受红外线照射就会被加热的旋转盘，作为在其上面可以盛食物的圆盘形容器，在其下部中央设有可拆装的插入到上述轴孔中的突起；支架，在上述托架的一侧纵向设置；红外线照射部，其设在上述支架的上端，被施加电源就会朝上述旋转盘照射红外线；上述托架上还设有能够从内侧拉出的接油盘；在上述旋转盘的突起上设有轴向的排油孔。

2015年1月，某易烤公司向北京市海诚公证处申请证据保全公证，在公证处监督下操作计算机登录天猫网（网址为http://www.tmall.com），在一家名为"某心康旗舰店"的网上店铺购买了售价为388元的3D烧烤炉，并拷贝了该网店经营者的营业执照信息。同年2月，某易烤公司委托案外人张某某向淘宝网知识产权保护平台上传了包含专利侵权分析报告和技术特征比对表在内的投诉材料，但淘宝网最终没有审核通过。同年5月，浙江某猫网络有限公司（以下简称"某猫公司"）向浙江省杭州市钱塘公证处申请证据保全公证，由其代理人刁某某在公证处的监督下操作电脑，在天猫网某心康旗舰店搜索"某心康3D烧烤炉韩式家用不粘电烤炉无烟烤肉机电烤盘铁板烧烤肉锅"，显示没有搜索到符合条件的商品。

一审庭审中，某易烤公司将涉案烧烤炉与自身专利的权利要求作了比对，被控

侵权产品除开关位置外均落入权利要求的保护范围，两位被告对这一对比结果均不持异议。

【裁判观点】

在本案中，各方当事人对于永康市某仕德工贸有限公司（以下简称"某仕德公司"）销售的被控侵权产品落入某易烤公司的涉案专利权利要求的保护范围均不持异议，某仕德公司销售被控侵权产品的行为构成专利侵权。另外，权利人发现网络用户利用网络服务提供者的服务实施侵权行为后可以"通知"网络服务提供者采取必要措施，以防止侵权后果不当扩大，并明确界定了此种情形下网络服务提供者所应承担的义务范围和责任构成。在本案中，某猫公司的行为是否构成侵权行为应结合某猫公司的主体性质、某易烤公司"通知"的有效性以及某猫公司在接收到某易烤公司"通知"后所采取必要措施的及时性和必要性等进行综合考量。

首先，某猫公司依法持有增值电信业务经营许可证，在本案中为某仕德公司经营的"某心康旗舰店"销售涉案被诉侵权产品提供网络技术服务，符合网络服务提供者的主体条件。

其次，《民法典》第1195条规定的"通知"系认定网络服务提供者是否存在过错及应否就危害结果的不当扩大承担连带责任的条件。在本案中，根据某易烤公司举证，其向某猫公司发送的通知符合法律规定的"通知"之基本要件，属有效通知。而在收到某易烤公司的通知后，某猫公司作出的是审核不通过的处理，其在回复中表明不通过原因是：烦请在实用新型、发明的侵权分析对比表表二中详细填写被投诉商品落入贵方提供的专利权利要求的技术点，建议采用图文结合的方式一一指出，并提供购买订单编号或双方会员名。对此，法院认为对实用新型或专利侵权的判断，往往不是仅靠书面材料就能确定的，如果在通知时便要求权利人作出详尽的说明，显然要求过高。另外还需考虑的是，某猫公司作为一个网络服务商，平台上的企业众多，每天应当会面临大量的投诉与通知，自身即使有庞大的客服团队，也难以在短时间内通过文字及图片材料判断出某个产品是否确实侵犯权利人之专利权，不符合实际需要。故在本案中，某猫公司面对某易烤公司提出的内容详尽的通知，仍然以过于严苛的标准要求其提供其他证据，属于处置失当，没有在接到投诉后及时采取必要措施，因此造成权利人某易烤公司损失扩大，应当对扩大部分的损失承担连带责任。

【判例分析】

该案例的裁判要点为：一、网络用户利用网络服务实施侵权行为，被侵权人依据侵权责任法①向网络服务提供者所发出的要求其采取必要措施的通知，包含被侵权人身份情况、权属凭证、侵权人网络地址、侵权事实初步证据等内容的，即属有效通知。网络服务提供者自行设定的投诉规则，不得影响权利人依法维护其自身合法权利。二、网络服务提供者接到通知后所应采取的必要措施包括但并不限于删除、屏蔽、断开链接。必要措施应遵循审慎、合理的原则，根据所侵害权利的性质、侵权的具体情形和技术条件等来加以综合确定。

针对本案中某猫公司投诉规则的效力。法律规定网络服务提供者就其本质而言属平等的民事主体，相对于其他民事主体而言，并不享有法外特权，也不承担法外义务。本案中，某猫公司重要的抗辩理由之一即为某易烤公司提交的投诉材料不符合其公司的格式要求。然而网络服务提供者所确定的投诉规则，系单方制定并向社会公布，故必须从民法的视野来审视权利人维权是否应该受制于网络服务提供者所确定的投诉规则。结果很显然，此类投诉规则只体现了网络服务提供者的单方意思表示，缺乏相关权利人的合意，并不必然对权利人维权产生当然的法律约束力。本案中，某猫公司自身制定的投诉规则比法律规定更加严格，则某易烤公司只需按照法律规定的投诉规定进行投诉即可，这样才有利于保护权利人的合法权益。

针对有效通知的认定。著作权法意义上的通知，应该包括权利人身份情况、权属凭证、证明侵权事实的初步证据以及指向明确的被诉侵权人网络地址等材料。权利人向网络服务提供者发出有效通知是认定网络服务提供者是否存在过错及应否就危害结果的不当扩大承担连带责任的条件。通知是指被侵权人就他人利用网络服务商的服务实施侵权行为的事实向网络服务提供者所发出的要求其采取必要技术措施，以防止侵权行为进一步扩大的法律行为，通知内容应当明确包括权利人身份情况、权属凭证、证明侵权事实的初步证据以及指向明确的被诉侵权人网络地址等材料。符合上述条件的，即应视为有效通知。本案中某易烤公司涉案投诉通知符合侵权责任法规定的通知的基本要件，应当认定为有效通知。

针对网络服务提供者采取的措施的必要性、及时性和合理性认定，民法典规定网络服务提供者接到通知后所应采取必要措施包括但并不限于删除、屏蔽、断开链接。对于网络服务提供者采取的措施的必要性、及时性和合理性认定，一方面要考

---

① 该法已被《中华人民共和国民法典》废止。

量被侵害权利的性质、侵权的具体情形和技术条件等涉案客观因素，另一方面要兼顾利益平衡；既要注重知识产权严格保护的理念，又不能损及网络用户和网络服务提供者的合法权益。

不同属性的知识产权权种，其权利边界及保护范围界定的难易程度不一，网络服务提供者在接到权利人维权投诉的通知后所应采取的必要措施也应有所区别。就专利侵权行为而言，网络服务提供者基于对专利侵权判断的主观识别能力、侵权投诉胜诉概率以及利益平衡等因素的考量，在难以识别行为性质的情况下，并不必然要求其在接受投诉后对被投诉商品立即采取删除、屏蔽和断开链接等措施。其采取必要措施时应当秉承审慎、合理原则，以免损害被投诉人的合法权益。值得指出的是，人民法院在采取作出删除、屏蔽、断开链接措施等行为禁令决定时尚且需要经过相关的司法审查，如果绝对要求网络服务提供者在接到投诉以后一律采取删除、屏蔽、断开链接措施并不可取。而且对必要措施的绝对理解和片面解释会助长网络不正当竞争行为与恶意投诉行为，损及立法原意。

虽然在网络服务提供者难以识别被投诉行为性质的情况下，并不必然要求其在接受投诉后对被投诉商品立即采取删除、屏蔽和断开链接措施，但是这并不意味着可以对权利人的有效维权投诉置之不理，否则权利人投诉行为将失去意义。将权利人的维权有效投诉通知材料转达被投诉人并通知被投诉人申辩当属网络服务提供者应当采取的必要措施之一。如果网络服务提供者未履行上述基本义务，而导致被投诉人未收到任何警示，并最终造成损害后果的扩大，则应承担相应的侵权责任。

需要说明的是，网络环境下的知识产权保护既要坚持严格保护的价值导向，又要注重分类施策、比例协调，实现激励创新的目的。电子商务作为互联网环境下的新型市场交易模式，在界定该领域网络服务提供者知识产权注意义务和法律责任时，司法裁判的价值导向不是削弱这种"互联网+"模式的正能量，而是应该引导创新商业模式健康有序发展，激活电子商务知识产权的自我净化机制。

【风险提示】

近年来，互联网的发展已经渗透到我国社会的各个方面，成为极其复杂的生态系统，多种利益相关者在系统中共生共存，以"互联网+"为先导的新经济形态给知识产权司法保护带来了前所未有的新挑战。网络服务提供者知识产权侵权责任界定即为诸多疑难问题中的典例。民法典规定，网络用户利用网络服务实施侵权行为的，被侵权人有权通知网络服务提供者采取删除、屏蔽、断开链接等必要措施。网络服务提供者接到通知后未及时采取必要措施的，对损害的扩大部分与该网络用户承担连带责任。实践中，网络服务提供者往往通过制定有关规则处理网络交易中的纠纷，充分发挥了行业自治的功能，较为有效地解决了大量的网络交易纠纷。落实到企业身上，在互联网中扮演不同的角色，可以从本案中掌握到不同的要点：

1. 作为互联网电商产业中的商家，面对专利侵权行为，应当及时通过网络服务提供者维护自己的权利，向其发出通知，告知自身专利及侵权的具体情况，如此可固定网络服务者的侵权责任范围，在一定程度上减少自身权利受到的损害。

2. 作为电商产业中与某猫公司一样的网络服务提供者，在日常经营中难免会频繁地遭遇有关专利侵权的投诉与通知。面对此类投诉，应当采取灵活的应对策略，不宜死板地将投诉要求设定过高，这样不利于权利人保护权利，容易使自身担负损失扩大的责任。在收到投诉人投诉并审核完材料后，对明显侵权的应当及时封禁侵权人的产品，对于自身无法判断的应当组织双方进行交流，发挥平台的沟通作用，积极固定相关证据。

【相关法条】

《中华人民共和国民法典》

第一千一百九十五条 网络用户利用网络服务实施侵权行为的，权利人有权通知网络服务提供者采取删除、屏蔽、断开链接等必要措施。通知应当包括构成侵权的初步证据及权利人的真实身份信息。

网络服务提供者接到通知后，应当及时将该通知转送相关网络用户，并根据构成侵权的初步证据和服务类型采取必要措施；未及时采取必要措施的，对损害的扩大部分与该网络用户承担连带责任。

权利人因错误通知造成网络用户或者网络服务提供者损害的，应当承担侵权责任。法律另有规定的，依照其规定。

《中华人民共和国专利法》

第十一条 发明和实用新型专利权被授予后，除本法另有规定的以外，任何单位或者个人未经专利权人许可，都不得实施其专利，即不得为生产经营目的制造、使用、许诺销售、销售、进口其专利产品，或者使用其专利方法以及使用、许诺销售、销售、进口依照该专利方法直接获得的产品。

外观设计专利权被授予后，任何单位或者个人未经专利权人许可，都不得实施其专利，即不得为生产经营目的制造、许诺销售、销售、进口其外观设计专利产品。

判例三：软件与机器的捆绑销售行为不受著作权法保护

北京某雕科技有限公司与上海某凯电子科技有限公司
侵害计算机软件著作权纠纷案①

【关键词】

计算机软件著作权 技术保护措施 技术型搭售

【案情简介】

北京某雕科技有限公司（以下简称"某雕公司"）自主开发了精雕 CNC 雕刻系统、该系统由精雕雕刻 CAD/CAM 软件（JDPaint 软件）、精雕数控系统、机械本体三大部分组成。上述系统的使用需由两部计算机配合完成，一台是加工编程计算机，一台是数控控制计算机。两台计算机分别运行不同的程序，并相互进行数据交换，具体路径为：JDPaint 软件通过加工编程计算机运行生成 Eng 格式的数据文件，再由运行于数控控制计算机上的控制软件接收该数据文件，将其变成加工指令。某雕公司分别于 2001 年、2004 年取得当时国家版权局向其颁发的软著登字第 0011393 号、软著登字第 025028 号《计算机软件著作权登记证书》，登记其为精雕雕刻软件 JDPaintV4.0 和 JDPaintV5.0（以下均简称 JDPaint）的原始取得人。对于上述软件，某雕公司不直接将其对外进行销售，而是只配备在自主生产的数控雕刻机上使用。后某雕公司发现上海某凯电子科技有限公司（以下简称"某凯公司"）开发的一款 NC-1000 雕铣机数控系统全面支持精雕各种版本的 Eng 文件，其数控系统中的主要软件 Ncstudio 能够读取 JDPaint 软件输出的 Eng 文件。某雕公司认为，自身对 JDPaint 软件输出的 Eng 文件采取了相当的加密措施，某凯公司所开发软件能够规避加密措施而读取、输出相应文件，属于故意避开或者破坏其为保护软件著作权而采取的技术措施的行为，构成对其著作权的侵犯。上述行为直接导致某雕公司自主生产的数控雕刻机销量减少，造成经济损失。

某凯公司则认为其分别于 2004 年、2005 年取得国家版权局颁发的软著登字第 023060 号、第 041930 号《计算机软件著作权登记证书》，登记其为软件奈凯数控

① 最高人民法院指导案例 48 号。上海市高级人民法院（2006）沪高民三（知）终字第 110 号，载于中国裁判文书网。

系统 V5.0、维宏数控运动控制系统 V3.0（两软件以下简称 Ncstudio）的著作权人，且 Ncstudio 软件仅具读取与输出 Eng 文件的功能，并未更改 JDPaint 软件的运行路径，故不构成对某雕公司著作权的侵犯。

【裁判观点】

法院认为，该案件的争议焦点主要有以下两个方面。

第一，原告某雕公司的 JDPaint 软件输出的、采取了加密措施的 Eng 格式文件是否在计算机软件著作权保护的范围内？在本案例中，某雕公司 JDPaint 软件输出的 Eng 文件并非"可以由计算机等具有信息处理能力的装置执行的代码化指令序列，或者可以被自动转换成代码化指令序列的符号化指令序列或者符号化语句序列"，仅是 JDPaint 软件执行命令程序所输出的一个结果，已是终端的产品。且产生这一终端产品除 JDPaint 软件外，还需使用者输入雕刻加工的信息，这些信息不专属于某雕公司。因此，Eng 文件在文件格式本身和数据内容上，均不满足《计算机软件保护条例》的要求，不在计算机软件的保护范围内。

第二，某凯公司开发的 Ncstudio 软件具备读取 JDPaint 软件输出的 Eng 文件的能力，该行为是否构成故意避开或者破坏著作权人为保护其软件著作权而采取的技术措施之行为？需要明确的是，我国著作权法所规定的"技术措施"，所针对的对象是计算机软件本身。如著作权人为该软件输出的格式文件设置加密措施，限制其他品牌的计算机读取该格式文件，实质上是将该软件与自身生产的机器捆绑予以销售，属建立产品市场优势的行为，而不应被认定为为保护计算机软件而采取技术措施的行为。本案就属于这种情况，某雕公司的 JDPaint 软件对输出的 Eng 格式文件进行加密保护，旨在限制其他计算机读取输出文件，使只有搭载了 JDPaint 软件的自己生产的数控系统才可以读取之，从而形成捆绑，排除市场竞争。这显然超出了我国著作权法的保护范围，故某凯公司开发的 Ncstudio 软件能够读取某雕公司的 JDPaint 软件输出的 Eng 文件之行为，不构成故意避开或者破坏著作权人为保护其软件著作权而采取的技术措施的行为。

【判例分析】

法院通过本案明确的是，计算机软件著作权人为实现软件与机器的捆绑销售，将软件运行的输出数据设定为特定文件格式，以限制其他竞争者的机器读取以该特定文件格式保存的数据，从而将其在软件上的竞争优势扩展到机器，不属于著作权法所规定的著作权人为保护其软件著作权而采取的技术措施。他人研发软件读取其设定的特定文件格式的，不构成侵害计算机软件著作权。

1. 著作权法意义上的技术保护措施，应当满足两个条件：第一，为保护著作权目的而设计；第二，能够有效阻止侵犯著作权行为的实施。

首先，技术措施的设计目的应当在于保护著作权。从技术角度而言，数字技术领域内的技术措施，与其他技术领域的技术措施一样，是为实现某种目的而采用的技术手段。这些技术措施有很多种，比如，为管理互联网接入、网站登录、内容浏览而采取的用户名、密码；为收费服务采取的会员注册、口令、密码；为邮箱安全设置的邮箱密码等措施。从法律角度而言，这些技术措施因设计目的、实施效果不同，而可能涉及不同法律领域，产生不同法律问题，受不同法律规范。比如，涉及邮箱、即时通讯信息安全措施的受通讯与隐私保护法律规范；涉及有偿服务等消费控制措施的受财产保护法律规范；涉及网络系统信息安全措施的受网络信息安全法律规范，破坏这些技术措施可能承担不同的法律责任。这些技术措施中，只有为保护著作权不受侵犯而采取的技术措施，才是受著作权法规范和保护的技术措施；只有破解、规避这样的技术措施，才会产生侵犯著作权的后果，才应该承担侵犯著作权的法律责任。

技术措施设计目的是否在于保护著作权，可从以下两点判断：其一，技术措施所针对的客体是否为著作权法所保护的客体，即作品以及与作品相关的表演、录音录像制品和广播信号等。相反，如果技术措施针对的客体不属于著作权法保护的客体，那么在这种技术措施所针对的客体上并不存在著作权，破解、避开这些技术措施当然也就不会侵犯著作权。本案中，原告设置特殊文件格式所针对的只是 JDpaint 软件输出的 Eng 格式的数据，不是软件作品，而这些输出数据尚不能构成作品，也不是著作权法保护的其他法定客体，在这些输出数据上不存在著作权。因此针对这些输出数据的技术措施不是能保护著作权的技术措施。其二，技术措施所针对的行为应该是依据著作权法受权利人专有权利控制的利用作品的行为，如果技术措施针对的行为本身不受著作权控制，那么针对这些行为实施的技术措施也显然不受著作权控制，破解这些技术措施自然不构成侵犯著作权。在本案中，技术措施针对的不是计算机软件本身的复制、发行等受著作权控制的行为，而是读取运行软件后输出数据的行为，因此技术措施的设计目的不在于保护著作权。

其次，技术措施应该能够有效阻止侵犯著作权行为的实施。技术保护措施，不仅设计目的在于保护著作权，而且应该具有阻止非经权利人许可的复制、发行、出租、放映、转播等行为的技术效果。如果技术措施的门槛很低，很容易被普通人员避开或破解，那么这样的技术措施如一道不够高的院墙不足以阻止路人看到院内的情况，无法起到阻止侵权行为的作用，也不能构成著作权法意义上的措施。当然，这里的"有效"是相对的，是指通常情况下不容易被避开或破解，而不是说在任何情况下绝对地不被避开或破解。

2. 通过对计算机软件输出数据设定特殊文件格式来实现的技术型搭售不受法律保护。

类似本案通过对计算机软件输出数据设定特殊文件格式以限制其他竞争者的机器读取数据的行为，本质上是一种技术型搭售行为。本案原告将运行 JDpaint 软件输出数据的文件格式设置为特别的文件格式，以保证只有在原告生产的雕刻数控系统中被读取。表面上看，是通过这一措施限制其软件许可使用的范围，实质上，是为了实现原告软件与雕刻机的搭售即捆绑销售。本案中，虽然原告宣称其软件不销售，但是用户想获得其软件，由于其技术捆绑措施而被迫必须购买其生产的雕刻机，这在本质上即构成搭售。只是与通常通过商事交易安排实现的搭售不同，采用类似本案技术措施实现的搭售，是一种以技术手段实现搭售效果的技术型搭售。这种搭售限制了雕刻软件、雕刻机购买用户的购买选择权，也限制了雕刻机产品之间的竞争。保护这种为搭售而采取的技术措施，效果就是保护搭售，不仅保护了原告在软件上的经济利益，还保护了原告在雕刻机上的经济利益，既超出著作权法保护范围，又由此限制竞争、降低市场效率。因此，从某种意义上来说，技术型搭售行为是受法律许可但不受法律保护的行为。

【风险提示】

进入数字时代以后，由于通过信息技术可以低成本复制、传播数字化作品，权利人难以通过传统手段有效控制对数字化作品的复制、传播，逐渐开始广泛采用技术性手段防止未经许可的复制、传播行为，这些技术性手段被称为"技术保护措施"。然而，在技术保护手段不断发展的同时，各种规避、破坏技术保护措施的技术手段也随之产生，由此引发了将技术保护措施作为保护对象、禁止破坏或规避技术保护措施的法律需求。我国著作权法对此作了相关规定，明确了破解或规避技术保护措施的行为属于侵犯著作权的行为。但是，实践中，权利人出于各种目的采用各种技术措施，其中很多措施并不属于著作权法意义上的技术保护措施。

从企业的角度出发，应从以下角度出发合理采取"技术手段"以保护自身的计算机软件著作权：

1. 技术手段所保护的应当是计算机软件本身，如避免软件被破解或转录所采取的加密措施等，而非对软件输出的数据予以加密保护。

2. 不应采取不合理的技术搭售，强行将计算机软件与产品捆绑在一起，试图扩大著作权的保护范围，干预市场竞争。

3. 在技术搭售不受法律保护的情况下，可以遵循市场规律，通过采取一定的商业手段，如对搭载公司软件的机型进行优惠销售、通过商业合同对软件及搭载软件的机型进行协同销售等方式，以提高企业产品的销量，提升企业在市场中的影响力。

【相关法条】

《中华人民共和国著作权法》

第四十九条　为保护著作权和与著作权有关的权利，权利人可以采取技术措施。

未经权利人许可，任何组织或者个人不得故意避开或者破坏技术措施，不得以避开或者破坏技术措施为目的制造、进口或者向公众提供有关装置或者部件，不得故意为他人避开或者破坏技术措施提供技术服务。但是，法律、行政法规规定可以避开的情形除外。

本法所称的技术措施，是指用于防止、限制未经权利人许可浏览、欣赏作品、表演、录音录像制品或者通过信息网络向公众提供作品、表演、录音录像制品的有效技术、装置或者部件。

《计算机软件保护条例》

第二十四条　除《中华人民共和国著作权法》、本条例或者其他法律、行政法规另有规定外，未经软件著作权人许可，有下列侵权行为的，应当根据情况，承担停止侵害、消除影响、赔礼道歉、赔偿损失等民事责任；同时损害社会公共利益的，由著作权行政管理部门责令停止侵权行为，没收违法所得，没收、销毁侵权复制品，可以并处罚款；情节严重的，著作权行政管理部门并可以没收主要用于制作侵权复制品的材料、工具、设备等；触犯刑律的，依照刑法关于侵犯著作权罪、销售侵权复制品罪的规定，依法追究刑事责任：

（一）复制或者部分复制著作权人的软件的；

（二）向公众发行、出租、通过信息网络传播著作权人的软件的；

（三）故意避开或者破坏著作权人为保护其软件著作权而采取的技术措施的；

（四）故意删除或者改变软件权利管理电子信息的；

（五）转让或者许可他人行使著作权人的软件著作权的。

有前款第一项或者第二项行为的，可以并处每件 100 元或者货值金额 1 倍以上 5 倍以下的罚款；有前款第三项、第四项或者第五项行为的，可以并处 20 万元以下的罚款。

判例四：计算机软件著作权侵权案件中的举证责任分配问题

石某某与泰州某仁电子资讯有限公司侵害计算机软件著作权纠纷案①

【关键词】

侵害计算机软件著作权　举证责任　侵权对比　缺陷性特征

【案情简介】

2000 年 8 月，石某某自我开发完成 S 型线切割机床单片机控制器系统软件，并于 2005 年 4 月 18 日获得国家版权局颁发的软著登字第 035260 号计算机软件著作权登记证书，以原始取得的方式取得 S 型线切割机床单片机控制器系统软件 V1.0（以下简称 "S 系列软件"）的著作权。石某某认为泰州某仁电子资讯有限公司（以下简称某仁公司）未经其许可，长期大量复制、发行和销售与 S 系列软件相同的软件，严重损害其合法权益。

被告某仁公司认为，该公司所生产的 HR-Z 型线切割机床控制器所采用的系统软件系其独立开发完成，在硬件与键盘布局上与 S 系列软件有明显区别，故不应认为构成对石某某软件著作权的侵害。

在案件审判过程中，法院多次委托相关机构对两款软件进行鉴定。第一次鉴定主要解决两个问题：1. 原告石某某提供的软件源程序是否与其在国家版权局登记备案的软件源程序具有同一性；2. 某仁公司的 HR-Z 型线切割机床控制器所采用的软件系统与石某某的 S 系列软件在源程序上是否具有同一性或者相似性。但根据江苏省科技咨询中心出具的鉴定报告，某仁公司的软件主要固化在美国 ATMEL 公司的 AT89F51 和菲利普公司的 P89C58 两块芯片上，而代号为 "AT89F51" 的芯片是一块带自加密的微控制器，必须首先破解它的加密系统，才能读取固化其中的软件代码。在当时的技术背景下，无法破解该芯片的加密系统，故针对鉴定要解决的第二个问题，江苏省科技咨询中心难以作出客观、确定的鉴定结论。

第二次鉴定系在二审中由原告石某某提出而展开，主要求证以下事项：原被告双方的软件是否具有相同的运行特征及软件缺陷。鉴定结论为：通过运行原、被告

---

① 最高人民法院指导案例 49 号。江苏省高级人民法院（2007）苏民三终字第 0018 号，载于中国裁判文书网。

软件，发现二者存在相同的缺陷情况：1. 二控制器连续加工程序段超过 2048 条后，均出现无法正常执行的情况；2. 在加工完整的一段程序后只让自动报警两声以下即按任意键关闭报警时，在下一次加工过程中加工回复线之前自动暂停后，二控制器均有偶然出现蜂鸣器响声 2 声的现象。

另外值得注意的是，原被告双方对各自软件的使用说明书基本相同，而被告某仁公司在二审中始终拒绝提供 HR-Z 型线切割机床控制器所采用的软件系统的源程序，使得二审法院始终无法从源程序出发比较两款程序是否具有相似性。

【裁判观点】

法院从以下三个角度考虑，最终认定某仁公司侵犯石某某计算机软件著作权。

第一，案件的证明标准应当根据当事人的举证难度而确定。在本案中，原告石某某主张被告某仁公司侵犯其 S 系列软件的著作权，则一般情况下石某某应当提供双方软件在源程序上具有相似性或同一性的证据，但在本案中存在以下特殊情况：1. 石某某受客观原因限制，并不能取得从而提供某仁公司的 HR-Z 型线切割机床控制器所采用的系统软件。该系统软件在某仁公司的实际掌控中，在某仁公司拒不提供源程序的情况下，石某某并不能将两者的源程序予以直接对比。2. 在现有的技术条件下，无法从某仁公司的控制器中获取源程序。由第一次鉴定的情况即可知，HR-Z 型线切割机床控制器的源程序被置于加密芯片上，该加密技术在现有技术手段下，无法破译，无法逆转录，从而无法获得源程序。在被告拒绝提供源程序、原告有客观原因无法证明其主张的情况下，应从公平和诚实信用的原则出发，对石某某已经提供的证据和已经尽到的证明义务进行综合判断。

第二，石某某所提供的证据已足以证明其所有的 S 系列软件与某仁公司的 HR-Z 型软件存在实质上的相似性，某仁公司对此并未能提出反对的证据。根据第二次鉴定及二审查明，原被告双方的软件在运行中存在相同的缺陷、相同的运行特征以及相似的使用说明书。一般情况下，两款软件如果是由不同的主体相互独立研发出来的，即使软件在使用功能上具有同一性，出现上述诸多相似之处也是概率极小的事件，相反地，两款软件具有同样的源程序的可能性更大。由此考虑，法院认为石某某提供的证据足够形成高度盖然性优势，能使之相信两款软件构成实质性相同。

第三，被告某仁公司未能就石某某举出的证据提供相反的证据以证明自身的主张，故应当承担不利的举证责任。法院一直向某仁公司释明，在石某某提供多项证据证明自己主张的情况下，其应当提供 HR-Z 型软件的源程序等证据供法院比对，证明两款软件的独立性。但某仁公司始终未提供相应证据，且另外提供的证据也不能证明其在石某某取得 S 系列软件的软件著作权之前就已完成 HR-Z 型软件的研发。综上，法院认为根据现有证据，应当认为某仁公司 HR-Z 型软件与石某某的 S 系列软件构成实质性相同，侵犯了石某某 S 系列软件的著作权。

【判例分析】

法院通过本案例明确，在被告拒绝提供被控侵权软件的源程序或者目标程序，且由于技术上的限制，无法从被控侵权产品中直接读出目标程序的情形下，如果原告和被告软件在设计缺陷方面基本相同，而被告又无正当理由拒绝提供其软件源程序或者目标程序以供直接比对，则考虑到原告的客观举证难度，可以判定原告和被告计算机软件构成实质性相同，由被告承担侵权责任。本案例在总结以往常用的软件侵权判定方式的基础上，重点考虑了如何确保裁判尺度符合计算机软件设计的固有特点和客观规律、如何充分运用现有证据制度合理降低权利人举证难度等相关问题。

（一）实践中几种常用的软件对比方法

计算机软件侵权纠纷案件审理中，"实质性相同+接触+排除合理解释"是普遍适用的侵权判断规则。其中，软件的相同性对比通常有以下几种对比方法：1. 软件源程序的对比。这是进行实质性相同判断的最直接、最有说服力的对比方法。但实践中，被告能够主动提交源程序以供对比的情形少之又少，直接进行源程序对比只能是个最佳但又很难以实际实施的对比方法。2. 软件目标程序的对比。由于诉讼中直接获取被告源程序的可能性极小，或者即便获取源程序，但如果双方源程序各自采用不同的编写语言，同样无法直接进行源程序对比，而被告的目标程序一般可以直接从证据保全的被告计算机或者其他硬件中读出，因此将双方目标程序进行对比是软件侵权对比的一种重要方法。3. 软件存储介质内容、安装过程、安装目录、运行状况的对比。一般包括对比存储原告与被告软件的光盘内容，如目录、文件数量、名称及文件大小；对比原告和被告软件安装过程的屏幕显示内容，如提示信息、安装流程、界面整体设计风格等。

（二）举证妨碍与事实推定规则的适用

由于知识产权具有无形性特点，权利人对于侵权行为的举证难度较大，这也是一直困扰知识产权案件审理的一个瓶颈问题，因此，举证妨碍和事实推定规则的适用在知识产权诉讼中显得尤为重要。对于知识产权诉讼而言，在一方当事人距离证据较近或者持有相关证据，且无合理理由拒不提供等情形下，加重该方当事人负担，积极适用推定规则，应当是降低权利人举证难度、制止妨碍举证行为的一剂良方。对此，最高人民法院《关于民事诉讼证据的若干规定》第 95 条作了专门规定：一方当事人控制证据无正当理由拒不提交，对待证事实负有举证责任的当事人主张该证据的内容不利于控制人的，人民法院可以认定该主张成立。需要注意的是，推定在很大程度上属于法官自由裁量的范围，司法裁量的自由使得推定具有更大的不确定性。因此，对推定的适用必须以合理为限，不得以事实推定代替调查取证，防止和避免对事实推定的任意适用。同时，推定规则虽然在一定程度上缓解了权利人的取证压力，但被告对其被增加的举证义务并不都是明知或应知的。因此，法官应当充分行使释明权，给予被告反驳或者提供反证的机会，实现双方当事人之间合理的利益平衡。

本案中，在石某某提供了上文所述的多项证据证明其诉讼主张的情形下，某仁公司并未能提供相反证据予以反证，依法应当承担举证不能的不利后果。本案二审法院根据各方当事人的举证能力和举证状况，合理运用举证妨碍规则，较为准确地作出司法推定，具有较强的借鉴意义。

【风险提示】

计算机软件具有开发成本高和易复制的双重特性。通常情况下，开发软件需要投入大量的资金和人力，有业内人士将其称为"智慧劳动密集型"产业，即需要大量专业人士共同参与才能完成软件的研发工作。与此相对，软件的复制却相对简单，并不需要专门技术。计算机软件的易复制性决定了其可以被广泛传播和有效利用，同时也正因为软件复制几乎"零成本"，使得侵权行为极易发生。计算机软件侵权纠纷案件往往涉及较为复杂的技术事实认定，权利人举证和法院调查取证均存在较大障碍，在侵权判定规则适用方面往往存在较大难度和争议。

从企业的角度展开，面对可能的计算机软件著作权侵权诉讼，在无法获得侵权方软件源程序的情况下，可以通过采取以下方式来尽可能固定证据，证明自身的主张：

1. 提供被侵权计算机软件的软著登记证书，其中软著登记的时间应当早于侵权方软件的研发或投入生产的时间。

2. 对比己方软件与侵权方软件的使用说明书，若对方抄袭、复制己方软件，在操作说明书上一般相似度会较大。

3. 比较双方软件在缺陷上的相似性。计算机软件因为代码语言选择和代码编写路径的多样性，实践中出现相同缺陷的概率微乎其微。若通过一定技术试验验证双方的软件在缺陷上具有一致性，则可以将证明双方软件不一致的证明义务转接到侵权方，从而让对方承担相应举证责任的不利后果。

【相关法条】

《计算机软件保护条例》

第三条　本条例下列用语的含义：

（一）计算机程序，是指为了得到某种结果而可以由计算机等具有信息处理能力的装置执行的代码化指令序列，或者可以被自动转换成代码化指令序列的符号化指令序列或者符号化语句序列。同一计算机程序的源程序和目标程序为同一作品。

（二）文档，是指用来描述程序的内容、组成、设计、功能规格、开发情况、测试结果及使用方法的文字资料和图表等，如程序设计说明书、流程图、用户手册等。

（三）软件开发者，是指实际组织开发、直接进行开发，并对开发完成的软件承担责任的法人或者其他组织；或者依靠自己具有的条件独立完成软件开发，并对软件承担责任的自然人。

（四）软件著作权人，是指依照本条例的规定，对软件享有著作权的自然人、法人或者其他组织。

判例五：有声读物基于著作权保护的规则构建

谢某诉深圳市某人在线科技有限公司、杭州某策科技有限公司等侵害作品信息网络传播权纠纷案①

【关键词】

信息网络传播权　有声读物　著作权

【案情简介】

谢某享有《72变小女生》文字作品著作权。后发现深圳市某人在线科技有限公司（以下简称"某人公司"）在其经营的"某人听书"网，通过信息网络向公众提供涉案作品的有声读物。谢某从某人公司提交的文件中发现某人公司是经过杭州某策科技有限公司（以下简称"某策公司"）、杭州某变科技有限公司（以下简称"某变公司"）、北京某花夕拾文化发展有限公司（以下简称"某花夕拾公司"）的层层授权后提供听书服务的。谢某以四公司为共同被告提起诉讼，要求停止侵权，连带赔偿损失。

法院经审理查明：谢某曾于2013年将涉案作品的"信息网络传播权及其转授权以及制作、复制和销售电子出版物的权利"授权某策公司。2014年，某策公司向某变公司出具授权书，明确写明授权某变公司将涉案作品制成有声读物，并自行或再许可他方行使音频格式作品的信息网络传播权。2015年，某变公司授权某花夕拾公司将涉案作品的信息网络传播权转授权给某人公司在其"某人听书"平台上使用。同年，某人公司与某花夕拾公司签订合同，约定某花夕拾公司将涉案作品有声读物许可某人公司在其平台上使用。

案件审理过程中，谢某确认被控侵权行为已经停止。某变公司确认涉案有声读物系由其制作，在制作过程中未改变原作文字内容。某变公司与某花夕拾公司均确认在向下游授权时对上游授权文件的审查系通过审查扫描件的形式进行。某策公司主张其从谢某处所取得"改编权"授权包含将涉案作品制作成音频制品的权利。

---

① 2018年8月16日最高人民法院发布第一批涉互联网典型案例。https：//www.court.gov.cn/zixun-xiangqing-112611.html. 浙江省杭州市中级人民法院（2017）浙01民终5386号民事判决书，或于中国裁判文书网。

【裁判观点】

法院认为,《72变小女生》一书具有独创性,符合我国著作权法关于作品要件的规定,属于文字作品。该文字作品出版物上署名为谢某,在无相反证据推翻的前提下,应当认定谢某是该作品的作者。谢某作为涉案作品的作者,依法享有著作权,受国家法律保护,具有提起本案诉讼的主体资格。

本案争议焦点有三:一、四被告所实施被控侵权行为的性质;二、四被告实施被控侵权行为是否取得相应授权;三、若侵权成立,谢某所主张的赔偿金额是否合理,其要求四被告承担的相应侵权责任是否应予支持。

关于争议焦点一,作品均以形成外在的独创性表达为其前提要件,对作品的改编应以改变作品之表达,且该改变具有独创性为前提。对于文字作品而言,文字表述是其作品的表达所在,改编文字作品应以文字内容发生改变为前提。制作有声读物的过程属于对涉案作品的复制,而非演绎。将文字作品制成有声读物需要经过三个步骤:朗读、录音、后期制作。三个步骤均只改变了作品的形式或载体,无一改变文字作品的表达或内容,因而不涉及对文字作品的改编,有声读物只是以录音制品存在的复制件,不属于对涉案作品进行演绎之后形成的新作品。

以有线方式提供涉案作品之复制件,使得公众可以在其个人选定的时间与地点进行收听,即获得涉案作品,其行为属于信息网络传播行为,受信息网络传播权控制。某策公司、某变公司、某花夕拾公司均未直接向公众提供涉案作品,未直接实施信息网络传播行为,但分别实施了相应的授权许可行为,在客观上属于提供帮助的行为。

关于争议焦点二,根据著作权法保护著作权人权益的本意,凡未经著作权人明确授予的权利仍应保留在著作权人手中。授权作为一种合同行为,以双方当事人达成合意为前提。一项行为是否在著作权人授权范围之内,需要探明著作权人授权时的真实意思表示。本案中结合合同上下文及签约时的时间环境,不应认定在线提供有声读物属谢某授权范围之内。

关于争议焦点三,即四被告之责任承担,上游"授权方"缺乏有效权利而向下授权他人实施受专有权利控制的行为,自身对此存在过错且行为实际发生的,所有上游授权方均构成侵权,与直接侵权人承担连带责任。

【判例分析】

"听书""有声读物"是近年新兴的一种文化消费方式,一批主打声音内容的移动听书平台深受部分互联网用户群体的喜爱。与新传播技术的应用、有声读物的蓬勃发展相对应的是有声读物的侵权问题，此类著作权侵权案件尚缺乏明晰的裁判规则。制作、在线提供有声读物在著作权法上如何定性，若欲合法从业应当取得著作权人怎样的授权等诸多问题有待厘清。有鉴于此，研究处理音频播放平台著作权侵权案件的裁判规则，对有声读物的法律定性及平台责任等问题予以明确，为有声读物平台、有声读物传播者等提供行为指引，避免因利用新传播技术而侵犯他人的著作权，引导有声读物行业健康有序发展，显得颇为重要。

在有关著作权侵权案件的司法实践中，法官通常遵循"原告是否享有其主张的著作权、被告是否实施了侵害原告著作权的行为、被告应否以及如何承担法律责任"的审理规则，而处理音频播放平台著作权侵权案件虽然也遵守上述审理步骤，但在认定权利人享有权利的具体性质，以及裁判被控侵权人的行为是否构成著作权侵权时，与一般的著作权侵权案件存在一些差异。

对于此类案件，首先应对可能被侵犯的权利的性质予以明确。就有声读物的制作行为而言，其以朗读（声音）方式对小说（文字）作品进行表演，属于以有声方式对文字作品进行复制，而非演绎行为。本案中，某策公司抗辩称将文字作品制成有声读物属于改编。对此，法院认为，作品均以形成外在的独创性表达为其前提要件，对作品的改编应以改变作品之表达，且该改变具有独创性为前提。文字表述是文字类作品最外在的表达，故改编文字作品至少应以改变文字内容为前提。而朗读文字作品并录制成有声读物并未改变文字内容，因而未改变文字作品的表达，除形式上的变化外，不存在独创性成分，不应认定为改编行为。本案中的有声读物只是将涉案文字作品转换成录音制品，仅在形式上发生变化，并未在内容上进行增减或再创造，符合录音制品的条件，应被认定为录音制品，而非演绎作品。因此，某变公司实施的是复制行为，某人公司实施的是信息网络传播行为。某策公司、某变公司、某花夕拾公司实施的授权许可行为，在客观上属于提供帮助的行为。

由于制作有声读物并不是对文字作品的改编，故四被告不能以所取得改编权之授权作为合法性基础。谢某所授予的信息网络传播权能否作为各被告行为的合法性基础这一问题的关键在于确定谢某与某策公司之间授权合意的具体内容。如果授权的合意仅限于以文字形式进行信息网络传播，而本案被告以录音形式进行了信息网络传播，则应当认定被告实施的行为超出了授权时双方合意范围，也就失去了合法性基础。就本案而言，综合上下文内容，从有利于实现《著作权法》关于保护作者著作权这一立法目的的角度出发，应当认定授权时双方合意内容并不包含有声读物。故各被告行为缺乏授权，构成侵权。

某人公司未经许可，实施信息网络传播行为，应当承担直接侵权责任。某花夕拾公司因疏于审查上游授权方权利真实性，主观上存在过错，其将自身并未取得授权之权利向某人公司进行授权的行为与某人公司所实施直接侵权行为之间存在因果关系。因此，某花夕拾公司构成对某人公司直接侵权行为的帮助，根据《民法典》第1169条，理应对某人公司应承担之赔偿责任负连带责任。同理，某变公司、某策公司的授权行为亦应承担连带责任。

在处理音频播放平台著作权侵权案件上，不论是有声读物，抑或是其他新兴的载体形式，法院在判定其属于复制还是改编时，仍应从著作权基本法理出发。但凡未改变作品独创性表达的，只可能构成复制，不可能产生改编作品。具体而言，依原文朗读文字作品属于表演行为；将朗读的声音进行录制属于制作录音制品，无论事后是否添加背景音乐、音效等，都属于对文字作品的复制行为，而非改编行为。在对著作权合同的解释这一问题上，合同双方对著作权授权合同约定的授权内容发生争议时，法院应当结合合同签订时的社会背景、合同上下文等因素予以查明，力求探明双方真实合意，需要推定时应从有利于保护作者利益的角度出发。

【风险提示】

互联网的运用使得资源的传播与获取变得更加方便与快捷，作为只需占用人类一个感官即可消费、享受的有声读物，其具有受时间、地点限制的传统阅读所不可替代的优势。互联网化的有声读物市场具有强大的发展潜力与用户群体，而随之产生的著作权侵权问题也不容忽视，未经授权制作和传播的有声读物不仅会使原文字作品著作权人的利益受损，也对用户体验及整个行业的发展有所影响。

面对互联网化的有声读物市场，从事这类行业的企业主体在作出商业行为、参与市场竞争的时候，更应当加强版权意识，避免著作权侵权等法律风险。

基于上述判例，有声读物平台作为有声读物市场经营者，应当在审慎的基础上分析判断自身所作出的商业行为是否获得著作权人的许可，是否损害了他人的著作权，合理审查上游授权方权利真实性，避免在超出授权时双方合意的范围下对原文字作品著作权人的权益造成损害。上游企业主体在授权下游企业实施受专有权利控制的行为时，应当审查自己作为"授权方"，是否真实具备有效权利，以避免对他人的著作权造成损害。

【相关法条】

《中华人民共和国著作权法》

第四十二条 录音录像制作者使用他人作品制作录音录像制品，应当取得著作权人许可，并支付报酬。

录音制作者使用他人已经合法录制为录音制品的音乐作品制作录音制品，可以不经著作权人许可，但应当按照规定支付报酬；著作权人声明不许使用的不得使用。

第四十八条 电视台播放他人的视听作品、录像制品，应当取得视听作品著作权人或者录像制作者许可，并支付报酬；播放他人的录像制品，还应当取得著作权人许可，并支付报酬。

第四十九条 为保护著作权和与著作权有关的权利，权利人可以采取技术措施。

未经权利人许可，任何组织或者个人不得故意避开或者破坏技术措施，不得以避开或者破坏技术措施为目的制造、进口或者向公众提供有关装置或者部件，不得故意为他人避开或者破坏技术措施提供技术服务。但是，法律、行政法规规定可以避开的情形除外。

本法所称的技术措施，是指用于防止、限制未经权利人许可浏览、欣赏作品、表演、录音录像制品或者通过信息网络向公众提供作品、表演、录音录像制品的有效技术、装置或者部件。

判例六：企业网站的著作权保护

南京某居装饰工程有限公司与南京某日强装饰工程有限公司著作权侵权、虚假宣传纠纷案①

【关键词】

著作权　汇编作品　虚假宣传

【案情简介】

原告南京某居装饰工程有限公司（以下简称"某居公司"）诉称，某居公司成立于 2005 年，历经 12 年的发展，已成为在南京及周边地区具有较高专业化、规模化、品牌化和产业化的装饰企业。2017 年，某居公司发现同为装饰企业的南京某日强装饰工程有限公司（以下简称"某日强公司"）经营的网站从色彩、文字、图片、编排体例等方面抄袭了某居公司网站的主要内容。此外，某日强公司还将某居公司的荣誉作为自己的荣誉广而告之，属于虚假宣传。故某居公司请求法院判令某日强公司立即删除侵犯某居公司著作权及构成不正当竞争的网页内容并赔偿经济损失。

被告某日强公司辩称，原告涉案网站的独创性不高，不足以构成著作权法意义上的作品，请求法院驳回原告诉请。

法院经审理查明，被告网站多处编排设计与原告网站存在相同或相似。首先，被告网站首页的页面布局，其公司 LOGO 显示位置和联系电话与原告基本一致，网页中部亦在相同位置使用与原告相同的图片及宣传文字，图片及文字在页面中排列方式与原告内容完全相同。主页部分的主题设置，其基本模块及下拉菜单内容与原告网站基本一致，仅将"品牌动态"变更为"最新活动"，主页背景图使用位置及文字描述与原告构成相同。其次，通过点击各主题进行浏览，被告网页呈现内容的方式及相应内容的编排位置均与原告网站相应版块构成相同或近似，部分网页内容包括文字、图片使用方式及排列位置、次序与原告完全一致。最后，被告在资质荣誉部分使用的"2013 年中国家居网络总评网年度人物""365 家居宝十佳网络客服""2009 长三角风尚设计装饰企业"等荣誉照片与原告亦完全相同。

① 2018 年 8 月 16 日最高人民法院发布第一批涉互联网典型案例。https：//www.court.gov.cn/zixun-xiangqing-112611.html. 南京铁路运输法院（2017）苏 8602 民初 564 号民事判决书，载于中国裁判文书网。

【裁判观点】

法院认为，本案争议焦点为：一、原告网站是否构成著作权法意义上的作品及原告是否对其享有著作权；二、被告的行为是否侵害原告著作权；三、被告行为是否对原告构成不正当竞争。

关于争议焦点一，网站通过撰写源代码将文字、图片、声音等组合成多媒体并通过计算机输出设备进行展示，当网站版面的素材选取、表现形式及内容编排等达到一定独创性要求时，网站整体可作为汇编作品进行保护。网站设计者通过创作构思将多种元素信息进行整合与排列，以营造丰富的视觉体验，网站版面设计过程本身亦是一种劳动创造，其特异性体现在对多媒体信息的选择与编排。精心挑选的内容、素材经过编排整合形成的网站版面表现形式符合汇编作品的概念与特征。根据现有证据，原告网站在内容的选取与编排上均体现了一定的独创性，可认定为汇编作品，故原告网站构成著作权法意义上的作品。某居公司网站页面底部标注"copyright@ 2016 南京某居装饰工程有限公司版权所有"。庭审中，网站的制作者智投公司派员作证涉案网站版权属原告，在被告未提供反证的情况下，法院认定原告对涉案网站享有著作权。

关于争议焦点二，原告网站上线时间为 2015 年 12 月，被告网站的制作时间为 2016 年 7 月。对比双方的网站，二者在网站主页的版面设计、页面布局、主题设置以及各主题项下的内容编排位置与内容的表现形式均高度近似。被告公司网站与原告网站高度近似的部分属于原告独创性的对内容的选择、整理与编排部分，故被告网站侵犯了原告著作权。

关于争议焦点三，本案原、被告均属装饰企业，业务范围高度近似、注册地均在江苏省南京市，潜在顾客群存在交叉，两者存在竞争关系。被告上述行为实质破坏了正常的市场经营秩序，使得消费者对被告企业真实经营规模、信誉产生误解，本质上构成虚假宣传、不正当竞争，侵害了原告正常的商业利益。

【判例分析】

对公司网站的保护是互联网时代出现的新问题。随着"互联网+"模式的普及发展，越来越多的企业意识到依托电子平台或互联网宣传吸引优质资源和消费群体的重要性，网站作为企业的一大宣传栏，是企业向消费者传递服务信息及品质的重要平台，消费者可以通过浏览网站来了解企业的业务特色、服务理念及信誉信息等。然而，企业网站被竞争对手"抄袭"现象也层出不穷。网站抄袭行为在一定程度上对消费者有所误导，对网站运营企业的经济利益造成损害。但如何对网站进行法律保护，网站是否构成著作权法意义上的作品，法律对此并无明确规定，这给司法实践造成了一定困扰。

本案正是一个较为典型的互联网时代关于公司网站法律保护的判例。

我国目前的《著作权法》尚未界定网站著作权的概念。在早期涉及公司网页的司法判例中，法院通常将网页作为美术作品或摄影作品予以保护。然而通常情况下网页更多的是多种信息形态的组合，即多媒体网页。在大多数情况下，网页设计者也并不是网页上所有元素的创作者，其更多时候起到的作用是将既有的各种元素进行组织安排。因此，就公司网页的整体来说，对单个作品进行保护的方式并不是对权利人最为有益的方式。一般而言，网页并不能仅仅因刊载数字化作品而取得新的所谓网页著作权，但制作精美、引人注目的网页，因其编排、体例的安排与众不同而具有独特性，可能为网站经营者带来一定的经济利益，网站经营者往往对网页的设计制作倾注心血。因此，将网页整体作为汇编作品进行保护是最为贴切的保护模式。

汇编作品具体指汇编若干作品、作品的片段或者不构成作品的数据或者其他材料，对其内容的选择或者编排体现独创性的作品。汇编作品的著作权由汇编人享有，但行使权利时，不得侵犯原作品的著作权。将网页看作汇编作品，依照独创性的要求，如相关的体例、编排等具有独创性的特点，来判定其是否能够获得法律的保护，这使得具有独创性的公司网页的保护有了法律依据。

找到网页的独创性是认定网页为汇编作品的依据。向法院证明公司网页具有独特性的特点，其实质就是证明网页具有独创性的过程，如果达不到相关条件，就不能获得法律的保护。在本案中，如何证明原告网站的体例、编排构成《著作权法》意义上的汇编作品并具有独创性是关键要素。本案原告对于网页的布局设置使得其网页有着不同于其他装饰公司网站的体例安排，具有一定的独创性，整体上符合汇编作品的法律构成要件。最终法院认为，原告网站整体风格一致，橙色主调贯穿始终，各页面按照主页索引及页面标题有机联系，在栏目、标题及文案等方面的编排体例上均充分考虑客户体验及自身企业的特点，原告网站在内容的选取与编排上均体现了一定的独创性，可认定为汇编作品。

对于公司网页的法律保护，多数情况下运用《著作权法》予以保护即可，并不需要再依据《反不正当竞争法》的相关规定进行保护。对于网页侵权案，法院通常遵循诉审一致原则，即法院仅应根据原告的诉求进行审理，牢牢把握请求权的基础。然而，在侵犯著作权的案件中，也时常会涉及不正当竞争问题。在侵犯著作权同时构成不正当竞争的问题及处理上，在相关证据充分的情况下，法院对于侵犯著作权同时构成不正当竞争的案件可以同时进行审理，在被告的行为侵犯了多重知识产权法律关系且证据确凿的情况下，人民法院可以进行一并审理并适用《著作权法》和《反不正当竞争法》予以保护。

对互联网网页的保护伴随互联网的发展而诞生。网页本身是否构成作品一直具有争议。网页的构成来源复杂，将其作为何种类型的作品、独创性如何体现，对于这些问题的处理并没有多少国外案例可以借鉴，然而，随着我国有关网页侵权案司法实践的发展，这类问题的处理正在不断得到厘清、完善。从早期将网页作为美术作品、摄影作品等予以保护，再到将网页作为汇编作品予以保护，直至保护网页过程中亦考虑作品中存有其他侵犯知识产权案件的因素，如本案的不正当竞争行为，以及同时侵犯商标权等。我国对于互联网网页的保护正在经历从探索到逐渐完善、趋于合理的过程，本案因此具有互联网时代关于公司网站法律保护的典型意义。

【风险提示】

互联网时代背景下，市场竞争从传统意义上的竞争扩大到借助互联网参与竞争。互联网网页逐渐成为互联网时代下市场经营主体进行市场竞争的一个重要平台。网站是企业在互联网上的门户，是展示企业形象、宣传自身、介绍产品和服务、体现企业发展战略的重要途径。企业主体为更好地从事生产经营而制作的网页通常能给企业带来一定的经济效益，网站作为市场竞争的新型平台不断发展，对于互联网网页的保护也随之应运而生。企业主体作为网站的运营主体、管理者以及网站实际利益的享受者，网站运营所产生的利润及推广宣传效果的收益最终均由其享有，因此，其在自行制作或委托第三方制作互联网网页的过程中，有义务和能力对网站及内容的合法性进行审查，其应当审查并判断该网页是否侵犯了他人的著作权、是否存在虚假宣传、是否构成不正当竞争，以规避可能面临的法律风险。

基于上述判例，建议企业主体从三个方面对商业行为作出是否构成侵权的判断：

第一，企业主体应当判断其网页在对内容的选择、整理与编排部分上是否与他人网页具有独创性的部分存在高度近似。

第二，企业主体在生产经营活动中，应当遵循自愿、平等、公平、诚信的原则，遵守法律和商业道德。禁止扰乱市场竞争秩序，损害其他经营者或者消费者的合法权益。

第三，企业主体应当判断其所作出的商业行为是否构成《反不正当竞争法》中的虚假宣传行为。

【相关法条】

《中华人民共和国著作权法》

第十五条　汇编若干作品、作品的片段或者不构成作品的数据或者其他材料，对其内容的选择或者编排体现独创性的作品，为汇编作品，其著作权由汇编人享有，但行使著作权时，不得侵犯原作品的著作权。

第五十四条　侵犯著作权或者与著作权有关的权利的，侵权人应当按照权利人因此受到的实际损失或者侵权人的违法所得给予赔偿；权利人的实际损失或者侵权人的违法所得难以计算的，可以参照该权利使用费给予赔偿。对故意侵犯著作权或者与著作权有关的权利，情节严重的，可以在按照上述方法确定数额的一倍以上五倍以下给予赔偿。

权利人的实际损失、侵权人的违法所得、权利使用费难以计算的，由人民法院根据侵权行为的情节，判决给予五百元以上五百万元以下的赔偿。

赔偿数额还应当包括权利人为制止侵权行为所支付的合理开支。

人民法院为确定赔偿数额，在权利人已经尽了必要举证责任，而与侵权行为相关的账簿、资料等主要由侵权人掌握的，可以责令侵权人提供与侵权行为相关的账簿、资料等；侵权人不提供，或者提供虚假的账簿、资料等的，人民法院可以参考权利人的主张和提供的证据确定赔偿数额。

人民法院审理著作权纠纷案件，应权利人请求，对侵权复制品，除特殊情况外，责令销毁；对主要用于制造侵权复制品的材料、工具、设备等，责令销毁，且不予补偿；或者在特殊情况下，责令禁止前述材料、工具、设备等进入商业渠道，且不予补偿。

判例七：数字图书馆合理使用的边界认定

某音乐出版社有限公司等与广州某图电子科技有限公司
侵害作品信息网络传播权纠纷案①

【关键词】

互联网图书馆　录音制品　合理使用

【案情简介】

原告某音乐出版社有限公司（以下简称"某音公司"）和某文艺音像电子出版社有限公司（以下简称"某文公司"）作为录音制品《巴斯蒂安成人钢琴教程第一册》的制作者，依法对该作品享有信息网络传播权。被告广州某图电子科技有限公司（以下简称"某图公司"）未经许可通过其运营网站"云图网"向公众提供涉案制品，且存在利用涉案录音制品进行商业盈利的情形。原告认为被告的行为侵害了原告对涉案录音制品的信息网络传播权。

被告某图公司则认为：一、本案被诉侵权行为未影响作品的正常使用，也未不合理损害著作权人合法权益，属对原告作品的合理使用：1. 从涉案制品的性质上看，随书光盘属于图书内容的练习延伸，属于图书必不可少的一部分，与对应图书构成一个完整的整体。脱离对应图书，随书光盘没有独立使用、传播、售卖的价值，因此被告将原告的录音录像制品在"云图网"作为图书介绍信息展示，不会导致原告制品市场价值的损害；2. 被告被诉的"将随书光盘与图书介绍信息在云端储存，且一并展示"的行为属转化性使用，增加了原告图书精准曝光的机会以及市场交易机会；3. 被告被诉使用原告作品的方式，不具有任何商业性，未对原告制品的传播向用户收取任何费用；4. 被诉侵权行为为广大高校及公立图书馆的图书管理节约了资源，为读者及用户提供了便利，极大地促进了公共利益。

二、"云图网"的资源公开访问的方式，是在实现正常远程访问功能前提下，为解决现有计算机技术不足的一种必要替代选择。

三、被告将原告的录音录像制品在"云图网"展示，为保护原告的权利免受损

① 广州互联网法院知识产权典型案例。广州互联网法院（2020）粤 0192 民初 36894 号民事判决书，载于中国裁判文书网。

害，已尽注意义务且采取了合理的防范措施。

法院在审理中查明以下情况：

1. 佛山市图书馆、广东技术师范大学图书馆等多家图书馆出具《关于某图公司（随书光盘）非书资源云服务的使用情况说明》，明确由某图公司提供云服务平台，全部图书馆成员的每一图书共享相同的图书介绍信息，并由图书馆成员自行或委托某图公司将该图书介绍信息储存于云端。

2. 某图公司与成都工业学院、天津财经大学珠江学院、重庆工程学院分别签订的关于"云图网"的服务协议，显示某图公司向相关高校图书馆提供某图非书资源云服务等服务。

3. "云图网"对首次注册用户 IP 限制页面显示当非特定图书馆或高校的 IP 地址在"云图网"进行用户注册时，网页会提示该 IP 地址"不在注册范围，请在图书馆/校园网注册"。

【裁判观点】

法院经审理认为本案的争议焦点主要有以下三点：一、原告对涉案录音制品是否享有著作权；二、被告在"云图网"上传被诉音频的行为是否侵犯了原告的信息网络传播权；三、若构成侵权，被告应承担何种法律责任。

第一，关于原告对涉案录音制品是否享有著作权。涉案音频制品是原告图书《巴斯蒂安成人钢琴教程第一册》所附的钢琴演奏曲目，为录音制品。涉案图书《巴斯蒂安成人钢琴教程第一册》为合法出版物，由某音公司出版发行，结合两原告出具的《协议书》，可证明涉案录音制品由两原告共同制作，在无相反证据的情况下，应当认定某音公司、某文公司对涉案录音制品享有录音录像制作者权。

第二，某图公司是否侵犯了两原告对涉案录音制品享有的信息网络传播权。本案中，某图公司确认未经原告授权在其经营的"云图网"上传播涉案录音制品的事实，但抗辩其系接受高校和公立图书馆的委托，借助互联网和云计算等技术提供图书书目强化数据服务，未影响作品的正常使用，也未不合理损害著作权人合法权益，构成合理使用。然而要认定为合理使用，应当满足三个条件：其一，被告传播涉案录音制品的行为确系接受图书馆的委托；其二，图书馆委托被告对馆藏书籍的随书光盘内容进行信息网络传播的行为属于合理使用的范畴；其三，被告实际传播涉案录音制品的行为未超出合理使用范畴。法院最终认定某图公司侵犯了两原告对涉案录音制品享有的信息网络传播权。

第三，被告应如何承担侵权的法律责任。在综合考虑涉案录音制品的歌曲数量、类型和市场价值、涉案音频浏览量及传播范围、被告系接受图书馆的委托以及原告未举证证明其曾许可进行信息网络传播而收取过相关费用的情况，法院酌情确定被告应向原告赔偿 300 元及合理费用 200 元。

【判例分析】

在本案中，相较于原告是否享有著作权以及被告应当如何承担侵权责任，被告作为高校图书馆信息服务的提供商，其对作品的保存是否得到授权，其对作品的使用是否在合理使用的范围之内，更值得考究。本案对此做了尝试性的分析。

1. 数字作品应当包含光盘中存储的作品。

《信息网络传播权保护条例》第 7 条将图书馆可以通过信息网络合理使用的作品分为两类：本馆收藏的合法出版的数字作品及数字化形式复制的作品。而对于何为数字作品，《信息网络传播权保护条例》未作定义。但从光盘的性质来看，光盘是利用激光原理进行读、写的设备，可以存放各种文字、声音、图形、图像和动画等多媒体数字信息。光盘中存储的内容可以直接在计算机上读取，而在计算机上完成的数字作品也可以存储在光盘中。故应当将光盘视为数字作品的辅助存储器。因此被合法出版的随书光盘中的音频制品，应当认定为数字作品。

2. 公共图书馆对于数字作品合理使用的边界。

《信息网络传播权保护条例》第 7 条将图书馆通过信息网络提供数字作品的行为进行了场所和对象的双重限制。对于这种限制，应当从互联网技术的实际应用状况及对著作权人的有效保护两个方面的因素来综合理解。（1）关于数字作品提供的场域。线上共享平台仍属图书馆管理范围，读者从线上平台获取作品并未超越图书馆服务管理场域之外，读者即使在图书馆馆所之外通过该馆的数字平台获得作品，也应当属于图书馆提供数字作品的合理使用范畴。（2）关于数字作品提供的对象。为方便管理和提高服务效能，图书馆一般会采用办理借阅证等身份识别的方式明确其馆所服务对象。且这些服务对象在图书馆的数字平台上不应当扩充为全体社会公众，否则等于免费开放理应付费的资源，严重损害著作权人的经济利益。故图书馆对登录其数字平台的人员不加限制的行为，不属于合理使用的范畴。（3）关于数字作品的提供方式。图书馆合理使用数字作品时仅能提供作品线上阅读和浏览，而不能提供下载功能。对于图书馆线下书籍的借阅，即便借阅人将图书转借他人，在特定时段内所传阅的范围也是有限的。

3. 搭建数字平台的相关技术提供者可作为数字作品合理使用的适格主体。

首先，法律并未直接排除公共图书馆数字化相关技术提供者成为著作权合理使用的主体。著作权人在适当范围内让渡自己的权利，允许他人使用，保证信息获取和享有的畅通，既能为更多的创作创造更好的环境，又能实现社会总体利益的最大化。而在保证信息获取和享有的畅通时，需要有相关传播主体的协助，著作权法在对合理使用进行立法时，没有直接排除相关技术提供者作为合理使用传播主体的存在。其次，相关技术提供者为公共图书馆搭建的数字平台系图书馆职能的延伸。本案中，某图公司建立的云图网不以营利为目的，通过全面、准确揭示馆藏图书信息，提高读者检索和甄选图书的准确性，大幅缩减读者甄选及借阅图书所耗费的时间，方便读者使用图书，提高馆藏图书利用率，本质上是延伸和优化各图书馆在互联网时代的职能。最后，相关技术提供者搭建的数字平台不能超出合理使用的边界。合理使用的前提应当是：指明作者姓名或者名称、作品名称；不得影响该作品的正常使用；不得不合理地损害著作权人的合法权益。

在本案中，某图公司经图书馆委托构建线上共享平台云图网进行随书光盘中的音像制品共享传播，符合对数字作品合理使用的场域及作品类型的条件。但因云图网未采取必要措施筛选访问人员，且提供对案涉数字作品下载功能，使非馆所服务对象能够获得及传播相关作品，从而影响该数字作品的正常使用，导致著作权人的合法利益遭受不合理的贬损，因此其行为不能认定为对数字作品的合理使用。

【风险提示】

为了促进公共图书馆事业发展，发挥公共图书馆功能，我国于 2018 年 1 月 1 日开始实施的《公共图书馆法》第 8 条明确国家鼓励和支持发挥科技在公共图书馆建设、管理和服务中的作用，推动运用现代信息技术和传播技术，提高公共图书馆的服务效能。然而，在图书馆信息化建设进程中，应当如何界定图书馆对各类数据资源的信息网络化传播，在何种情况下属于合理使用，在何种情况下又该取得著作权人的授权，目前鲜有法律法规作出规定。从该案例出发，相关企业可以明确以下几点：

1. 作为公共图书馆搭建数字平台服务的提供者，应在与图书馆签订的服务协议中明确授权范围除图书内容外还包括图书随附的光盘等硬件存储的信息。

2. 提供数字平台服务的范围应当与线下图书馆的服务范围保持一致，并做好相应的技术保护，避免服务范围外的人员进入系统，侵害各图书作者的著作权。

3. 数字平台所提供的服务应当限于线上阅读及浏览，不予开放下载功能。否则将有下载图书资源后对外传播的风险，不利于保护作者的著作权，甚至可能需要承担连带责任。

【相关法条】

《信息网络传播权保护条例》

第七条 图书馆、档案馆、纪念馆、博物馆、美术馆等可以不经著作权人许可，通过信息网络向本馆馆舍内服务对象提供本馆收藏的合法出版的数字作品和依法为陈列或者保存版本的需要以数字化形式复制的作品，不向其支付报酬，但不得直接或者间接获得经济利益。当事人另有约定的除外。

前款规定的为陈列或者保存版本需要以数字化形式复制的作品，应当是已经损毁或者濒临损毁、丢失或者失窃，或者其存储格式已经过时，并且在市场上无法购买或者只能以明显高于标定的价格购买的作品。

《最高人民法院关于审理侵害信息网络传播权民事纠纷案件适用法律若干问题的规定》

第三条 网络用户、网络服务提供者未经许可，通过信息网络提供权利人享有信息网络传播权的作品、表演、录音录像制品，除法律、行政法规另有规定外，人民法院应当认定其构成侵害信息网络传播权行为。

通过上传到网络服务器、设置共享文件或者利用文件分享软件等方式，将作品、表演、录音录像制品置于信息网络中，使公众能够在个人选定的时间和地点以下载、浏览或者其他方式获得的，人民法院应当认定其实施了前款规定的提供行为。

判例八："洗稿"行为的著作权保护

刘某与广东某优母婴健康教育技术有限公司
侵害作品信息网络传播权纠纷案①

【关键词】

信息网络传播权　原创保护　"洗稿"

【案情简介】

2019 年 7 月 5 日，原告刘某在自己运营的微信公众号"牛油果的生活观"中发布了标题为《婚姻的残酷真相：要么娘家有钱，要么自己有钱》的原创作品，依法享有该作品的信息网络传播权。后刘某发现被告广东某优母婴健康教育技术有限公司（以下简称"某优公司"）运营的微信公众号"三优亲子"于 2019 年 7 月 19 日在未经其许可且未支付任何报酬的情况下，违法转载并向公众传播涉案作品，严重侵犯了刘某对该作品享有的信息网络传播权。

某优公司认为，其于 2019 年 7 月 19 日向刘某申请转载涉案文章，并在得到原告的授权后才予以转载发布，并非私自转载。某优公司进一步主张，深圳市腾讯计算机系统有限公司（以下简称"腾讯公司"）的微信官方信息公众号"微信派"于 2017 年 5 月 11 日发布了一篇《原创保护上线新分享样式》的文章，说明关于微信公众号平台原创保护功能的更新，明确表明如果公众号推送其他账号的原创文章，在未获授权的情况下，所推送的文章将变成分享样式，用户若想阅读该文章会跳转到原创账号页面。某优公司发布涉案文章的时间为 2019 年 7 月 19 日，晚于该功能上线时间，且公众号发布文章如果相似度极高将会以分享方式发布，而被告发布涉侵权文章不属于分享样式，因此被告无法在未经原告授权转载的情况下使用涉侵权文章。原告在被告申请转载该篇文章时同意授权，另外原告同时可以在未知会被告的情况下移除被告授权白名单的资格，并且微信公众号后台消息不会显示原告何时把被告移除的通知，而之前已授权转载的文章不会在被移除白名单资格以后变成分享样式。综合以上事实，被告某优公司所转载的文章只有经过原告刘某授权后

---

① 广州互联网法院互联网内容平台典型案例。广州互联网法院（2020）粤 0192 民初 17922 号民事判决书，载于中国裁判文书网。

才有可能发布，因此没有侵害原告对作品享有的信息网络传播权。

刘某提供了两份版权声明，主要记载"牛油果"为其笔名，其以该笔名在微信公众号"牛油果的生活观"上发表的所有原创作品，著作权均归属其本人，其中就包含涉案文章。另外还有作品登记证书（登记号：黔作登字-2019-A-00034993），载明作品名称《婚姻的残酷真相：要么娘家有钱，要么自己有钱》，记载的信息表明作品类别为文字作品，作者和著作权人为刘某，创作完成日期为 2019 年 7 月 4 日，首次发表日期为 2019 年 7 月 5 日，登记日期为 2019 年 11 月 22 日。

【裁判观点】

本案中，法院认为争议焦点主要有三个：一、原告是否享有涉案文章的著作权；二、被告行为是否构成对原告权利文章信息网络传播权的侵害；三、如构成侵权，被告应如何承担侵权责任。

关于原告是否享有涉案文章的著作权这一问题。涉案文章是关于婚姻家庭关系的个人见解，有一定的独创性，应当认定为文字作品。原告为证明其享有涉案文章的著作权，提交了作品登记证书、经存证的文章发表网页截图、发表文章的公众号账号信息截图、版权声明，形成较完整的证据链，在无反证的情况下，足以证明原告刘某为涉案文章的作者，享有著作权，并有权以自己的名义对侵权行为提起诉讼。

关于争议二。本案中被告某优公司对所发布的涉侵权文章系来源于原告权利文章无异议，但抗辩发布时经原告开通白名单授权转载，为此提交了微信公众号平台原创保护样式的说明、模拟复制转载公众号文章的视频等证据。经法院函询微信运营方，腾讯公司复函称涉侵权文章不是转载的，被告公众号转载时不在原告公众号的转载白名单内。在被告提出异议后，腾讯公司又复函指出，因涉侵权文章系对权利文章内容进行了较多修改，包括图片替换、段落内容修改及排版变动等，故发布时系统没有进行撞库拦截。尽管被告仍有异议，但被告始终无法提供曾获原告授权的直接证据，且被告关于能否展示涉侵权文章的后台存稿存在前后矛盾。事实上涉侵权文章系对权利文章进行了较多的内容、排版修改，因此规避了平台原创保护功能。即便对相同的修改情况平台之前未能拦截，而后却成功拦截，也与被告是否经授权转载无直接因果联系。微信公众平台原创保护功能旨在预防未经授权的转载侵权，被告不得以此为借口反证涉侵权文章系经授权转载，甚至反指原告曾授权后又移除白名单授权。被告关于经授权转载涉案文章的抗辩无事实依据，法院不予采纳。故可以认为，被告未经著作权人许可，擅自在其微信公众号发表与原告权利文章实质性相似的文章，使相关公众可以在其个人选定的时间和地点通过该公众号获得涉案文章，侵害了原告对涉案文章享有的信息网络传播权。

关于被告某优公司应当如何承担侵权责任这一问题。法院认为应当结合多种因素考虑，包括作者的知名度和影响力；原告主张权利文章的独创性、发表和传播成本；涉侵权文章构成实质性相似部分的字数及一般稿酬情况；被告的侵权情节和主观过错；原告为制止侵权行为所支付的合理开支等。最终，法院酌情确定被告应向原告承担的赔偿金额（含合理费用）为 2500 元。

【判例分析】

法院通过本案例明确的是，对于通过"洗稿"和修改排版等措施规避平台技术审核的行为，应当被认定为侵犯原作者著作权的行为。为了避免"洗稿"行为的发生，网络平台会出台相应的保护措施，但技术手段往往难以做到完全的拦截，故在平台可以正常发出的稿件或作品并不能被认为是未侵权作品。对于如何确定"洗稿"的侵权行为，基于本案例认为应当满足以下两点：

第一，原告对在先作品享有著作权。正如法院在争议焦点的第一点就列出，需确认原告对涉案文章的著作权。原告对此提交了诸多证据，包括经司法鉴定中心鉴证的《电子数据存证函》、微信公众号"牛油果的生活观"后台人员信息截图、绑定账号查询结果截图、刘某出具的版权声明，以及作品的登记证书。

在被告没有提出相反证据的情况下，上述证据足以证明原告刘某对涉案文章享有著作权。在时间上，刘某发布文章的时间为 2019 年 7 月 5 日，早于被告某优公司发布被控侵权作品的时间 2019 年 7 月 19 日，可以确认刘某的文章为在先作品。

第二，被控侵权作品与在先作品具有实质性相似。对于实质性相似的认定，在实践中一般有三种方法：

1. 整体观感法。即从作品的全局出发，将其中的各个要素置于整体考虑。即使在一些具体的编排上存在不同，若整体的创作手法、布局安排以及表达思想相同的情况下，细微的不同应不予考虑，认定构成实质性相似。

2. 抽象解析法。即并非从作品整体的角度上进行比较，而是在权利人主张且受著作权法保护的部分内进行比较。采用这种比较方法的作品往往吸收了一部分公共领域的素材，侵权人也基于这一角度主张抗辩，但一个作品之所以能成为受著作权保护的作品，必然有其独创性，抽象解析法就是主要分析作者独创部分内容的方法。

3. 三步检验法。三步检验法分为抽象、过滤和比较三个步骤，在操作上更像是抽象解析法的细化，抽象出思想后过滤掉，留下受保护的"表达"以进行比较，明确是否构成实质性相似。

在本案中，某优公司的被控侵权作品属于较为简单的复制型"洗稿"，法院通过简单的整体比对，便发现原告主张权利的文章与被告使用的涉侵权文章除个别字句略有不同外，内容和表达基本一致，构成实质性相似。

值得注意的是，某优公司主张自身没有侵权的理由是文章经过腾讯公司公众号管理平台的审核后发出的，考虑到该平台实施了"白名单"等多项原创保护措施，应当认为其作品没有侵犯原告著作权。对此，法院在与腾讯公司沟通后，认为被告系通过图片替换、更换部分用语的方式躲避了平台的审核。实际上，即使腾讯公司的平台认可被告作品的原创性，在司法实践中同样不具有决定性的证明力。在法院判定侵犯著作权存在一定难度要审慎处理的情况下，要求网络服务提供者对于产品或作品侵权与否在较短时间内作出正确判定是不可能且不合理的，故网络平台对这类行为的判定仅能作为平台是否需要承担责任的证据提出，而不具备决定侵权与否或者免除被告侵权责任的效果。

该案对于通过"洗稿"和修改排版等措施规避平台技术审核的行为，认定为故意侵权，从重判处承担法律责任，有利于发挥司法引导作用。对于惩戒侵权人规避技术审核，引导网络平台发挥知识产权创新治理的积极作用，具有相当的示范意义。

【风险提示】

自媒体时代，由于媒介技术的发展，侵犯著作权的形式层出不穷，从简单的复制粘贴扩展到演绎权侵权及其他多种类型，并逐渐具备"隐匿性"的特征，"洗稿"就是在自媒体时代下衍生出的非传统著作权侵权行为。面对这类行为，通过本案，建议企业可以采取以下措施来维护自身的权利：

1. 企业在微信公众号发布文章后，需积极采取措施，确保自身的著作权权利人地位。措施包括但不限于向有关部门办理作品登记证书，将公众号与企业绑定而非由公司内个人运营等。

2. 企业在遇到抄袭、"洗稿"的推文时，应首先截图或录像以固定证据，后向平台举报诉求删除链接，并积极与侵权方交涉。

3. 作为网络服务提供商的企业，应积极推出保护措施，提高原创核验门槛，履行平台责任。因微信推文的财产属性不同于在售产品，故在接到投诉后，经评价可直接采取删除链接的方式，以避免相关作品的进一步传播，造成损失的进一步扩大。

4. 在相关权利主体无法通过协商等方式主张自身权利时，建议通过基于所收集整理的有效证据材料，提起法律诉讼，通过国家强制手段要侵权者承担相应的侵权责任，维护自身合法权益。

【相关法条】

《中华人民共和国著作权法》

第五十二条　有下列侵权行为的，应当根据情况，承担停止侵害、消除影响、赔礼道歉、赔偿损失等民事责任：

（一）未经著作权人许可，发表其作品的；

（二）未经合作作者许可，将与他人合作创作的作品当作自己单独创作的作品发表的；

（三）没有参加创作，为谋取个人名利，在他人作品上署名的；

（四）歪曲、篡改他人作品的；

（五）剽窃他人作品的；

（六）未经著作权人许可，以展览、摄制视听作品的方法使用作品，或者以改编、翻译、注释等方式使用作品的，本法另有规定的除外；

（七）使用他人作品，应当支付报酬而未支付的；

（八）未经视听作品、计算机软件、录音录像制品的著作权人、表演者或者录音录像制作者许可，出租其作品或者录音录像制品的原件或者复制件的，本法另有规定的除外；

（九）未经出版者许可，使用其出版的图书、期刊的版式设计的；

（十）未经表演者许可，从现场直播或者公开传送其现场表演，或者录制其表演的；

（十一）其他侵犯著作权以及与著作权有关的权利的行为。

《最高人民法院关于审理侵害信息网络传播权民事纠纷案件适用法律若干问题的规定》

第三条　网络用户、网络服务提供者未经许可，通过信息网络提供权利人享有信息网络传播权的作品、表演、录音录像制品，除法律、行政法规另有规定外，人民法院应当认定其构成侵害信息网络传播权行为。

通过上传到网络服务器、设置共享文件或者利用文件分享软件等方式，将作品、表演、录音录像制品置于信息网络中，使公众能够在个人选定的时间和地点以下载、浏览或者其他方式获得的，人民法院应当认定其实施了前款规定的提供行为。

判例九： 计算机教学课程的汇编作品认定

某变科技（深圳）有限公司与广州某知互联网科技有限公司、广州市某学电子科技有限公司侵害作品信息网络传播权纠纷案①

【关键词】

信息网络传播权　汇编作品　改编权

【案情简介】

原告某变科技（深圳）有限公司（以下简称"某变科技"）是"Python 基础语法"课程的著作权人，该作品于 2018 年开始创作并不断调整、完善，于同年 5 月首次发表"Python 小课 mvp 第一期"，并于 2019 年 1 月 15 日正式发布"Python 基础语法"。后原告发现，被告广州某知互联网科技有限公司（以下简称"某知公司"）通过其运营的"pycoding.com"网站存储、传播与原告课程相似的课程，并负责收款；上述网站底部标注"Copyright@ 2019ForChange 广州市某学电子科技有限公司"，是模仿原告备案的网站"forchange.cn"底部的标注；在网站的《学员须知》中记载"【派森编程】是广州群主互联网有限公司旗下知名的在线职业教育项目"。此外，某知公司在其"派森编程"微信公众号，广州市某学电子科技有限公司（以下简称"某学公司"）在其"派森编程学院""Python 编程中心"微信公众号，某主公司在其"Python 特训营"微信公众号上，均有对被诉侵权课程进行宣传推广。原告某变科技认为，"Python 基础语法"课程在作品类型上整体为汇编作品，被告的行为侵犯了原告对其作品课程文本和插图享有的信息网络传播权、复制权和改编权。

三被告某知公司、某主公司和某学公司则认为，原告诉请的课程为被告某知公司创作、销售，与被告某学公司、某主公司无关。某知公司课程与原告的课程存在明显区别。主要体现在以下几方面：1. 创作思路、教学方法完全不同。原告课程体现的是文本式教学，侧重理论方面；某知公司课程体现的是交互式教学，通过视频练习和一对一答疑，侧重实际操作，且这部分内容占整个课程内容比例超过三分之一。2. 课程学习中心界面、学习内页文本布局不同。对于核心的学习代码编辑器布局，某知公司

---

① 广州互联网法院互联网内容平台典型案例。广州互联网法院（2020）粤 0192 民初 1445 号民事判决书，载于中国裁判文书网。

在网页中是左右布局，提高代码运行效率，原告是嵌入网页中上下布局。3. 按照比对内容，双方课程的完全不同的文本内容约占三分之一；双方课程都涉及的图表、知识结构、基础语法内容、通用代码表达约占全部内容的三分之一；其余不到三分之一的文本内容才具有部分相似。4. 双方课程均通过计算机代码实现，实现上述文本的计算机源程序完全不同；课程涉及的教学内容以及代码文本，原告编写的共 850 页，被告某知公司课程编写的多达 1050 页。

【裁判观点】

法院认为，该案在性质上属于侵害作品信息网络传播权纠纷，争议焦点主要有三：一、原告是否享有案涉权利作品的著作权；二、三被告是否构成对案涉权利作品著作权的侵害；三、如构成侵权，三被告应承担的侵权责任。

第一，案涉权利作品是以编程语法的基础知识为内容的教学类课程。从案涉权利课程的构成要素来看，主要由文字、图片等作品或作品的片段以及不属于作品的线条、色彩等综合编排而成，原告根据自身对知识点的理解，创作出个性化的图例、用语、色彩、口诀、举例等，再根据创作意图和构思，对这些内容进行选材和编排，形成自己的独特构思，具有独创性，在无相反证据的情况下，应认定其系体现了独创性的汇编作品。根据原告提交的《作品登记证书》等多项证据，可证明原告最晚在 2019 年 1 月 15 日就案涉权利作品进行公开发表及推广销售。在无相反证据的情况下，应认定原告系案涉权利作品的著作权人，享有案涉权利作品的著作权。

第二，双方课程均是通过电脑访问网站的形式，就预设的课程内容分步进行展示。形式上是采用对话互动的方式，结合练习题分关卡让学员参与整个教学过程。被告虽主张两者在问题设置、内容回答、文本篇幅等方面存在差异，相同的内容则大部分为通用基础知识，然纵观两个课程，双方的课程问题设计、关卡形式及题目类型，甚至插图中公用知识的字体、颜色、结构安排等均基本相同，足以认定两者构成实质性相似。某知公司未经著作权人的许可，擅自通过其网站对外推广销售被诉侵权课程，使公众可以在其个人选定的时间和地点获得作品内容，侵害了原告的信息网络传播权。同时，因某知公司制作的被诉侵权课程第一关对案涉权利作品相应关卡的文本内容、题目等进行了部分修改，亦构成对原告作品的改编权的侵害。

第三，在该案件中，原告未能证明实际损失亦不能证明被告的侵权获利所得，故在确定被告的赔偿数额这一问题上，法院综合考虑案涉权利课程的类型及知名度、市场影响、案涉权利课程的篇幅、被告的侵权情节与过错程度，以及原告为维权而支付的合理费用。最终确定三被告应向原告承担的赔偿金额为 350000 元。

【判例分析】

汇编作品是指若干作品、作品的片段或者不构成作品的数据或者其他材料，对其内容的选择或者编排体现独创性的作品。汇编作品与普通作品一样都有独创性的要求，而两者的独创性体现在不同的方面。就作品而言，其独创性在于该作品的内容是作者独立的、富有个性的创作，是作者精神与意识的产物，是作者的智力成果。但是汇编作品的独创性体现在过程中，由于汇编作品是基于大量已经存在的素材，由汇编人进行选择、编排，从而完成作品。不同的汇编人在面对同样的素材时，会选择出不同片段进行编排，且编排的方式也会不同，汇编作品的选择、编排中体现的是汇编人独特的思想和聪明才智。因此，对于汇编作品而言，其独创性可以总结为"个性化的选择和编排"。本案中原告制作的编程课程属于信息汇编的汇编作品，课程的筛选、文字讲解、插图演示以及后续的问答形式，关卡设置都体现了汇编人的思维逻辑。就像同样一篇课文，每个语文老师讲解的方式、角度都不同；同样的法律条文，每个老师举的例子也会不同。在知识点相同的情况下，清晰的讲解和严谨的教学逻辑更有助于学员理解相关课程，掌握知识点，这不仅是教学课程的意义所在，也是汇编作品的价值所在。

对于汇编作品而言，法律规定了双重著作权行使规则，汇编人行使著作权时，不得侵犯原作品的著作权。但是像信息汇编这类汇编作品会涉及公共领域的作品，公共领域内的作品并没有明确的著作权人，而且汇编人只对汇编作品享有著作权，对被编排的素材并不享有排他性，因此对于公共领域内的作品按常理来说所有人都对其享有使用并二次创作的权利，但这种权利是有限制的。创作者在对素材进行二次创作时要体现自身的独创性，是对素材进行的创作，而不是在他人的二次创作上进行改动。被告某知公司在某变公司汇编的教学课程的基础上稍作变更，仅在问题设置、内容回答、文本篇幅等方面与原教学课程有所差异，"换汤不换药"，并未添加具有其自身思想的独创性内容。某知公司的行为并不是对已有的各种教学课程内容的合理汇编，打造一个具有独创性的作品的行为，而是未经汇编人同意，擅自对汇编作品进行改动的侵权行为。汇编作品与普通作品一样享有著作人身权和著作财产权，被告公司将涉案教学课程上传到网站和公众号上进行推广，使公众可以在其个人选定的时间和地点获得作品内容，侵害了原告的信息网络传播权。同时，某知公司未经原告公司许可，擅自对原告的汇编作品进行改动，亦构成对原告作品的改编权的侵害。

【风险提示】

互联网的发展带动了线上教育行业的崛起与壮大，对于从事线上教育行业的企业主体而言，线上课程作为线上教育的核心产品，是该行业市场竞争的主要产品，也是线上教育类企业的核心竞争力所在，精心制作、打造的线上课程关系企业经济效益，凝聚着企业团队一定的独创思想与经验智慧。与之相对应的是，线上课程通常是线上教育行业著作权侵权的高发之处，对线上教育企业主体享有权利的课程作品的信息网络传播权之侵犯通常表现为侵权方制作与权利课程高度近似或构成实质性相似的侵权课程，未经著作权人许可，擅自通过互联网对外推广、销售、传播其制作的侵权课程。

线上教学课程通常由文字、图片等作品或截取部分作品的片段加以系统编排而成，其在内容选择、编排等方面凝聚了创作者的思考与智慧，具有一定的独创性，目前相关司法实践通常将此类线上教学课程作为汇编作品加以认定。在有关线上课程类作品的侵权认定问题上，通常从课程呈现形式、课程窗口布局、课程内容选择及课程编排等因素考虑侵权作品与权利作品是否构成实质性相似，进而认定侵权方是否侵权。

线上教育类企业主体如若发现同类企业的线上课程侵犯了自身课程作品的著作权，可就自身权利作品与侵权作品在课程内容的选择、课程设计、课程编排等方面的相似度加以举证，以证明侵权作品与自身权利作品构成实质性相似。

被侵权企业主体在面对侵害作品信息网络传播权纠纷案件时，应当积极举证，以减少或降低损失，为确定侵权人应承担的侵权责任及赔偿数额，被侵权企业主体应当对权利人因侵权人实施侵权行为所遭受的实际损失、侵权人实施侵权行为的获利情况进行举证，不能证明的，应当就其他于己有利的因素进行举证，包括但不限于以下几方面：

1. 案涉权利作品的类型、业内知名度、市场影响力。

2. 案涉权利作品的篇幅等，以此证明被侵权企业主体对打造案涉权利作品所耗费的人力、精力、财力等情况。

3. 侵权方所实施的侵权行为的情节严重程度，具体包括：侵权人的侵权手段、侵权次数、侵权行为的持续时间、侵权影响范围、侵权规模及侵权后果等；侵权方的过错程度，是否具有明显的侵权恶意等。

4. 被侵权企业主体为维权所支付的合理费用。

被侵权企业主体如若未能证明侵权导致的实际损失，亦不能证明被告实施侵权行为的获利所得，根据《著作权法》第 54 条，法院在审理此类案件时将结合上述因素确定侵权方的赔偿数额。

线上教育类企业在从事生产经营过程中，应当树立版权意识，在打造相应的线上课程时，应当尽到相应的注意义务，避免对他人享有著作权的作品造成侵犯，对于他人实施侵权行为侵犯自身线上教学课程所享有的合法权利的，应当拿起法律武器，积极维权。

【相关法条】

《中华人民共和国著作权法》

第十五条 汇编若干作品、作品的片段或者不构成作品的数据或者其他材料，对其内容的选择或者编排体现独创性的作品，为汇编作品，其著作权由汇编人享有，但行使著作权时，不得侵犯原作品的著作权。

第五十四条 侵犯著作权或者与著作权有关的权利的，侵权人应当按照权利人因此受到的实际损失或者侵权人的违法所得给予赔偿；权利人的实际损失或者侵权人的违法所得难以计算的，可以参照该权利使用费给予赔偿。对故意侵犯著作权或者与著作权有关的权利，情节严重的，可以在按照上述方法确定数额的一倍以上五倍以下给予赔偿。

权利人的实际损失、侵权人的违法所得、权利使用费难以计算的，由人民法院根据侵权行为的情节，判决给予五百元以上五百万元以下的赔偿。

赔偿数额还应当包括权利人为制止侵权行为所支付的合理开支。

人民法院为确定赔偿数额，在权利人已经尽了必要举证责任，而与侵权行为相关的账簿、资料等主要由侵权人掌握的，可以责令侵权人提供与侵权行为相关的账簿、资料等；侵权人不提供，或者提供虚假的账簿、资料等的，人民法院可以参考权利人的主张和提供的证据确定赔偿数额。

人民法院审理著作权纠纷案件，应权利人请求，对侵权复制品，除特殊情况外，责令销毁；对主要用于制造侵权复制品的材料、工具、设备等，责令销毁，且不予补偿；或者在特殊情况下，责令禁止前述材料、工具、设备等进入商业渠道，且不予补偿。

判例十：仿冒驰名商标的混淆结果应在商标法范围处理

北京某科技有限公司、浙江某科技有限公司等与 深圳某文化传媒有限公司侵害商标权纠纷案①

【关键词】

侵害商标权　驰名商标　仿冒　混淆

【案情简介】

北京某科技有限公司（以下简称"北京某公司"），注册成立于 2012 年 3 月 9 日，注册资本 1000 万元，经营范围：从事互联网文化活动；广播电视节目制作；技术开发；技术推广、技术转让、技术咨询、技术服务；计算机系统服务；数据处理；基础软件服务、应用软件服务；设计、制作、代理、发布广告等。

浙江某科技有限公司（以下简称"浙江某公司"），注册成立于 2016 年 12 月 8 日，注册资本 1000 万元，经营范围：服务：计算机软硬件、电子商务技术、网络信息技术、电子产品、通讯设备的技术开发、技术服务、技术咨询及成果转让，数据处理，基础软件服务，应用软件服务，国内广告设计、制作、代理、发布等。

深圳某文化传媒有限公司（以下简称"深圳某公司"），注册成立于 2016 年 2 月 25 日，注册资本 100 万元，经营范围：企业形象策划；文化活动策划；市场营销策划；展览展示策划；体娱活动策划；舞台艺术造型策划；文化产品的技术开发与销售（不含限制项目）；电子产品、工艺美术品、工艺礼品销售；国内贸易；从事广告业务；美术设计；动漫设计等。ICP 地址域名信息备案管理系统查询，网站名称：头条百科，网站首页网址"www.toutiao.com"的网站主办单位为深圳某公司。

北京知识产权法院（2017）京 73 民初 1350 号民事判决书中认定：第 11752793 号"今日头条"注册商标在其核定使用"计算机程序（可下载软件）"商品上在相关公众中已享有较高的知名度与市场影响力，至迟于 2017 年 5 月之前已成为在中国境内为相关公众广为知晓的商标，构成驰名商标。

---

① 2020 年度杭州互联网法院知识产权司法保护十大案例。杭州铁路运输法院（2020）浙 8601 民初 1624 号民事判决书，载于中国裁判文书网。

两原告共同享有涉案"头条""今日头条"文字商标的注册商标专用权。两原告认为,深圳某公司有意将其网站命名为"头条百科",并在网站多处使用"头条"标识,侵害了其注册商标专用权。该公司工作人员在与用户接洽中,对其"头条百科"网站是否属于"今日头条"存在模糊回应,导致用户认为其网站与两原告存在某种关系,而对网站的运营主体产生混淆误认,并造成负面评价。请求深圳某公司停止侵权、消除影响、赔偿损失及合理支出450万元。

在该案的诉讼过程中,两原告向法院申请了行为保全,要求深圳某公司立即停止使用"头条百科"和"头条"标识,及发布虚假宣传信息等不正当竞争行为,并提供了450万元的担保。

【裁判观点】

针对两原告向法院申请的行为保全。法院认为,"头条""今日头条"涉案商标,均属于高知名度和高关注度的内容服务应用标识,被申请人未经许可使用"头条"标识的行为可能会降低相关权利人的竞争优势和商业机会。遂裁定深圳某公司立即停止在其运营的网站使用"头条""头条百科"标识,以及立即停止使用"头条"标识的误导及虚假宣传行为。

法院认为,本案争议焦点为:一、两原告主体资格是否适格;二、深圳某公司实施的被诉行为是否构成侵害涉案注册商标专用权的行为;三、深圳某公司实施的被诉行为是否构成不正当竞争;四、本案民事责任的确定。

关于两原告主体资格是否适格。法院认为,两原告共同合作运营"今日头条"应用,并享有共同的市场竞争权益,故本案中两原告享有对被诉不正当竞争行为提起诉讼的主体资格。

关于深圳某公司实施的被诉行为是否构成侵害涉案注册商标专用权的行为。法院认为,本案两原告商标权益应受法律保护。由于"今日头条"标识在其服务类别上已经具有较高知名度及影响力,极易使相关公众对商品或服务的来源产生误认或者认为其来源与两原告的"今日头条"注册商标的服务有特定的联系,故两者构成商标法意义上的近似商标。而且,深圳某公司未经许可在其网站经营活动中,突出使用"头条""头条百科"被诉侵权标识,足以使相关公众对其服务来源产生混淆,或者认为其服务来源与两原告的服务有特定的联系,侵犯了两原告涉案注册商标专用权。

关于深圳某公司实施的被诉行为是否构成不正当竞争。法院认定本案中混淆以及损害结果,依然属于侵害涉案注册商标权行为所产生,尚不存在除针对涉案商标之外的仿冒事实。法院对于两原告主张被告构成其他引人误认的不正当竞争行为及虚假宣传行为的诉请未予支持。

关于本案民事责任的确定。法院综合涉案商标的知名度、"今日头条"网络服务产品的知名度、深圳某公司的经营规模、侵权行为的性质等对侵权主体及侵权行为考量因素的分析，判令深圳某公司立即停止侵害两原告涉案"头条""今日头条"注册商标专用权的行为，今日头条网站首页显著位置连续七日刊登声明以消除影响，赔偿两原告经济损失 300 万元。

【判例分析】

笔者认为，本案的裁判重点有二：一是关于被告实施的被诉行为是否侵害了两原告的涉案注册商标专用权，二是被告实施的被诉行为是否构成不正当竞争行为。可见，从两原告的诉讼策略来看，其选择同时从商标侵权与不正当竞争行为两个角度主张自身权益。对此，法院判决在商标法调整范围内给予两原告保护，关于使用知名注册商标造成市场混淆的，法院认为其不构成不正当竞争行为。

关于对被告行为侵害了两原告的涉案注册商标专用权的认定。互联网时代背景下，"流量"所能带来的经济利益与竞争优势，已经逐渐被整个社会所承认，互联网平台知名度的重要意义不言而喻。本案中，由两原告享有相应权益的"今日头条"注册商标，已经有法院生效判决认定其享有较高的知名度与市场影响力，至今已成为在中国境内为相关公众广为知晓的商标，构成驰名商标。而被告的行为，客观上属于利用网络，恶意仿冒他人享有合法权益的驰名商标，通过"搭便车"的方式获取非法利益，既严重损害了两原告作为经营者的合法权益，也会对消费者的利益造成侵害。有鉴于此，法院认为，被告的行为足以使相关公众对其服务来源产生混淆，或者认为其服务来源与两原告的服务有特定的联系，依法认定其侵害了两原告的涉案注册商标专用权。对此，法院适用惩罚性赔偿以实现对其的惩戒。

至于两原告的关于被告行为构成不正当竞争行为的主张，法院最终未予承认。两原告认为被告的行为，符合《反不正当竞争法》第 6 条第 4 项的规定，即："经营者不得实施下列混淆行为，引人误认为是他人商品或者与他人存在特定联系：……（四）其他足以引人误认为是他人商品或者与他人存在特定联系的混淆行为。"对此，法院认为，被告实施的被诉行为，属于仿冒混淆行为，但其仿冒混淆的对象表现为商业标识（商业外观），尚不存在除针对涉案商标之外的仿冒事实。且两原告并无证据证明被告对其网站的服务功能、服务内容、所获荣誉等方面作出过引人误解的商业宣传。法院未支持两原告关于被告行为构成不正当竞争行为的主张。

综上，法院在此案中的裁判观点为，使用知名注册商标造成市场混淆的，应当以商标侵权行为对其进行判罚，但不构成不正当竞争仿冒行为。

【风险提示】

商标，作为区分生产者、经营者的品牌或服务的重要标志，具有极高的商业价值。互联网时代背景下，基于网络特性，互联网企业商标的商业价值更是被进一步放大，但随之而来的商标侵权行为同样大量涌现，商标侵权诉讼大量发生。

对于互联网企业，尤其是具有一定程度的市场份额的头部互联网企业而言，应当积极采取商标权益的维护措施，在挽回可能造成的经济损失的同时，也可以避免自身商誉受到不良影响。

互联网企业应当加强商标侵权的摸排行为。结合企业自身经营领域与业务范围，检索排查得到的企业品牌商标在市场中的使用情况，确定是否存在其他个人或企业冒用、滥用自身品牌商标，侵害自身品牌商标权利等情况。

在发现存在侵权的情形时，企业首先应当留存相关的证据材料。获取侵权产品样本、侵权产品的发票等证明材料。而对于复杂、多变的网络信息，网络中的侵权证据随时可能被修改或删除。建议企业通过保全证据公证来对网络证据进行固定，对企业内外商务沟通的整个流程及公司核心的知识产权关键数据等证据进行实时保全，用以应对后续的争议解决。

在留存证据后，企业可以通过向市场监督管理部门进行投诉，要求对争议商标一方的商标侵权行为进行行政查处，获取行政机关对侵权方商标侵权行为的认定结论。但应当注意的是，工商部门的处理仅可对侵权方进行行政处罚，权利主体无法获取相应的民事赔偿。

企业还可以通过向侵权方发送律师函以解决争议。要求其停止商标侵权行为，并赔偿相应损失。以最低的成本进行争议的解决，对侵权人起到威慑作用，可以有效避免损失的进一步扩大。但由于律师函并不具有强制效力，所以其对于争议的解决可能难以起到决定性的作用。

在前述手段无法实现对合法权益救济的情况下，企业主体应当积极采取诉讼手段。基于前期所收集的证据材料，向法院提起民事诉讼要求侵权方停止商标侵权行为并赔偿损失，通过国家强制力实现对自身合法权益的维护。关于民事诉讼的开展、诉讼策略的制定等相关内容，建议委对托专业律师，以实现诉讼利益的最大化。

【相关法条】

《中华人民共和国商标法》

第五十七条 有下列行为之一的，均属侵犯注册商标专用权：

（一）未经商标注册人的许可，在同一种商品上使用与其注册商标相同的商标的；

（二）未经商标注册人的许可，在同一种商品上使用与其注册商标近似的商标，或者在类似商品上使用与其注册商标相同或者近似的商标，容易导致混淆的；

（三）销售侵犯注册商标专用权的商品的；

（四）伪造、擅自制造他人注册商标标识或者销售伪造、擅自制造的注册商标标识的；

（五）未经商标注册人同意，更换其注册商标并将该更换商标的商品又投入市场的；

（六）故意为侵犯他人商标专用权行为提供便利条件，帮助他人实施侵犯商标专用权行为的；

（七）给他人的注册商标专用权造成其他损害的。

《最高人民法院关于审理商标民事纠纷案件适用法律若干问题的解释》

第九条 商标法第五十七条第（一）（二）项规定的商标相同，是指被控侵权的商标与原告的注册商标相比较，二者在视觉上基本无差别。

商标法第五十七条第（二）项规定的商标近似，是指被控侵权的商标与原告的注册商标相比较，其文字的字形、读音、含义或者图形的构图及颜色，或者其各要素组合后的整体结构相似，或者其立体形状、颜色组合近似，易使相关公众对商品的来源产生误认或者认为其来源与原告注册商标的商品有特定的联系。

第十条 人民法院依据商标法第五十七条第（一）（二）项的规定，认定商标相同或者近似按照以下原则进行：

（一）以相关公众的一般注意力为标准；

（二）既要进行对商标的整体比对，又要进行对商标主要部分的比对，比对应当在比对对象隔离的状态下分别进行；

（三）判断商标是否近似，应当考虑请求保护注册商标的显著性和知名度。

判例十一：受让在先域名对后注册的相同商标不构成侵权

李某某、浙江某乐生物科技有限公司与 RealMe 重庆某通信有限公司、深圳市某尔觅移动通信有限公司网络域名权属纠纷案①

【关键词】

网络域名权属 "先申请先注册"原则 自由交易原则

【案情简介】

一、争议域名注册、转移的有关事实

2011 年 5 月 22 日，案外人杭州爱名网络有限公司注册了本案争议域名"realme. cn"。后争议域名先后转移多次。2018 年 12 月 19 日，争议域名被转移至浙江某乐生物科技有限公司（以下简称"浙江某乐公司"）。

2019 年 6 月 12 日，香港国际仲裁中心裁决 RealMe 某公司以李某某、浙江某乐公司注册争议域名而提起的投诉成立，争议域名应转移给 RealMe 重庆某通信有限公司（以下简称"RealMe 某公司"）。7 月 9 日，争议域名被转移至 RealMe 某公司。7 月 11 日，RealMe 某公司将争议域名转移至深圳市某尔觅移动通信有限公司（以下简称"某尔觅深圳公司"）。

二、第 13945752 号"RealMe"商标的有关事实

2015 年 4 月 14 日，"RealMe"商标经商标局核准注册，核定使用商品为第 3 类洗面奶、防皱霜、化妆品等，商标注册人名义显示为"莫番集团有限公司"。

2018 年 9 月 19 日，莫番集团有限公司授权杭州某乐公司在化妆品产品上使用该商标。同日，莫番集团有限公司同意将该商标转让给杭州某乐公司。

2018 年 11 月 1 日，杭州某乐公司企业名称变更为现名称浙江某乐公司。

2019 年 8 月 6 日，国家知识产权局核准商标转让注册。10 月 30 日，国家知识产权局核准该"RealMe"商标注册人名义变更为浙江某乐公司。

---

① 北京互联网法院发布的十起涉网络知识产权保护典型案例。北京互联网法院（2019）京 0491 民初 21930 号民事判决书。https：//www. bjinternetcourt. gov. cn/cac/zw/1592532087427. html.

三、第 8959134 号"RealMe"商标的有关事实

2011 年 12 月 28 日,"RealMe"商标经商标局核准注册,核定使用商品为第 9 类手机、电传真设备、移动电话等,商标注册人名义显示为"广东欧珀移动通信有限公司"。2018 年 6 月 27 日,该商标注册人名义由"广东欧珀移动通信有限公司"变更为"OPPO 公司"。

2018 年 7 月 1 日,OPPO 公司授权某尔觅深圳公司在带有 realme 的产品上使用该商标。8 月 17 日,某尔觅深圳公司授权 RealMe 某公司出于进口、生产、试验、鉴定、销售、经销和宣传的目的在 realme 的产品上使用"realme"商标。

2018 年 9 月 26 日,RealMe 某公司向商标局提出该商标的转让/移转申请。12 月 27 日,商标局核准了商标转让注册,受让人名称显示为"RealMe 重庆某通信有限公司"。

诉讼期间,涉案域名"realme.cn"于 2019 年 7 月 22 日被转移至某尔觅深圳公司名下。二原告向法院提出申请,请求追加某尔觅深圳公司为被告、冻结争议域名"realme.cn"。二原告以 100000 元现金提供担保。

【裁判观点】

针对二原告的保全申请。法院认为,在本案诉讼期间,涉案域名发生过转移,现备案登记在被告某尔觅深圳公司名下。为防止涉案域名再次转移使判决无法执行,法院裁定冻结域名"realme.cn",禁止被告某尔觅深圳公司转让或注销上述域名。

庭审过程中,法院认为,依据《互联网域名管理办法》,域名注册服务原则上实行"先申请先注册"。除域名的注册、使用行为侵犯他人在先权利或构成不正当竞争外,由在先申请注册者享有域名的相关权益。

本案中,争议域名的注册时间为 2011 年 5 月 22 日。第 8959134 号"RealMe"商标的注册时间为 2011 年 12 月 28 日,晚于争议域名的注册时间。因此,根据上述规定,对于第 8959134 号"RealMe"商标,争议域名的注册行为不符合应当被认定为侵权或者不正当竞争的条件,具有正当性。

浙江某乐公司于 2018 年 9 月 19 日被授权在化妆品产品上使用第 13945752 号"RealMe"商标,同时与莫番集团有限公司签订商标转让协议,并于 2019 年 8 月 6 日取得该商标专用权。2018 年 12 月 19 日,浙江某乐公司又合法受让本案争议域名,该域名的主要部分"realme"与第 13945752 号"RealMe"商标完全相同,因此,浙江某乐公司受让取得本案争议域名的行为,具有正当理由,不违反法律

规定。

二被告关于浙江某乐公司受让、使用争议域名缺乏正当理由的抗辩意见，二被告关于二原告长期空置不使用争议域名而具有恶意的抗辩意见，法院认为其缺乏事实和法律依据，未予采纳。至于二被告关于原告存在"搭便车""高价售卖""向被告索取巨额的商业利益"行为的主张，法院认为，本案争议域名权属问题的判断关键在于审查争议域名的注册、转让行为是否合法有效，与浙江某乐公司是否具有生产、委托生产化妆品的资质、是否已商业化使用第 13945752 号"RealMe"商标无关，且二被告未提供相关证据证明，未予支持。

最终，法院认定浙江某乐公司受让争议域名具有正当理由，不构成侵权或不正当竞争，二原告主张确认争议域名归浙江某乐公司所有，具有事实和法律依据，法院予以支持。

【判例分析】

不同于传统的商标规则，域名的受让相当于新注册域名。如果受让者没有在先权益或合理理由，他人认为受让者受让后使用域名可能导致与其在先商标、域名等产生混淆，或受让者受让域名有主观恶意，则可以申请域名仲裁，请求将争议域名归其所有。

本案中，法院遵循和肯定了域名相关领域的"先申请先注册"原则和自由交易原则。本案的主要争议焦点即为：浙江某乐公司受让争议域名是否具有合理理由，使用争议域名是否会导致与 RealMe 某公司的 realme 商标相混淆，从而构成不正当竞争。

依据《互联网域名管理办法》，域名注册服务原则上实行"先申请先注册"。除域名的注册、使用行为侵犯他人在先权利或构成不正当竞争外，由在先申请注册者享有域名的相关权益。《最高人民法院关于审理涉及计算机网络域名民事纠纷案件适用法律若干问题的解释》规定，人民法院审理域名纠纷案件应当认定被告注册、使用域名等行为构成侵权或者不正当竞争的具体情形，但本案中，争议域名的注册时间为 2011 年 5 月 22 日，早于手机上的"RealMe"商标的注册时间。争议域名的注册行为未损害他人合法在先权利，具有正当性。

而针对二被告的抗辩意见，法院认为，享有注册商标专用权并不必然享有相应的域名权益。域名注册以"先申请先注册"为原则，如果他人系在先正当注册相关域名，其他市场经营者均应承受不能再注册该域名的不利后果。本案中，虽然争议域名的主要部分与手机上的"RealMe"商标相同，但争议域名的注册时间早于该商标的注册时间，二被告不当然享有争议域名的相关权益。

经合法受让方式取得争议域名且有正当理由的，有权保有并使用该域名。浙江某乐公司作为化妆品"RealMe"商标的利害关系人，受让取得争议域名。《最高人民法院关于审理涉及计算机网络域名民事纠纷案件适用法律若干问题的解释》列举了可以认定有主观恶意的情形，其中包括"注册域名后自己不使用也未准备使用，而有意阻止权利人注册该域名的"。在本案中，原告提供证据证明了浙江某乐公司受让争议域名后，对域名进行了备案并使用争议域名建立网站对产品进行宣传。在二被告未提供相关证据证明浙江某乐公司具有恶意的情况下，浙江某乐公司受让争议域名的行为具有正当理由，不违反法律规定，有权保有并使用该域名。

【风险提示】

所谓域名，即互联网识别和定位计算机的字符标识，可对应到计算机的 IP 地址从而实现互联网信息访问和通讯，类似于网络上的"门牌号码"。伴随着互联网经济的井喷式发展，域名经济也随之愈发火爆，关于域名权属和侵权的纠纷大量涌现。

本案涉及的即是网络域名的注册与商标权益的冲突问题，本案裁判观点为合法受让在先域名对后注册的相同商标不构成侵权。司法实践中，随着域名的大量注册，其与其他非法权益的冲突同样大量存在。对此，主要可以适用《最高人民法院关于审理涉及计算机网络域名民事纠纷案件适用法律若干问题的解释》等相关规定。

对于经营领域涉及网络域名的互联网企业而言，为了防止与其他合法权益发生冲突，企业主体在注册和受让域名时，需要特别注意是否符合相关法律规定，具体包括自己是否有与域名相关的在先合法权益，是否有注册和使用域名的正当理由，是否会与他人注册商标相混淆，是否会被认定为有主观恶意，等等。避免已支付对价的注册或受让的域名，被其他有合法权益的权利人通过仲裁或诉讼的方式夺走。

针对已经发生的关于网络域名的争议，一般有解决程序、诉讼程序和仲裁程序三种途径，由于域名争议的发生具有不可预期性，仲裁程序的适用相对较少，适用较为广泛的为冲突解决程序和诉讼程序。关于诉讼程序，企业主体一般较为熟悉，其中的重难点就在于对相关证据材料的收集和留存，笔者建议通过保全证据公证来对网络证据进行固定，避免相关信息的删除和变更。

企业主体应当更多地了解域名争议解决程序的相关情况。

域名争议解决程序主要是解决域名权属纠纷，最终裁决仅会认定投诉是否成立，投诉人的诉求仅能要求裁决相应争议域名进行转移或注销，而不认定域名的注册及使用行为的性质及对应的赔偿责任。域名争议解决程序裁决效率较高，从程序启动至裁决作出，一般仅3—4个月。投诉人或被投诉人对裁决结果不服，在收到争议解决机构行政专家组的裁决通知后或在执行该裁决前仍可针对争议域名提起相应的诉讼或仲裁程序。不同的域名后缀，包括通用域名如".com"和".cn"等，因其管理机构不同，在域名争议解决程序规则及解决机构方面均存在差异。企业主体可以根据自身情况通过咨询专业律师以获取有效建议。

【相关法条】

《最高人民法院关于审理涉及计算机网络域名民事纠纷案件适用法律若干问题的解释》

第四条 人民法院审理域名纠纷案件，对符合以下各项条件的，应当认定被告注册、使用域名等行为构成侵权或者不正当竞争：

（一）原告请求保护的民事权益合法有效；

（二）被告域名或其主要部分构成对原告驰名商标的复制、模仿、翻译或音译；或者与原告的注册商标、域名等相同或近似，足以造成相关公众的误认；

（三）被告对该域名或其主要部分不享有权益，也无注册、使用该域名的正当理由；

（四）被告对该域名的注册、使用具有恶意。

第五条 被告的行为被证明具有下列情形之一的，人民法院应当认定其具有恶意：

（一）为商业目的将他人驰名商标注册为域名的；

（二）为商业目的注册、使用与原告的注册商标、域名等相同或近似的域名，故意造成与原告提供的产品、服务或者原告网站的混淆，误导网络用户访问其网站或其他在线站点的；

（三）曾要约高价出售、出租或者以其他方式转让该域名获取不正当利益的；

（四）注册域名后自己并不使用也未准备使用，而有意阻止权利人注册该域名的；

（五）具有其他恶意情形的。

被告举证证明在纠纷发生前其所持有的域名已经获得一定的知名度，且能与原告的注册商标、域名等相区别，或者具有其他情形足以证明其不具有恶意的，人民法院可以不认定被告具有恶意。

第三部分　民事合同纠纷

　　作为民商事领域法律纠纷中最为常见的纠纷类型，合同纠纷一直是民事主体在开展各类民商事活动中所应注意的重中之重。互联网企业所从事与开展的业务类型，虽然与传统行业具有一定的差异，但对于其中相当一部分可能面临的法律纠纷，实际仍可用传统手段予以解决。具体之于合同纠纷而言，既存在包括互联网企业在内的所有企业主体皆会面临的普遍性合同纠纷，也存在具有互联网特征的"新型"合同纠纷。无论怎样，与之相关的纠纷处理，应当基于合同法律的基本原理，结合行业特性，进行自身制度的审查与合同风险的防范。

　　本部分选取了合同纠纷类相关判例八则。包括与互联网结合的传统劳动合同、借款合同等纠纷，也包括网络服务合同、网络店铺转让等新类型合同纠纷，旨在为互联网企业在合同法律这一基础性法律纠纷的解决及合规制度的建设方面，提供具有一定参考意义的法律建议。

判例一： 电信服务合同中的格式条款问题

刘某某与中国移动通信集团江苏有限公司某分公司
电信服务合同纠纷案[①]

【关键词】

电信服务合同　格式条款　告知义务

【案情简介】

2009 年 11 月 24 日，原告刘某某在被告中国移动通信集团江苏有限公司某分公司（以下简称移动某分公司）营业厅申请办理"神州行标准卡"，手机号码为 1590520××××，付费方式为预付费。原告当场预付话费 50 元，并参与移动某分公司充 50 元送 50 元的活动。在业务受理单所附《中国移动通信客户入 371 网服务协议》中，双方对各自的权利和义务进行了约定，其中第四项特殊情况的承担中的第 1 条为：在下列情况下，乙方有权暂停或限制甲方的移动通信服务，由此给甲方造成的损失，乙方不承担责任：（1）甲方银行账户被查封、冻结或余额不足等非乙方原因造成的结算时扣划不成功的；（2）甲方预付费使用完毕而未及时补交款项（包括预付费账户余额不足以扣划下一笔预付费用）的。

2010 年 7 月 5 日，原告在中国移动官方网站网上营业厅通过银联卡网上充值 50 元。2010 年 11 月 7 日，原告在使用该手机号码时发现该手机号码已被停机，原告到被告的营业厅查询，得知被告于 2010 年 10 月 23 日因话费有效期到期而暂停移动通信服务，此时账户余额为 11.70 元。原告认为被告单方终止服务构成合同违约，遂诉至法院。

【裁判观点】

法院认为，电信用户的知情权是电信用户在接受电信服务时的一项基本权利，用户在办理电信业务时，电信业务的经营者必须向其明确说明该电信业务的内容，

[①] 最高人民法院指导案例 64 号。江苏省徐州市泉山区人民法院（2011）泉商初字第 240 号，载于中国裁判文书网。

包括业务功能、费用收取办法及交费时间、障碍申告等。如果用户在不知悉该电信业务的真实情况下进行消费，就会剥夺用户对电信业务的选择权，达不到真正追求的电信消费目的。

依据《合同法》第三十九条①的规定，采用格式条款订立合同的，提供格式条款的一方应当遵循公平原则确定当事人之间的权利和义务，并采取合理的方式提请对方注意免除或者限制其责任的条款，按照对方的要求，对该条款予以说明。业务受理单、入网服务协议是电信服务合同的主要内容，确定了原被告双方的权利义务内容，入网服务协议第四项约定有权暂停或限制移动通信服务的情形，第五项约定有权解除协议、收回号码、终止提供服务的情形，均没有因有效期到期而中止、解除、终止合同的约定。而话费有效期限制直接影响原告手机号码的正常使用，一旦有效期到期，将导致停机、号码被收回的后果，因此被告对此负有明确如实告知的义务，且在订立电信服务合同之前就应如实告知原告。如果在订立合同之前未告知，即使在缴费阶段告知，亦剥夺了当事人的选择权，有违公平和诚实信用原则。

综上，本案被告既未在电信服务合同中约定有效期内容，亦未提供有效证据证实已将有效期限制明确告知原告，被告暂停服务、收回号码的行为构成违约，应当承担继续履行等违约责任，故对原告主张"取消被告对原告的话费有效期的限制，继续履行合同"的诉讼请求依法予以支持。

【判例分析】

本案中所针对的问题，主要是电信服务合同中的格式条款问题，由于判例裁判时《民法典》尚未出台，故法院的裁判依据主要为《合同法》中关于格式条款的规定。所谓格式条款，是指当事人为了重复使用而预先拟定，并在订立合同时未与对方协商的条款。格式条款并非经过合同双方协商交流后才固定下来的合同条款，合同相对方收到的是提供方在进入订约程序前就已经拟定好的合同条款。合同相对方只能选择接受格式条款或者放弃合同缔约的机会，一般无法就相关条款进行协商并提出修改要求。带有格式条款的合同中的合同提供方，基于自身主体优势，通过精心设计的文字措辞等技术手段，订入减轻或免除自身可能面临的商业风险及可能承担的法律责任等内容，又利用其资源优势，迫使合同相对方无奈全盘接受包括格式条款在内的整体合同。格式条款的存在，在一定程度上削减了合同相对方的磋商

---

① 已失效。可见《中华人民共和国民法典》第496条。

权利，基于民法中的公平原则，应当对格式条款作出合理的规制。

根据《民法典》第496条，格式条款的订入规则是指，提供格式条款的一方应当采取合理的方式提示对方注意免除或者减轻其责任等与对方有重大利害关系的条款，按照对方要求，对该条款予以说明，从而使对方明确知悉并理解该条款的内容。

格式条款的表现形式多种多样，运用的场合亦相当普遍，如商品房买卖合同、房屋买卖合同、租赁合同、注册App及平台网站的服务协议等。在上述案例中，被告作为电信业务的经营者，作为提供电信服务合同格式条款的一方，基于自身强势主体地位，侵犯了原告当事人的合法权益。电信业务的经营者，应当遵循公平原则确定与电信用户的权利义务内容，权利义务的内容必须符合维护电信用户和电信业务经营者的合法权益、促进电信业的健康发展的立法目的，有效告知对方注意免除或者限制其责任的条款并向其释明。

根据《民法典》相关规定，格式合同无效的情形主要有两类。一是提供格式条款一方不合理地免除或者减轻其责任，加重对方责任、限制对方主要权利。二是提供格式条款的一方排除对方主要权利。

关于"不合理地免除或者减轻其责任，加重对方责任、限制对方主要权利"这一问题，《民法典》及相关的司法解释未就合理标准进行明确规定，关于格式条款是否具有合理性主要由法官自由裁量。法官在行使自由裁量权处理案件时，一方面应当坚持合法、合理、公正和审慎的原则，充分论证运用自由裁量权的依据，另一方面应当阐明自由裁量所考虑的相关因素。而商业惯例及行业运营方式正是对此具有重要影响意义的相关因素。

关于"排除对方主要权利"这一问题，与排除对方主要权利不同，限制对方主要权利的格式条款只有在不合理时才会无效。如买卖合同中，涉及拒绝"退货"等权利的问题，即为排除对方的权利，涉及"修""换"等权利的问题，即为限制对方的权利，以主要权利区分格式条款是否具有其合理性，是否为合法有效条款。

上述案例中，被告既未在电信服务合同中约定有效期内容，亦未提供有效证据证实已将有效期限制明确告知原告，被告暂停服务、收回号码的行为构成违约，因而应当承担继续履行等违约责任。

【风险提示】

互联网时代背景下，包括互联网平台以及传统主体在内，基于用户需求、技术发展、商业运营等因素，适时调整服务内容、更新服务模式，有其行业必要性和现实合理性，鉴于此，网络服务平台基于其服务模式的特点，以格式条款方式约定单方变更条款，形式上并无不妥。但其应当遵循公平原则确定与合同相对方的权利义务内容，权利义务的内容必须符合维护双方合同主体的合法权益、促进行业的健康发展的立法目的，有效告知对方注意免除或者限制其责任的条款并向其释明。

对于格式条款提供一方而言，应合理运用格式条款以防止条款无效。在日常的经营活动中可以使用格式条款以节约交易成本、提高交易效率，但是在制定与提供格式条款时，尤其是合同风险审查中必须更加审慎、更加注意交易的公平。

一是在制定格式条款时，应当拟定具备合理性与公平性的格式条款，避免因内容不当致使格式条款无效。二是拟定格式条款时应语义明晰，避免可能产生不同理解的文字表述，避免歧义，同时要采用包括特殊字体、字号、符号、内容加粗等形式在内的显著方式，将需要提示、说明的条款予以重点标注，采取合理的方式提示对方注意。对于对合同文本有阅读障碍的，可采用加粗、加黑、加大等格式突出等方式进行提示；也可以通过录音、录像并采用问答形式来直观记录整个提示及说明过程。三是建议拟定格式条款一方可在"免除或者减轻其责任、加重对方责任、限制对方主要权利"的格式条款前增加拟定该条款的商业运营介绍及行业背景说明等内容，以增强该条款存在的合理性和有效性。

对于格式条款相对方而言，即日常生活中最常见的消费者等民事主体，应加强对合同的审查以防止条款无效造成的法律风险与不当损失。

首先应当做到在订立合同时，仔细阅读合同条款，要求提供方就重要条款进行说明，尽可能地了解及理解合同信息，从而决定是否缔结合同。再者是在合同签字后双方就格式条款产生争议时，尽可能与提供方进行沟通协商，尽量通过协商解决纠纷，从而节省大量的时间及金钱成本。在无法协商的前提下，如果发现产生争议的条款是有重大利害关系的条款且对方并未提示及说明，应当及时向提供方主张不成为合同内容，并保留有关通知函及送达证明。若发现格式条款明显不合理地免除或减轻提供方责任、加重相对方责任、限制相对方主要权利，以及排除相对方主要权利，可以及时告知提供方该格式条款无效，同时准备好有关证据材料以便于救济自身权益。

对于互联网企业而言，格式条款的无效问题更是值得重视。互联网企业在诸如此类的合同签订中，更应当注意双方合同主体的合法权益，以促进行业的健康发展的目的设置合法有效的格式条款。在遇到无法判断所草拟的条款是否为格式条款、是否合法有效等问题时，建议咨询专业律师以获取专业建议。

【相关法条】

《中华人民共和国民法典》

第四百九十六条 格式条款是当事人为了重复使用而预先拟定，并在订立合同时未与对方协商的条款。

采用格式条款订立合同的，提供格式条款的一方应当遵循公平原则确定当事人之间的权利和义务，并采取合理的方式提示对方注意免除或者减轻其责任等与对方有重大利害关系的条款，按照对方的要求，对该条款予以说明。提供格式条款的一方未履行提示或者说明义务，致使对方没有注意或者理解与其有重大利害关系的条款的，对方可以主张该条款不成为合同的内容。

第四百九十七条 有下列情形之一的，该格式条款无效：

（一）具有本法第一编第六章第三节和本法第五百零六条规定的无效情形；

（二）提供格式条款一方不合理地免除或者减轻其责任、加重对方责任、限制对方主要权利；

（三）提供格式条款一方排除对方主要权利。

第四百九十八条 对格式条款的理解发生争议的，应当按照通常理解予以解释。对格式条款有两种以上解释的，应当作出不利于提供格式条款一方的解释。格式条款和非格式条款不一致的，应当采用非格式条款。

判例二："暗刷流量"交易问题的法律规制

常某某与许某、第三人马某某网络服务合同纠纷案①

【关键词】

网络服务合同　"暗刷流量"　公共利益

【案情简介】

许某（需方）与昵称为"王鹏"的微信用户（供方）是微信好友，曾通过网络有业务往来。2017年9月11日至9月14日，二人通过微信聊天就"暗刷流量"事宜进行磋商，达成合意："王鹏"为许某提供"暗刷流量资源"，要求是来源为iOS手机移动端的流量，结算方式为周结，单价0.9元/千次UV，履行时间为自2017年9月15日开始，3至4个月的合作周期。双方确认通过第三方统计平台CNZZ对"暗刷"的流量进行统计并区分媒体来源。

庭审中，被告许某对原告主体身份提出异议，主张原告并非本案合同的相对方。被告主张其并非网络服务合同相对方，不是本案适格被告，真正的服务受益者为案外人"马潇"，其本人接受"马潇"委托联系原告，仅收取少许居间服务费用，是居间服务方。法院认定许某就涉案合同提出的需求源自备注名为"马潇"的微信用户，法院依职权追加马某某为无独立请求权第三人，马某某拒不到庭参加诉讼。双方均认可，许某在合同订立过程中始终未曾告知常某某需求方是"马潇"的明确信息。

关于合同的履行情况，双方订立的服务合同分为三个履行阶段：

第一阶段，自2017年9月15日起，原告开始为被告提供"暗刷流量"服务。2017年9月20日，双方进行了第一次结算，CNZZ统计"暗刷流量"为255442UV，结算单价为0.9元/千次UV，结算金额为229元，付款方式为许某通过微信向对方转账。

第二阶段，2017年9月21日，双方通过邮件确认继续履行，2017年9月30日，双方进行了第二次结算，CNZZ统计流量为7416896UV，结算单价为0.9元/千次UV，

---

① 2021年5月31日最高人民法院发布的互联网十大典型案例。https://www.court.gov.cn/zixun-xiangqing-306541.html. 北京互联网法院（2019）京0491民初2547号民事判决书，载于中国裁判文书网。

结算金额为 6675 元，许某通过对方给定的银行账户付款。2017 年 10 月 10 日，双方进行了第三次结算，CNZZ 统计流量为 10251206UV，结算单价为 0.9 元/千次 UV，结算金额为 9226 元。

第三阶段，2017 年 10 月 9 日，双方通过邮件确认继续履行，CNZZ 统计"暗刷流量"为 27948476UV，按单价 1.1 元/千次 UV 计算，总金额应为 30743 元，后双方因流量质量和统计标准产生争议。"王鹏"坚持以 CNZZ 统计数据为结算标准，许某则主张对方提供的"暗刷流量"中大约有 40% 的数据掺假，应以其甲方确认的数据结算，仅同意支付经甲方认可的"真实流量"部分，对应价款为 16293 元。原告常某某曾于 2017 年 11 月 22 日就本案争议的事实提起诉讼，后撤回起诉。后原告常某某再次就上述纠纷诉至法院。

【裁判观点】

法院认为，本案的争议焦点为：一、本案原被告主体是否适格；二、涉案合同是否有效以及相应的法律后果。

1. 关于主体是否适格的问题。

许某与昵称为"王鹏"的微信用户之间就"暗刷流量"交易达成合意，常某某系昵称为"王鹏"的微信账户的使用者和控制者，涉案合同的聊天信息由常某某作出，故涉案服务合同供方为常某某。常某某作为合同一方当事人，有权基于涉案合同向被告提起诉讼，为本案适格原告。许某直接参与磋商，并以自己的名义和常某某缔结合同，许某作为合同相对方，为本案适格被告。故常某某和许某双方是本案适格主体。

2. 关于涉案合同是否有效以及相应的法律后果的问题。

本案中，双方当事人在进行具有明显欺诈性质的"暗刷流量"的磋商交易时，均表示不关注或不必要知晓流量对应的被访问网站或产品，仅关注与己相关的利益获取，双方的交易行为置市场公平竞争环境和网络用户利益于不顾，牟取不当利益，违反商业道德底线，违背公序良俗。同时，双方"暗刷流量"的行为，一方面使得同业竞争者的诚实劳动价值被减损，破坏正常的市场竞争秩序，侵害不特定市场竞争者的利益；另一方面会欺骗、误导网络用户选择与其预期不相符的网络产品，长此以往，会造成网络市场"劣币驱逐良币"的不良后果，最终减损广大网络用户的福祉，属于侵害广大不特定网络用户利益的行为。上述不特定主体的利益均为社会公共利益的体现，本案原被告之间"暗刷流量"的交易最终损害了社会公共利益。因此，双方订立合同进行"暗刷流量"交易，损害社会公共利益、违背公序良俗，应属绝对无效。

本案中原被告双方大量制造虚假流量，损害社会公共利益，过错程度较高，且虚假流量业已产生，如以互相返还的方式进行合同无效的处理，无异于纵容当事人通过违法行为获益，违背了任何人不得因违法行为获益的基本法理，亦会导致损害社会公共利益的行为不能得到有效遏制。最终，法院发挥法律保留的司法权收缴不当获利、平抑被损害社会公共利益的功能，另行制作决定书，对原被告双方在合同履行过程中的获利予以收缴。

【判例分析】

本案中特定术语的解释：

流量是指网页页面点击量，又称对网页的访问量、浏览量。

流量统计指通过各种科学方式，准确记录来访某一页面访问者的流量信息。

UV，又称独立访客，是指1天之内，访问网站的不重复用户数，1天内同一访客多次访问网站只被计算1次。

PV，又称浏览次数，是指用户每打开1个网站页面，记录1个PV，用户多次打开同一页面PV累计多次。

IP，是指1天之内，访问网站的不重复IP数，1天内相同IP地址多次访问只被计算1次。

"JS暗刷"是借助其他App、广告，在其中植入"JS暗刷"点击代码，通过搭便车的方式，来增加其自身产品的访问量，并且不被相关用户知晓。该方式实现的是真实用户"点击"。

"机刷"是通过机器实现模拟用户的访问。

作为全国首例涉及"暗刷流量"交易的案件，本案在裁判过程中，关于原被告双方的主体适格与否的争议不大，重点在于对"暗刷流量"这一问题的论述和定性，在于对不特定市场竞争者和广大不特定网络用户的利益的保护的考量，即社会公共利益的损害与否。

流量是指网页页面点击量。互联网时代背景下，流量可以体现互联网用户对于网络产品的使用情况。随着互联网对经济生活影响的进一步扩大，流量这一客观指标，对于市场价值、市场影响力，乃至直接变现等内容的影响愈发加深。流量代表着互联网用户的选择，进一步可以形成流量拥有者的利益获取途径。故，真实流量的获取，成为互联网从业者的重要努力方向，获取流量的过程大大地激发着相关从业人员诚实的劳动与思路的创新，对于互联网市场的发展起到了极大的推动作用，最终惠及全体互联网用户。流量已经在相当程度上附随着经济价值，甚至于演变为一种虚拟财产。然而，如本案中出现的"暗刷流量"产业链，其实际上属于虚假的流量，并非客观真实的、基于互联网用户喜好产生的网页页面点击行为，属于欺诈性点击。

【风险提示】

本案作为入选最高人民法院互联网十大典型案例的全国首例涉及"暗刷流量"交易的案件，在相当程度上代表着我们司法系统对于"暗刷流量"这一问题的态度、定性以及裁判标准，即以"暗刷流量"交易为目的订立的合同，属于违背公序良俗、损害社会公共利益的无效合同，合同当事人不应当基于此种无效的"暗刷流量"合同获取利益，即使获取，也应当予以收缴。

在互联网经济发展过程中，"暗刷流量"现象广泛存在，甚至已经形成了"暗刷流量"的灰色产业链。该案关于"暗刷流量"裁判思路的推广，对"暗刷流量"的供需双方都起到了极大的警示作用。

对于"暗刷流量"服务提供主体而言，根据本案的裁判思路，即使流量的购买一方在获取流量后拒绝付款，在法院的纠纷裁判中依旧无法获得自身的"既得利益"。"暗刷流量"合同存在极高的合同履行风险，在发生纠纷时，"暗刷流量"服务提供主体一方利益无法获得保护，其"暗刷"出的流量将成为徒劳，白白为已获取流量的合同相对方提供"嫁衣"。而对于流量的购买一方而言，虽然"暗刷流量"的购买，可以在短期内相对高效地实现访问量的提高，用以招揽更多的互联网用户、广告商甚至投资方，但需要明确的是，其所反映的并非实际流量，这种行为不仅直接损害消费者利益，而且也损害了其他合法经营商家的利益。此种虚假现象的持续本身就存在极大的不可实现性，且相关纠纷一旦出现，将使得"暗刷流量"购买方面临严重的法律责任。其通过虚假流量所获取的非法利益有较大可能被收缴，主体的商业信誉也将面临巨大的冲击，更不用说企业可能由此遭受的行政处罚乃至刑事责任。

互联网企业，一方面应当自觉抵制"暗刷流量"的买卖活动，另一方面也应当加强对于虚假流量的防范和管理。互联网平台经营者，应当自觉加强对平台内经营者的审核，对包括商品服务买卖、直播等互联网经营活动进行监管，尤其是在游戏、视频等领域，应当加强管理，防止虚假流量的产生，互联网企业有责任也有义务结合自身企业发展情况建立符合互联网行业发展、符合自身企业需求的可行的企业运行规则。

互联网企业同时应当加强与监管部门、执法部门的联动，采用技术手段对"暗刷流量"行为进行实时的监控，封杀相关违法平台与个体，整治其背后的灰色产业链，共同创建和谐有序的互联网生态。在面临"暗刷流量"等违法行为时，企业应当及时采取包括但不限于仲裁、诉讼等手段方式，维护自身的合法权益，为净化网络环境作出贡献。

在面临相关法律问题时，建议向业内专家、律师等专业人士进行咨询，以获取关于自身商业规则的构建、法律风险的规避、合法权益的维护等方面的合理合法的可行性建议。

【相关法条】

《中华人民共和国民法典》

第一百五十三条　违反法律、行政法规的强制性规定的民事法律行为无效。但是，该强制性规定不导致该民事法律行为无效的除外。

违背公序良俗的民事法律行为无效。

第一百五十七条　民事法律行为无效、被撤销或者确定不发生效力后，行为人因该行为取得的财产，应当予以返还；不能返还或者没有必要返还的，应当折价补偿。有过错的一方应当赔偿对方由此所受到的损失；各方都有过错的，应当各自承担相应的责任。法律另有规定的，依照其规定。

判例三： 网络服务合同双方的网络虚拟财产安全保护义务

俞某某与广州某多网络科技有限公司网络服务合同纠纷案①

【关键词】

网络服务合同　虚拟财产　平台责任

【案情简介】

YY直播平台是由广州某多网络科技有限公司（以下简称"某多公司"）运营的互联网直播平台，俞某某是在该直播平台注册的用户。Y币是YY个人用户充值后获得的虚拟货币，可用于购买虚拟礼物等，1元可充值获得1Y币。红钻券是在该平台因开通或续费"贵族"而获得的虚拟货币，亦可用于购买虚拟礼物等，1000红钻券的购买力与1Y币的购买力相同。

2017年4月6日10：20时，俞某某收到某多公司发送的短信，内容为："【YY语音】您的账号：16×××＊＊yy于2017-04-06 10：20：41在福建龙岩登录手机YY安卓版。……消息来自：YY安全中心"。

2017年4月6日，俞某某的上述YY账户因购买礼物共支出1180000红钻券。俞某某向某多公司的YY平台客服反映了上述被盗刷的情况，并要求某多公司告知上述礼物被赠送给谁、要求冻结收礼物者的账号、禁止提现等，但某多公司要求其向公安机关报案，由公安机关自行联系广州网监，广州网监再联系某多公司，未满足其要求。

2017年4月7日，无锡市公安局梁溪分局清名桥派出所出具《受案回执》。俞某某陈述，2017年4月6日其在无锡家中，在自己的网店发货时突然收到上述关于异地登录的短信，其立即登录自己的账号，然而登录后被两三次挤下线，故其来不及修改密码。

另查明，YY账号通常只需要账号和密码即可登录，但俞某某否认曾将账号、密码告知他人，并称其在上述被盗刷之前开启了登录保护功能，如果不在信任的设备上登录，除账号密码外还需要短信验证码才可登录，但当日其未收到验证码。另

---

① 2021年5月31日最高人民法院发布的互联网十大典型案例。https：//www.court.gov.cn/zixun-xiangqing-306541.html. 广州互联网法院（2019）粤0192民初70号民事判决书，载于中国裁判文书网。

外，俞某某确认上述财产被盗前，其密码并不是很复杂，某多公司提供了 YY 安全中心等可选用的安全保障方案，但俞某某在上述财产被盗后才启用 YY 安全中心的消费锁服务。对于俞某某财产被盗前是否开启登录保护功能，某多公司表示时间太久已无法查询，且某多公司认为短信验证码是可以告知他人的。

【裁判观点】

法院认为，俞某某因注册使用 YY 直播平台而与某多公司成立网络服务合同关系，现俞某某主张其在该平台的虚拟财产被盗，要求某多公司承担责任，本案的争议焦点是：一、俞某某的虚拟财产是否确实被盗；二、如果俞某某的虚拟财产确实被盗，某多公司应承担何种责任。

关于俞某某的虚拟财产是否确实被盗这一问题，俞某某提交了被盗刷虚拟财产的消费截图、账号被异地登录的短信、其向某多公司客服反映情况的对话截图、其与微信好友的对话截图和公安机关的相关受案回执等证据。法院认为，对于该待证事实，俞某某已经尽其能力提供了相关证据，且上述证据在日期、内容等方面能够互相印证，符合用户在虚拟财产被盗后的正常反应。综合上述证据并结合本案相关事实，法院确信俞某某所称的上述虚拟财产被盗事实存在具有高度可能性，认定该事实存在。

关于某多公司应承担何种责任这一问题，法院认为，俞某某在上述虚拟财产被盗前，密码比较简单，且未能充分选用某多公司提供的更高等级的安全保障方案，其未能妥善地保管账号、密码并采取充分措施防止财产被盗，对上述被盗结果应负主要责任；某多公司向用户提供的防盗措施特别是默认状态下的防盗措施不够周密，且在俞某某通知其客服人员财产被盗后，未能提供或保存被盗财产的流向等信息，造成损失难以被追回，在技术和服务上存在一定疏漏，对俞某某的损失负有次要责任。

综合上述情况，法院酌情确定某多公司对俞某某的损失承担 40% 的赔偿责任，其余 60% 的损失由俞某某自行承担，即某多公司向俞某某赔付其被盗的 1180000 红钻券对应的 1180 元损失中的 40% 为 472 元。

某多公司不服一审判决，向广州市中级人民法院提起上诉。二审法院根据双方当事人的诉辩、提交的证据对案件事实进行了认定，认可了原审法院对事实的分析认定，最终驳回上诉，维持原判。

【判例分析】

《最高人民法院关于适用〈中华人民共和国民事诉讼法〉的解释》第 108 条第

1款规定："对负有举证证明责任的当事人提供的证据，人民法院经审查并结合相关事实，确信待证事实的存在具有高度可能性的，应当认定该事实存在。"法院以此规定为依据，认为俞某某提供的消费截图、短信截图、客服对话截图、微信对话截图和公安机关的受案回执等证据在日期、内容等方面能够互相印证，最终确信俞某某所称的上述虚拟财产被盗事实的存在具有高度可能性，进而认定该事实存在。在本案的判决中，法院对互联网时代背景下互联网服务提供者与互联网用户之间在发生实际纠纷时的举证责任进行了论述。

笔者认为，本判例更具价值的现实意义在于，提出了互联网服务提供者与互联网用户双方应当根据履约过程中的过错程度，衡量双方过错对损害后果的影响，进而合理分配责任比例的处理原则。

在本案中，俞某某当然知晓YY账号的登录条件为输入账号密码即可，其作为涉案账号的实际使用者，应当对自己所使用的账号进行合理的保护，对账号密码进行妥善的保管，并依据平台的安全提示，进行包括但不限于设置较为复杂的密码等必要的保护措施。由于其未采纳某多公司所提供的更高等级的安全保障方案，加之对自己所持有的账号密码管理疏于防范，最终造成账号被盗，应当对该损害结果承担主要责任。某多公司作为网络服务提供者，其一方面应当通过提供安全可靠的账号保护措施，尽可能地防范账号使用者账号密码的丢失、盗用；另一方面也应当在收到用户的被盗通知后，第一时间做出反应，通过积极有效的行动措施，保护用户基于账号的合法权益，并避免损失的进一步扩大，而其在本案中，所提供的技术支持与用户反馈，皆存在一定的纰漏，故最终法院判定某多公司对该损害结果承担次要责任。

本案的裁判，对网络服务合同中的双方权利义务进行了说明与阐述，明确了在网络使用中，互联网网络服务提供者与互联网服务用户，均应当负有对基于网络所享有的民事权益的保护义务，关于责任划分，则应当基于个案实际情况的不同进行衡量，为确立网络平台责任规则、完善网络侵权责任制度提供了指导性的思路。

当然，本案为网络服务合同纠纷，属于民事案由中合同纠纷项下的具体类别，其权利义务的确认、责任的划分，应当遵循合同的相对性原理，故在网络服务使用者俞某某与网络服务提供者某多公司之间进行处理。但应当明确的是，造成本案实际损失的直接原因在于案外人盗取网络服务使用者俞某某账号的侵权行为，某多公司在承担本案纠纷中的次要责任后，有遵循法律途径，向盗用该虚拟财产的侵权人进行追偿的民事权利。

值得一提的是，俞某某在起诉过程中，其中一项诉讼请求为"判令被告赔偿原告使用 YY 软件受到安全保障的期待利益损失 1 元"，但法院认为其并没有可以证明如某多公司充分履行安全保障义务则其可另行获得利益的具有证明力的证据，最终认定俞某某诉请某多公司赔付其使用涉案软件受到安全保障的期待利益损失 1 元缺乏事实和法律依据，未予认可。

【风险提示】

随着互联网普及程度的持续加深，互联网平台上各类账号的使用已成为居民日常生活中的重要部分，其中涉及实际经济价值的内容更是不在少数，虚拟财产已经逐步成为居民日常生活中的常见词汇，或依托于账号本身的附加价值，或直接参与消费内容等方式，都使得互联网平台面临更多的企业发展中的风险与机遇。本案的裁判思路，为确立网络平台责任规则、完善网络侵权责任制度作出了指引，即在网络服务合同的履约过程中，互联网用户与互联网服务提供者均应负有网络虚拟财产安全保护义务，若出现责任纠纷，则应按各自过错程度进行责任的划分。

对于互联网使用者而言，在互联网使用过程中，不可避免会遇到账号的注册与保管问题，为确认个人身份信息等隐私信息以及实际的财产安全，应当采取相对复杂的账号密码，听从互联网平台采取安全措施的建议，避免账号被盗用等问题。在面临账号丢失等问题时，应当第一时间联系相关的客服人员，避免损失的进一步扩大，同时应当保留相关的聊天截图、录音录像等证据材料，确保在纠纷难以协调解决而面临责任划分的情况下，占据相对有利的主动地位。

对于互联网服务提供企业而言，尤其是头部互联网巨头企业，其在通过获取大量的新近使用用户以实现企业发展的同时，由于其庞大的使用用户量级，也将面临与之相伴的巨大的风险与可能的责任。如前所述，法院观点认为，在网络服务合同中，互联网服务提供者应当负有网络虚拟财产安全保护义务，因此，互联网企业应当加大技术研发的投入。技术研发乃互联网企业的立身之本，技术研发的投入，一方面可以稳定企业运营、提供进一步发展的契机，另一方面也可以避免企业遭受和承担本不应面临的风险与责任。

互联网服务提供者，同时应当注重对于用户的后续服务。本案中，俞某某通知某多公司客服人员财产被盗后，其未能提供或保存被盗财产的流向等信息，造成损失难以被追回，最终被法院判定其在服务上存在疏漏，成为最终责任承担的主要原因。有鉴于此，互联网服务提供者应当为网络服务合同的相对方，即互联网用户，提供较为细致的服务，对诸如"盗号"等问题进行及时的反馈与处理，避免用户损失的产生与进一步扩大，同时也避免自身可能面临的法律责任划分。

在面临网络服务合同纠纷时，互联网服务提供者应当注重技术保护措施的举证，证明自身为保护网络服务使用者的账号等用户信息所作出的研发投入等内容，尽可能地减少自身责任承担比例。同时，互联网服务提供者应当及时通过技术手段查明实施盗用虚拟财产等行为的侵权人实际身份，为后续对其的民事责任追偿创造便利条件。

【相关法条】

《中华人民共和国民法典》

第五百零九条　当事人应当按照约定全面履行自己的义务。

当事人应当遵循诚信原则，根据合同的性质、目的和交易习惯履行通知、协助、保密等义务。

当事人在履行合同过程中，应当避免浪费资源、污染环境和破坏生态。

第五百七十七条　当事人一方不履行合同义务或者履行合同义务不符合约定的，应当承担继续履行、采取补救措施或者赔偿损失等违约责任。

第五百九十二条　当事人都违反合同的，应当各自承担相应的责任。

当事人一方违约造成对方损失，对方对损失的发生有过错的，可以减少相应的损失赔偿额。

判例四："送达难"问题的有效解决方式

重庆市某小额贷款有限公司与陈某某小额借款合同纠纷案①

【关键词】

借款合同 "送达难" 电子送达

【案情简介】

原告系经过相关部门批准合法设立的小额贷款公司，依法可以从事小额贷款业务。2015 年 7 月 25 日，原告与被告在线订立《网商贷贷款合同》（以下简称"合同"）1 份，约定：原、被告一致同意本合同使用互联网信息技术以数据电文形式订立并认同其效力；合同在原告将贷款资金划入被告收款账户时生效；贷款金额为650000 元；贷款期限自贷款发放之日起至 2016 年 7 月 24 日止；贷款初始日利率、实际日利率均为 0.053889%；罚息利率为贷款利率上浮 50%；被告未按时支付的利息，按罚息利率计收复利；贷款发放方式为发放至被告银行帐户；还款方式为等额本金，还款日为自贷款发放之日起每月 24 日；原告以合法手段追偿贷款引起的律师代理费等一切费用由被告承担。合同签订后，原告于同日向被告发放贷款 650000元。被告取得贷款后，共计偿还借款本金 179377.79 元，支付本金利息 37362.96元、逾期本金罚息 2777.93 元、逾期本金利息的复利 410.13 元。截至 2016 年 12 月8 日，被告欠付原告借款本金 470622.21 元、本金利息 31933.67 元。

法院另查明，原、被告于合同中约定：对于因合同争议引起的纠纷，司法机关可以手机短信或电子邮件等现代通讯方式送达法律文书；被告指定接收法律文书的手机号码或电子邮箱为合同签约时输入支付宝密码的支付宝帐户绑定的手机号码或电子邮箱；被告指定邮寄地址为户籍地址；被告同意司法机关采取一种或多种送达方式送达法律文书，送达时间以上述送达方式中最先送达的为准；被告确认上述送达方式适用于各个司法阶段，包括但不限于一审、二审、再审、执行以及督促程序；若送达地址变更，被告应当及时告知贷款人和/或司法机关变更后的送达地址；被告保证送达地址准确、有效，如果提供的地址不确切，或者不及

---

① 2018 年 8 月 16 日最高人民法院发布第一批涉互联网典型案例。https：//www.court.gov.cn/zixun-xiangqing-112611.html. 杭州互联网法院（2017）浙 8601 民初 943 号民事判决书，载于中国裁判文书网。

时告知变更后的地址，使法律文书无法送达或未及时送达，自行承担由此可能产生的法律后果。

【裁判观点】

法院认为，本案的争议焦点，一是当事人在诉前合同中约定的电子送达方式及电子送达地址在诉讼中是否可以直接适用；二是原、被告之间的借贷关系是否合法有效。

关于当事人在诉前合同中约定的电子送达方式及电子送达地址在诉讼中是否可以直接适用这一问题，法院认为，本案中，原、被告于诉前约定诉中可以采用电子送达方式以及电子送达地址、适用程序范围、地址变更方式、过错导致文书未能送达的法律后果等内容，意思表示真实，内容明确、具体，双方对送达条款均能预见诉讼产生的法律后果，约定的送达条款符合《送达地址确认书》的实质要件，具有相当于送达地址确认书的效力，法院可以据此约定直接适用电子送达方式向诉前约定的电子送达地址送达判决书、裁定书、调解书以外的诉讼文书。

关于原、被告之间的借贷关系是否合法有效这一问题，法院认为，原、被告之间的借贷关系系双方当事人的真实意思表示，未违反法律规定，合法有效。原告已依约履行发放贷款义务，被告应依约履行到期返还借款并支付利息的义务，逾期还款应当承担违约责任。关于利息损失。《最高人民法院关于审理民间借贷案件适用法律若干问题的规定》① 规定，借贷双方约定的利率未超过年利率24%，出借人请求借款人按照约定的利率支付利息的，人民法院应予支持。借贷双方对逾期利率有约定的，从其约定，但以不超过年利率24%为限。出借人与借款人既约定了逾期利率，又约定了违约金或者其他费用，出借人可以选择主张逾期利息、违约金或者其他费用，也可以一并主张，但总计超过年利率24%的部分，人民法院不予支持。本案中，原、被告约定贷款罚息年利率过高，法院予以调整为24%，逾期本金罚息及复利予以支持83102.37元。关于律师代理费，符合双方合同约定，费用亦属合理，法院予以支持。

【判例分析】

本案中，原告系经过相关部门批准合法设立的小额贷款公司，依法可以从事小

---

① 该规定已于2020年12月29日被《最高人民法院关于修改〈最高人民法院关于在民事审判工作中适用《中华人民共和国工会法》若干问题的解释〉等二十七件民事类司法解释的决定》修改。

额贷款业务。原告与被告通过线上方式订立了《网商贷贷款合同》，并向其实际出借了钱款。原告具有从事小额贷款业务的资质，故原、被告之间的借贷关系，属于双方当事人的真实意思表示，未违反法律规定，合法有效。本案中的借贷关系并不复杂，也并不具有争议性，本案入选最高人民法院第一批涉互联网典型案例的主要原因在于其借款合同中所约定的电子送达方式。

由于受送达人躲避诉讼、拒绝配合法院送达等现实原因，"送达难"严重降低了司法效率，影响了司法的公信力，同时也使得当事人的合法权益的维护难免面临延迟。在进入诉讼程序之前的送达地址确认书等，对于"送达难"这一问题的解决成效甚微。而本案的典型意义就在于对解决"送达难"问题提出的可行路径。

本案中，双方当事人在签订《网商贷贷款合同》时即达成关于电子送达问题的合意，即双方当事人基于本合同产生民事纠纷、进入诉讼程序后，司法机关可以手机短信或电子邮件等现代通讯方式送达法律文书，包括可适用电子送达方式及电子送达地址、可适用的程序范围、地址变更方式、因过错导致文书未送达的法律后果等内容。相关合同条款内容表达真实、明确，双方当事人均可以预见与之相应的法律后果。法院最终判定，该约定具有《送达地址确认书》的实质要件，具有相当于《送达地址确认书》的效力。

诚然，在签订合同之时，即诉前便约定了与送达相关的条款，这与人民法院在进入诉讼程序后由其统一要求的格式等内容、形式等存在一定的差异，但是对于送达而言，此二者虽然存在形式要件上的差异，实际却满足了司法送达的实质要件要求，且并未对民事诉讼中当事人的诉讼权利造成影响，是一种有效地解决"送达难"这一问题的可行路径。法院对其予以肯定，认为人民法院在诉讼过程中可以直接适用电子送达方式向诉前约定的电子送达地址送达除判决书、裁定书、调解书以外的诉讼文书。

笔者认为，在合同的签订过程中约定送达条款，包括但不限于手机短信或电子邮件等现代通讯方式送达法律文书等，客观上符合双方当事人的权利与利益，可以丰富送达地址确认制度的形式，应当被送达地址确认制度吸收，与诉中填写送达地址确认书相互补充，进一步解决"送达难"这一现实问题。

【风险提示】

互联网时代背景下，传统民间借贷关系得以发展出新的形式。由于互联网的众多使用用户，以互联网为途径开展网络借贷以获取利息等收益的企业主体大量涌现。但必须明确的是，开展贷款业务的企业主体，必须经过相关部门的批准方可合法设立，否则，将面临"职业放贷人"的判定风险。所谓职业放贷人，即未依法取得放贷资格的以民间借贷为业的法人，同一出借人在一定期间内多次反复从事有偿民间借贷行为的，一般可以认定为职业放贷人。以民间借贷为业的非法人组织或者自然人从事的民间借贷行为，依法无效。

企业一旦被判定为职业放贷人，其一方面将面临与借款人之间的借贷合同无效，原本约定的借款利息不再受法律保护；另一方面若被发现涉及虚假诉讼、非法集资等问题，将会被移送公安或检察机关，面临刑事责任。

对于经过相关部门批准合法设立的依法可以从事小额贷款业务，或是非以民间借贷为业而签订借款合同的企业主体而言，应当注意关于利息的约定，依据《最高人民法院关于审理民间借贷案件适用法律若干问题的规定》中的规定，民间借贷的当事人约定的利率不得超过一年期贷款市场报价利率的四倍，超过此范围的，人民法院不予支持。值得注意的是，本条文规定的，超此范围借款人"可以"不予支付。故具体的利息约定，建议相关主体以一年期贷款市场报价利率的四倍（即4倍LPR）为参考依据进行确定。

为了避免借款人在可能面临的诉讼程序中躲避诉讼、拒绝配合法院送达等现实因素，受"送达难"影响使得出借方合法权益维护受之影响而延迟，建议在借款合同的签订过程中，约定包括但不限于手机短信或电子邮件等现代通讯方式送达法律文书等的电子送达方式。

【相关法条】

《中华人民共和国民法典》

第六百七十四条 借款人应当按照约定的期限支付利息。对支付利息的期限没有约定或者约定不明确，依据本法第五百一十条的规定仍不能确定，借款期间不满一年的，应当在返还借款时一并支付；借款期间一年以上的，应当在每届满一年时支付，剩余期间不满一年的，应当在返还借款时一并支付。

第六百七十五条 借款人应当按照约定的期限返还借款。对借款期限没有约定或者约定不明确，依据本法第五百一十条的规定仍不能确定的，借款人可以随时返还；贷款人可以催告借款人在合理期限内返还。

《最高人民法院关于审理民间借贷案件适用法律若干问题的规定》

第二十五条 出借人请求借款人按照合同约定利率支付利息的，人民法院应予支持，但是双方约定的利率超过合同成立时一年期贷款市场报价利率四倍的除外。

前款所称"一年期贷款市场报价利率"，是指中国人民银行授权全国银行间同业拆借中心自 2019 年 8 月 20 日起每月发布的一年期贷款市场报价利率。

第二十六条 借据、收据、欠条等债权凭证载明的借款金额，一般认定为本金。预先在本金中扣除利息的，人民法院应当将实际出借的金额认定为本金。

第二十九条 出借人与借款人既约定了逾期利率，又约定了违约金或者其他费用，出借人可以选择主张逾期利息、违约金或者其他费用，也可以一并主张，但是总计超过合同成立时一年期贷款市场报价利率四倍的部分，人民法院不予支持。

判例五：进口食品应按食品安全国家标准检验

徐某某与敬某某、浙江某宝网络有限公司网络购物合同纠纷案①

【关键词】

网络购物合同　食品安全　注意义务

【案情简介】

被告敬某某在被告浙江某宝网络有限公司（以下简称"某宝公司"）运营的"某宝"网上开设"喀秋莎俄货精品"某宝店（某宝会员名：尤小岩）。2016 年 10 月 26 日至同年 11 月 29 日期间，原告分四次在被告敬某某上述某宝店购买了共计 5043.50 元的俄罗斯进口奶粉。其中，2016 年 10 月 26 日，原告在该店购买俄罗斯进口奶粉 30 件，计款 1155 元；2016 年 11 月 3 日，原告在该店购买俄罗斯进口奶粉 30 件，计款 1155 元；2016 年 11 月 18 日，原告在该店购买俄罗斯进口奶粉 35 件，计款 1347.50 元；2016 年 11 月 29 日，原告在该店购买俄罗斯进口奶粉 36 件，计款 1386 元。

从被告敬某某开设的"喀秋莎俄货精品"某宝店关于商品详情交易页描述可知，上述涉案商品均系俄罗斯进口。涉案商品外包装上贴有中文标签，标注"乖孩子牌全脂奶粉""配料：牛乳，牛奶""原产国：俄罗斯""净含量：800g"，以及生产日期、保质期、贮存方式、国内经销商、地址、电话、营养成分表等信息。

根据《进出口食品安全管理办法》的规定，向我国境内出口食品的境外食品生产企业实施注册制度。原告经查询我国国家认证认可监督管理委员会发布的《进口食品境外生产企业注册专栏》，在"进口乳品境外生产企业注册名单"中未查见"俄罗斯"。

徐某某认为敬某某销售的前述食品系未经检验检疫的食品，同时，某宝公司作为网络服务提供者未对进入其平台销售的商品进行审核，对交易服务平台的监管存在过错，故诉至法院，请求：1. 判令被告敬某某向原告退还货款 5043.50 元；2. 判令被告敬某某向原告赔偿 50435 元；3. 判令被告某宝公司对被告敬某某的上述赔偿承担连带责任。

---

① 2018 年 8 月 16 日最高人民法院发布第一批涉互联网典型案例。https://www.court.gov.cn/zixun-xiangqing-112611.html. 上海铁路运输法院（2017）沪 7101 民初 318 号民事判决书，载于中国裁判文书网。

【裁判观点】

关于被告敬某某的赔偿责任这一问题。法院认为，原告提供的证据可以证明其作为消费者通过网络购物形式向被告敬某某购买了涉案乳制品，故双方之间的买卖合同关系依法成立。进口的食品应当符合我国食品安全国家标准，应当经出入境检验检疫机构依照进出口商品检验相关法律、行政法规的规定检验合格，应当按照国家出入境检验检疫部门的要求随附合格证明材料。被告敬某某作为经营者必须保证食品来源的安全。本案中，被告敬某某通过网络销售的俄罗斯进口奶粉不是我国目前允许准入的食品，且被告敬某某也无法提供进口货物的相关报关单据、入境货物检验检疫证明、产品检验检疫卫生证书、海关发放的通关证明等进口食品所应具备的资料，法院认定涉案奶粉属于不符合食品安全标准的食品。因被告敬某某销售明知是不符合食品安全标准的食品，原告要求退还货款并支付价款十倍的赔偿金，于法有据，法院予以支持。原告在要求获赔时应将其购买的涉案商品返还被告敬某某，使其可以通过正常途径予以处置。

关于被告某宝公司是否应当承担连带责任这一问题。被告某宝公司系网络交易平台提供者，而非买卖合同当事人。本案中，被告某宝公司对被告敬某某经营网店的主体信息、经营资质进行了审核，并在原告维权时提供了销售者的真实名称、地址和有效联系方式，涉案商品业已及时下架处理。由于被告某宝公司履行了相关义务，且不存在明知或者应知被告敬某某利用其平台销售违法食品而拒不采取必要措施的情形，因此原告要求被告某宝公司承担连带责任，缺乏相应事实及法律依据，法院未予支持。

【判例分析】

食品安全一直是居民日常生活中一个极其重要的现实问题，近年来，随着社会经济的蓬勃发展，食品领域的发展也随之加速，大量的不法生产经营者为了获取高额利益，或是由于其对食品生产加工环节疏于管理等因素，使得食品安全领域安全事故频发，广大居民生命健康受到威胁，食品安全问题较为严峻。

而随着互联网的普及与功能的进一步开发，加之经济全球化的发展趋势，我国居民足不出户即可通过互联网的交易方式选购进口食品，来自不同国家和地区的各式各样的进口食品成为居民的常见选择。对于进口食品的安全问题，更应当重视，必须在通过我国食品安全国家标准的前提下方可进行进口销售，经营者违反国家食品安全规定销售进口食品的，应当承担相应的法律责任。

在本案中，被告敬某某作为涉案食品的经营者，其有责任也有义务保障所销售食品的安全。然而，其通过某宝公司的网络平台所销售的俄罗斯进口奶粉，并非诉讼发生时我国所准入的食品。而且，敬某某也无法提供进口货物的相关报关单据、入境货物检验检疫证明、产品检验检疫卫生证书、海关发放的通关证明等进口食品所应具备的资料，法院依据《食品安全法》第 92 条，最终认定涉案的俄罗斯进口奶粉属于不符合食品安全标准的食品。因此，依据《食品安全法》第 148 条，被告敬某某销售明知是不符合食品安全标准的食品，应当承担相应的赔偿责任，原告要求退还货款并支付价款十倍的赔偿金，于法有据，法院予以支持。

法院的这一裁判观点，明确了进口食品应当符合我国食品安全国家标准，经国家出入境检验检疫机构依照进出口商品检验相关法律、行政法规的规定检验合格，按照国家出入境检验检疫部门的要求随附合格证明材料的基本原则。经营者必须严格依据相关规定，通过审查和检验的进口食品方可摆上货架进行销售，否则，经营者将依法向消费者赔偿损失，消费者同时还可以向经营者要求支付价款十倍或者损失三倍的赔偿金。

原告同时提出要求被告某宝公司对被告敬某某在其平台上所销售的所有涉案商品进行下架的诉讼请求。对此，法院认为此诉请系原告对其民事权利的处分，不违反法律规定，法院予以准许。

关于经营者所依托的互联网平台，即本案中的被告某宝公司，其是否应当承担连带赔偿责任这一问题。需要明确的是，某宝公司系网络交易平台提供者，而非买卖合同当事人。依据合同的相对性原理，其不应当承担基于买卖合同的法律责任，但针对网络平台这一问题，《食品安全法》规定，网络食品交易第三方平台提供者不能提供入网食品经营者的真实名称、地址和有效联系方式的，由网络食品交易第三方平台提供者赔偿。网络食品交易第三方平台提供者未对入网食品经营者进行实名登记，使消费者的合法权益受到损害的，应当与食品经营者承担连带责任。在本案中，某宝公司对被告敬某某的主体信息、经营资质进行了审核，并在原告徐某某维权时提供了销售者的真实名称、地址和有效联系方式，涉案商品业已及时下架处理，其已经履行了相关义务，不应承担连带赔偿责任。

【风险提示】

近些年，我国居民愈发倾向于通过互联网的方式进行购物。食品销售重心由线下向线上过渡，在这过程中也伴随产生了众多的食品安全问题，进口食品的相关问题同样存在，甚至更为严重。食品安全问题直接关系广大人民群众的生命健康，对于社会生活与经济发展都有重大的影响。对于这一问题，无论是消费者、经营者，抑或是网络服务平台，都应对其加以重视。

对于消费者而言，在选购食品时应当选取口碑与信誉较为良好的服务平台与经营商家，尽量选择有质量保障的食品。在购买后发现食品存在不符合食品安全标准、"货不对版"等质量问题时，应当保留好食品、购买记录等证据材料，积极沟通以维护合法权益，在无法协商一致的情况下，可以选择向人民法院提起诉讼以保护自身权益。

对于食品经营者而言，首先应当保证自身的合法经营资质，入驻网络平台的，应当积极配合平台办理实名登记，依法必须取得许可证的，还应当及时办理并提交许可证以通过审查。其次是对于所销售食品的严格筛选，不得销售存在不符合食品安全标准、货不对版、虚假标注日期等情形的包括进口食品在内的各类食品，否则将面临除损失赔偿外，支付十倍价款或者损失三倍的惩罚性赔偿金，远超食品经营者所可能赚取的利润，实属得不偿失。

对于网络平台而言，在行业发展初期，各方主体竞争激烈，为了在此激烈的竞争环境中得以生存和脱颖而出，往往更注重规模效应，大量吸收经营者入驻而忽视对于其合规的要求，在某种程度上也是食品安全问题乱象的产生原因之一，而依照法律规定，如果网络平台没有履行法定的资质审查等义务，将承担与之相应的法律责任。

为了互联网平台的良性发展，企业应当依照法律规定，建立完善的管理制度。包括收集和辨识法定要求的信息，建立纠纷调解、消费者权益保护等机制，及时向监管部门通报违法信息、配合执法检查等。从源头抓起，在商家入驻之时即进行实质性的资质审查。在平台的运营过程中，发现平台内的食品经营者有违反包括但不限于食品安全法等相关法律规定行为的，应当及时制止并立即报告所在地的人民政府食品安全监督管理部门；发现严重违法行为的，应当立即停止提供网络交易平台服务。

在消费者与平台食品经营者发生纠纷时，平台应该积极配合，提供平台食品经营者的真实名称、地址和有效联系方式等相关信息，对于违法情况属实的，应当及时对涉及诉讼的商品进行下架处理，避免自身连带赔偿责任的承担。

【相关法条】

《中华人民共和国食品安全法》
第九十二条 进口的食品、食品添加剂、食品相关产品应当符合我国食品安全国家标准。

进口的食品、食品添加剂应当经出入境检验检疫机构依照进出口商品检验相关法律、行政法规的规定检验合格。

进口的食品、食品添加剂应当按照国家出入境检验检疫部门的要求随附合格证明材料。

第一百四十八条 消费者因不符合食品安全标准的食品受到损害的，可以向经营者要求赔偿损失，也可以向生产者要求赔偿损失。接到消费者赔偿要求的生产经营者，应当实行首负责任制，先行赔付，不得推诿；属于生产者责任的，经营者赔偿后有权向生产者追偿；属于经营者责任的，生产者赔偿后有权向经营者追偿。

生产不符合食品安全标准的食品或者经营明知是不符合食品安全标准的食品，消费者除要求赔偿损失外，还可以向生产者或者经营者要求支付价款十倍或者损失三倍的赔偿金；增加赔偿的金额不足一千元的，为一千元。但是，食品的标签、说明书存在不影响食品安全且不会对消费者造成误导的瑕疵的除外。

判例六：通过网络平台售假损害平台商誉的法律责任认定

浙江某宝网络有限公司与许某某等网络服务合同纠纷案①

【关键词】

网络服务合同　造假售假　净化措施

【案情简介】

许某某于 2009 年 4 月 22 日在浙江某宝网络有限公司（以下简称"某宝公司"）运营的某宝网上注册为会员，会员名"××"，并在某宝网上开设名为"××酒坊"（后改为"A 酒坊"）的店铺，经营销售酒类产品。许某某在注册时签署过《某宝平台服务协议》，协议内容包括不得在某宝平台上销售/提供侵犯他人知识产权或其他合法权益的商品/服务；该协议并赋予某宝公司一定的管理权，如对会员店铺计分管理等。

某鸣公司成立于 2015 年 5 月 15 日，系许某某作为股东设立的一人有限责任公司。某鸣公司于 2015 年 10 月 18 日参与对"A 酒坊"网店的经营。

2015 年 5 月 14 日，四川省××集团有限公司（以下简称"××集团公司"）的代理人经江苏省南京市钟山公证处公证在卖家为"××"的"××酒坊"店铺购买 52 度五粮液水晶装白酒一瓶，实付款 508 元并要求开具抬头为"个人"的发票。次日，该公证处收到所购白酒及上海市××经营部（以下简称"××经营部"）开具的上海市国税局通用机打发票一份。后经××集团公司鉴别，该瓶"52 度五粮液水晶装"白酒，其商标标识字体颜色与正品不符，外盒做工粗糙，为假冒产品。根据支付宝（中国）网络技术有限公司提供的许某某（××）作为卖家的交易数据，在货物名称中以关键词"五粮液"进行筛选，结果显示：2014 年 11 月至 2015 年 9 月间，交易成功的货值共计 87916.20 元。

××集团公司诉××经营部、某宝公司侵害商标权纠纷一案，上海市徐汇区人民法院（以下简称"徐汇法院"）于 2015 年 9 月 1 日立案，案号：（2015）徐民三

---

① 2018 年 8 月 16 日最高人民法院发布第一批涉互联网典型案例。https：//www. court. gov. cn/zixun-xiangqing-112611. html. 上海市第一中级人民法院（2017）沪 01 民终 13085 号民事判决书，载于中国裁判文书网。

（知）初字第 986 号。该案审理中，××集团公司申请追加许某某为被告，撤回对某宝公司的起诉，徐汇法院均予准许。徐汇法院经审理，判决：许某某、××经营部立即停止侵害××集团公司对"五粮液"注册商标享有的使用权；许某某赔偿××集团公司经济损失及合理开支 70000 元，××经营部在上述赔偿款 10000 元的范围内承担连带赔偿责任。

2015 年 10 月 8 日，因收到徐汇法院送达的起诉状等，某宝公司对许某某经营的"××"网店的三条违规情形作出了处分，其中不当使用他人权利处置方式为一般违规，不扣分；两条出售假冒商品，处置方式为售假违规，不扣分。某宝公司删除了侵权商品信息，并要求许某某自检自查，及时删除涉嫌侵权信息。此后许某某网店虽还处于营业状态，但已销售停滞，几乎不再产生营业额。

某宝公司起诉要求许某某及其公司赔偿损失及律师费等共计 12 万余元。

【裁判观点】

二审法院认为，本案二审争议焦点为：一、许某某是否存在违约；二、如果许某某构成违约，某宝公司要求赔偿损失的主张是否具有事实和法律依据。

关于许某某是否存在违约这一问题，法院认为，许某某存在违约。

首先，某宝公司作为网络交易平台的经营者，采用点击合同文本确认的方式与用户达成服务协议，亦是订立合同的一种形式。对于双方当事人订立的格式条款，只要合同的约定不存在违反法律规定，损害国家、集体或其他人的合法权益，损害社会公共利益或免除义务人的责任、加重权利人的责任、排除权利人的主要权利等法律禁止的内容，服务协议的效力应予确认。

其次，许某某在某宝网上注册为会员时，《某宝服务协议》特别提示用户完成全部注册程序或激活程序后，或以其他某宝允许的方式实际使用某宝平台服务时，即表示已充分阅读、理解并接受协议的全部内容，并与某宝平台达成协议。该协议内容具体确定，表明经用户承诺，某宝公司即受该意思表示约束，故协议内容已构成合同法①上的要约。

再次，许某某自认涉诉协议的效力。法院认为，2014 年的《某宝服务协议》和 2015 年、2016 年的《某宝平台服务协议》系双方当事人的真实意思表示，内容不违反法律、法规之强制性规定，合法有效。

最后，许某某的售假行为确实违反了 2015 年的《某宝平台服务协议》，一审法

---

① 现已失效。

院认定许某某违约，适用法律正确，二审法院予以确认。

关于某宝公司要求赔偿损失的主张是否具有事实和法律依据的问题，法院认为，许某某应当承担赔偿损失的违约责任。

首先，依法成立的合同，对当事人具有法律约束力，许某某未按照《某宝平台服务协议》履行合同义务，应当承担相应违约责任。

其次，许某某在某宝网上出售假冒五粮液的行为不仅损害了与商品相关权利人的合法权益，而且降低了消费者对某宝网的信赖和社会公众对某宝网的良好评价。许某某在使用某宝平台服务时，应当预见售假行为会对商品权利人、消费者以及某宝公司产生损害。综合考虑某宝公司的市场知名度，许某某经营时间、规模、商品种类、价格与利润等因素，法院最终酌情确定许某某赔偿某宝公司损失 20000 元。

最后，某宝公司因许某某售假而在徐汇法院被诉，产生律师费 3000 元，某宝公司提供了相应发票佐证本案律师费支出为 20000 元，系争的律师服务收费亦不违反相关禁止性规定，许某某作为违约方，应当承担该笔费用。

【判例分析】

本案的重点在于许某某是否存在违约行为。

对此，法院从合同的订立形式出发，认为由于网络交易本身具有虚拟化和无形化的特点以及交易对象存在不特定性和广泛性的特征，第三方交易平台经营者在提供平台服务时，难以逐一与每个注册用户协商签订合同，故为重复使用而预先拟定服务协议，并在信息网络系统中与申请进入平台销售商品或者提供服务的经营者订立合同，确认了采用点击合同文本确认的方式与用户达成服务协议的法律效力。

对于合同的生效，法院认为某宝公司作为第三方交易平台的经营者和管理者，与用户以事先约定的方式来变更相关合同条款，不违反法律之规定。许某某在服务协议条款变更后仍继续使用某宝平台服务，应视为其对变更后条款的认可。在庭审中，许某某亦自认相应协议的效力。

在合同效力无瑕疵且已经生效的前提下，当事人应当按照约定全面履行自己的义务。许某某的售假行为客观存在，发生于 2015 年 5 月，许某某的售假行为违反了 2015 年的《某宝平台服务协议》并对某宝公司造成了相应的损害。

本案所涉服务协议均约定，用户不得在某宝平台上销售或发布侵犯他人知识产权或其他合法权益的商品或服务信息。许某某作为某宝用户，应恪守约定，履行自身义务。然，许某某通过开设的"××酒坊"店铺，销售假冒的五粮液，侵害五粮液公司对"五粮液"注册商标享有的使用权。许某某的售假行为已经违反了与某宝公司之间的约定。许某某在某宝网上出售假冒五粮液的行为不仅损害了与商品相关权利人的合法权益，而且降低了消费者对某宝网的信赖和社会公众对某宝网的良好评价。许某某在使用某宝平台服务时，应当预见售假行为对商品权利人、消费者以及某宝公司可能产生的损害。商誉，则是企业主体在长期的市场经营中基于自身产品及服务等所建立起的良性的企业形象和社会评价，对于企业的发展具有积极的推动意义。商誉可以实际体现在商品等内容，转变为企业生产经营中的实际利润，具有显著的财产属性。某宝公司要求赔偿商誉等损失的主张具有相应的依据。电商平台经营者和平台内签约经营者均有依法规范经营的义务，许某某在某宝网上销售假冒的五粮液，不仅应当承担对消费者的赔偿义务，也应当依约承担对电商平台的违约责任，电商平台经营者也有权依法追究平台售假商家的违约责任。

至于具体的赔偿金额，在合同法律关系中，违约方所应承担的赔偿责任，包括损失赔偿额部分，应当相当于因违约所造成的损失，包括合同履行后可以获得的利益，同时，在履行义务或者采取补救措施后，对方还有其他损失的，违约方同样应当赔偿损失。法院综合考量各方面因素，酌情确定许某某赔偿某宝公司损失 20000元，以及包括律师费及相关合理支出 23000 元。

而关于某鸣公司是否应当承担连带责任，在"××"网店注册时某鸣公司尚未成立，在该网店发生售假时，亦无证据表明其已实际参与经营，某鸣公司尚不是《某宝平台服务协议》的相对方。某宝公司主张某鸣公司承担连带责任，法院未予支持。

【风险提示】

互联网时代背景下，电商产业飞速发展的同时，也带来了大量的问题。由于网络交易本身具有虚拟化和无形化的特点以及交易对象存在不特定性和广泛性，造假售假等问题极为普遍。此类问题大大损害了消费者的合法权益，也将严重阻碍企业品牌商以及电商平台的进一步发展，同时会造成对企业赖以生存的商誉的不良影响。对此类行为的打击，应当是第三方交易平台经营者自觉承担的责任，符合其长远经营利益，有利于维护消费者合法权益，维护公平竞争的市场秩序，同时对于实体经济发展意义重大，从消费者到产业链的每一个环节都能从购物环境的改善中受益。

对于企业品牌商而言，首先应当采取事前防控手段，与对应的平台合作，及时备案产品信息，与电商平台探索设计打假共治系统，将假冒行为遏制于发生之前。在实际面临侵权行为的情况下，一方面应当及时与平台沟通，利用平台打假通道，采取线上投诉的方式进行维权，通过要求侵权方删除链接等方式以达到维权目的；另一方面可以考虑通过发警告函的形式提醒对方，要求其停止侵权行为。网络用户利用网络服务实施侵权行为的，被侵权人有权通知网络服务提供者采取删除、屏蔽、断开链接等必要措施，企业可以要求电商平台采取相关必要措施。在此过程中，应当积极保存相关证据，以在前述方式无法实现权益救济的情况下通过民事诉讼的方式维护权益。

对于电商平台而言，首先应当加强对入驻商户的资质审查，对申请进入平台销售商品或者提供服务的经营者，应要求其提交身份证号、地址、联系方式、行政许可等真实信息，由平台进行核验、登记，建立登记档案，并定期核验更新，依法公示。电商平台应当依据《电子商务法》等相关法律法规，建立符合规定的《服务规则》及《用户协议》，切实保护消费者知情权，并在平台内设置可以帮助消费者以及相关品牌商合法维权的可行途径。同时应当积极对平台内经营商进行监管，在发现违法违规信息时向监管部门提供，配合处理、协助行政机关对经营者违法违规行为的查处工作，在面临民事诉讼时积极配合相关消费者以及被侵权主体。值得一提的是，平台内的经营者出现造假售假等问题时，平台可以如本案中的某宝公司一般，向相应经营者主张基于自身商誉的损害及相关合理支出内容的损害赔偿。

【相关法条】

《中华人民共和国民法典》

第五百八十四条　当事人一方不履行合同义务或者履行合同义务不符合约定，造成对方损失的，损失赔偿额应当相当于因违约所造成的损失，包括合同履行后可以获得的利益；但是，不得超过违约一方订立合同时预见到或者应当预见到的因违约可能造成的损失。

判例七：私自转让网络店铺的法律效力

王某与汪某、周某、上海某泡网络科技有限公司
网络店铺转让合同纠纷案①

【关键词】

网络店铺转让合同　私自转让　诚实信用原则

【案情简介】

2014年4月9日，原告王某（受让方、乙方）与被告周某（出让方、甲方）、第三人上海某泡网络科技有限公司（居间方、丙方）签订《网络店铺转让合同》，约定：甲方将"至诚开拓"淘宝店转让给乙方，该店支付宝认证名称：汪某，消费者保证金余额30元；转让费用20000元；卖家信誉值：10388；经营类目：3C数码；甲方身份：代管人；甲方在网店转让后，不得以任何方式向网店所在网络平台找回或者修改会员帐号及密码，也不得有转移帐号内资金的行为，并保证甲方不会向任何第三方举报或提供信息而造成网店被查封，网店被盗等；当网络店铺所在平台转名过户政策正式实施后，甲方必须无条件配合乙方完成网络店铺所在平台的转让手续，把网络店铺转让给乙方或者乙方指定的受让人；乙方在受让后有权再将店铺通过丙方转让给任何第三方，甲方对再转让的情况享有知情权，但也有义务为再转让交易提供必要的配合和协助；三方商定，发生约定的违约情形，违约方应当按照合同转让费用总额的30%（计6000元）作为违约金支付给各守约方；如甲方为违约方，必须双倍退还已收的转让费用；如乙方为违约方，甲方有权不退已收的转让费用。

2014年3月25日，原告王某通过第三人上海某泡网络科技有限公司支付转让费20000元；上海某泡网络科技有限公司扣除2000元佣金后实际转交周某18000元；2014年3月26日，原告王某与被告周某签署《网店资料交接书》。

"至诚开拓"淘宝店的帐户名为XXXXXXXXXX@qq.com，经实名认证的经营

---

① 2018年8月16日最高人民法院发布第一批涉互联网典型案例。https：//www.court.gov.cn/zixun-xiangqing-112611.html. 上海市第一中级人民法院（2017）沪01民终8862号民事判决书，载于中国裁判文书网。

者为汪某。2015年12月3日，汪某找回了系争店铺的密码，系争店铺处于汪某控制之下。庭审中，汪某表示找回系争店铺后没有继续经营。

2016年7月，王某诉至法院，请求判令汪某、周某支付违约金6000元；退回保证金11830元；双倍退还已收的转让费用40000元；支付赔偿金100000元；共同承担本案诉讼费。

【裁判观点】

法院认为，本案系争的《网络店铺转让合同》项下的转让标的物——"至诚开拓"淘宝店，是被告汪某经实名认证后，在淘宝网上设立的店铺，该店铺实质上是自然人于第三方网络交易平台之上，以二级域名的形式存在并经营的网络店铺。关于网络店铺能否成为物权客体，目前法律上没有明确规定。法院认为，本案系争网络店铺作为非独立网店，其运营需要依托特定运营商的服务器，即权利人必须得到他人的协助才能行使权利，且权利的存续期间也取决于网络店铺经营者与特定运营商的约定，显然不具备法律上排他的支配可能性或管理可能性；而网络店铺在经营过程中累积的交易记录、信用记录、交易评价等信誉，具有较强的人身依附性。鉴于此，非独立网店难以成为物权客体，非独立网店的经营者对该网店不具有所有权。

本案系争网店是由被告汪某与浙江淘宝网络有限公司通过签订服务协议，取得浙江淘宝网络有限公司分配的二级域名而设立的非独立网店。因此，系争合同实质上是将汪某与浙江淘宝网络有限公司之间的债权债务概括转让，同时还转让了经营期间积累的依附于特定人身的信誉。根据法律规定，合同权利义务的概括转让应当征得相对人的同意，而浙江淘宝网络有限公司在其服务协议中明文禁止淘宝网店的转让。因此，本案系争合同属于未发生法律效力的合同。

系争网店以汪某名义设立，汪某是与浙江淘宝网络有限公司所签订的服务协议相对人。汪某辩称其对系争店铺被转让不知情，但原告自2014年3月控制系争店铺的经营权至2015年12月，长达一年余，汪某未提出异议，显与情理不符，法院认为汪某对周某的转让行为知情且同意。尽管如此，系争合同因未得到浙江淘宝网络有限公司的同意，不能发生法律效力。被告周某基于未生效合同取得的转让费应予返还。目前仍在汪某帐户下的消费者保证金4000元，扣除之前已有的30元，余额3970元属于被告周某造成原告的损失，应予赔偿；同时，汪某作为系争网店的经营者，占有该部分资金没有合法根据，亦应返还，故被告周某与汪某应共同向原告返还3970元。因系争合同未生效，原告要求被告承担违约责任于法无据，法院未予支持。

【判例分析】

民事法律关系中的物，一般应具备以下特征：1. 必须是可为权利客体者，即非人格性；2. 具有法律上排他的支配可能性或管理可能性。

对于网络店铺这一问题，从表现形式上看，网络店铺表现为电磁记录，即通过网店经营者与消费者的网上交易行为，产生出相应的存储于平台服务器端的电磁记录，是以数字化形式存在的信息资源；从内容构成上看，网络店铺由店铺名称、虚拟空间、交易记录、信用记录、交易评价等要素组成。本案系争网络店铺依托淘宝网络交易平台设立，淘宝网络交易平台拥有一级域名，系争网络店铺得到的是淘宝网络交易平台分配的二级域名，性质上属于非独立网店。法院认为，本案系争网络店铺作为非独立网店，其运营需要依托特定运营商的服务器，不具备法律上排他的支配可能性或管理可能性，且网络店铺在经营过程中累积的交易记录、信用记录、交易评价等信誉，具有较强的人身依附性，故非独立网店难以成为物权客体，非独立网店的经营者对该网店不具有所有权。

在本案中，浙江淘宝网络有限公司在其服务协议中明文禁止淘宝网店的转让。对于网络店铺的信誉尚未建立有效的公示方式和完善的管理制度，如果允许非独立网店自由转让，使得任何人可以利用金钱买到依附于特定人身的信誉，进而在市场竞争中抢占先机，但又难以保证继受人能够维护网络交易的安全与信誉，不仅侵害消费者的知情权，影响消费者对所购商品的判断，而且会冲击整个网络交易平台的信用，危及其他经营者的信誉，产生负面的社会效果。有鉴于此，网络交易平台与相对人关于禁止非独立网店转让的约定有其合理性，并非加重对方责任、排除对方主要权利的格式条款，非独立网店的经营者应当严格遵守该约定。

总体而言，在本案中，汪某系通过与淘宝平台签订服务协议并经实名认证，取得系争网络店铺之经营权。服务协议内容经双方认可且不存在违反法律行政法规强制性规定、损害社会公共利益等情形，故汪某与淘宝平台间形成合法有效的合同关系。现周某在汪某认可之情况下，与王某、上海某泡网络科技有限公司签署网络店铺转让合同，实际上系将汪某与淘宝平台间合同关系项下的权利义务一并转让给王某。法律规定，当事人一方将自己在合同中的权利和义务一并转让给第三方的，须经对方当事人的同意。现周某虽有汪某之认可但未征得淘宝平台同意，私自转让系争网络店铺，该转让行为不发生法律效力。故王某以合同约定内容为据，要求周某等支付违约金、双倍返还转让费之主张，缺乏依据。当事人在订立合同过程中有违背诚实信用原则的行为，给对方造成损失的，应当承担损害赔偿责任。周某在汪某认可情况下，将系争店铺让与王某，现转让行为未生效，且店铺已被汪某找回并实际控制，周某理应就王某因此而产生之损失承担赔偿责任。

【风险提示】

网络店铺的私自转让在现实中大量存在，因此产生纠纷并进入民事诉讼程序的案件也呈增长趋势。而关于网络店铺转让的法律效力实际并无统一的答案。本案作为最高人民法院第一批涉互联网典型案例，明确了涉网络店铺转让纠纷相应的裁判规则，其裁判观点具有较强的借鉴意义，即在服务协议中明文禁止转让的情况下，私下签订的网络店铺转让合同不发生法律效力，具有一定的典型性和指导价值。

消费者在实体店选择商品时，可以通过对商品的亲身感受判断商品的质量，而通过网络店铺选择商品时，无法通过亲身感受的方式了解商品质量，包含交易记录、信用记录、交易评价在内的店铺信誉是消费者甄选商品的重要参考依据。店铺信誉是非独立网店的商业价值所在。一般而言，店铺在电商平台的入驻，需要通过资质审查等程序方可准入，而私下转让店铺的行为，将会使得商铺信誉难以得到保障，原店铺经营者和电商平台都将面临与之相关的风险。

对于网络店铺出让方而言，其首先应当避免店铺的私自出让行为。平台方会在服务协议中约定禁止私下转让的条款，故店铺经营者的私下出让行为，一方面使得自身店铺声誉等难以保障，另一方面也将面临平台方的压力，平台方可以以出让方违反合同约定为由，要求其承担相应的违约责任和损失赔偿，甚至采取商铺下架等强制措施。若确实有店铺转让需求，应当与平台方协调，在获取平台方许可后方可进行。

对于网络店铺受让方而言，应当对店铺出让方与平台之间的服务协议等内容进行询问，确认其中是否约定有禁止私下转让的条款，在存在类似条款的情况下，店铺的出让方与受让方之间签订的网络店铺转让合同将不产生法律效力，在此情况下，店铺的受让已意义不再，应当及时放弃转让合同的签订，避免损失产生。

对于平台方而言，平台内处于经营状态的店铺，客观上与平台的整体声誉息息相关。若平台内店铺存在造假售假等问题，对相关的企业品牌商、平台的合法权益都将造成不良影响，故平台对于平台内商铺经营者的资质审查必不可少。而店铺的私下转让将大大提高类似的风险，故平台在与商铺经营者签订服务协议等内容时，应当明确约定禁止私下转让的条款，对入驻商铺经营者进行实质性的资质审查，同时加强对商铺的日常监管，在发现相关问题和风险时及时处理，避免损害的扩大。

在发现私自转让店铺的情况下，应当及时进行处理，协商解决私自转让的问题，必要时可对相应的店铺的商品采取下架措施。同时积极保存相应的证据材料，若无法通过协商等方式友好解决，可以通过民事诉讼的方式，以商铺出让方作为经营者与平台签订的服务协议为依据，要求其承担违反合同约定、私自转让店铺的违约责任。

【相关法条】

《中华人民共和国民法典》

第五百条 当事人在订立合同过程中有下列情形之一，造成对方损失的，应当承担赔偿责任：

（一）假借订立合同，恶意进行磋商；

（二）故意隐瞒与订立合同有关的重要事实或者提供虚假情况；

（三）有其他违背诚信原则的行为。

第五百五十五条 当事人一方经对方同意，可以将自己在合同中的权利和义务一并转让给第三人。

第五百五十六条 合同的权利和义务一并转让的，适用债权转让、债务转移的有关规定。

判例八：外卖骑手与用人单位间劳动关系的认定

江门市某悦方物流有限公司与万某某、
第三人宁波某和岛企业管理咨询有限公司劳动合同纠纷案①

【关键词】

劳动合同　劳务派遣　经济补偿金

【案情简介】

江门市某悦方物流有限公司（以下简称"某悦方公司"）成立于 2016 年 3 月 2 日，是以餐饮配送服务、货运代理、配载等为经营范围的有限责任公司。

2017 年，万某某注册美团骑手 App 账号，在送哪儿公司设立的美团绩西站从事骑手工作，工作业务范围是中山市小榄区域。2019 年 3 月，某悦方公司获得美团外卖专送业务的代理权。随即某悦方公司作为代理商接手美团绩西站，并将美团绩西站分离设立"泰丰站"对中山市小榄区域的美团外卖配送业务进行管理统筹，之后继续使用被告万某某等骑手。双方没有提交书面劳动合同。

万某某的工作报酬按月计算，按接单数量计算提成，每月的报酬由"泰丰站"站长李某某负责核算，并通过微信将工资表发给各骑手核对，实际由某悦方公司通过委托案外人北京钱袋宝支付技术有限公司支付。万某某的个人所得税 App 显示，其 2019 年 4 月至 2019 年 7 月的"扣缴义务人"为原告某悦方公司，2019 年 8 月至 2020 年 4 月为案外的其他企业。

2019 年 3 月 15 日，某悦方公司与第三人宁波某和岛企业管理咨询有限公司（以下简称"某和岛公司"）签订《服务外包合同》一份，约定"项目内容"为某悦方公司交付给某和岛公司的特定工作或事项，具体由双方签订的《确认单》列明，原告某悦方公司须于每月 18 日结算上月外包费用。协议的有效期限为 2019 年 3 月 15 日至 2020 年 3 月 15 日。

2019 年 8 月 9 日，万某某在网上与第三人某和岛公司签订《分包服务合作协议》一份，主要内容为某和岛公司将"美团外卖配送—江门市某悦方 2019 年度发

---

① 广东省高级人民法院发布的年度全省涉互联网十大案例。广东省江门市新会区人民法院（2021）粤 0705 民初 2515 号民事判决书，载于中国裁判文书网。

包"业务分包给万某某，载明万某某为其众多分包商之一，项目内容为"食品和商品的线下配送"，服务地址为江门市，合作期限自 2019 年 8 月 9 日起至 2020 年 8 月 9 日止，约定根据万某某实际完成的成果支付劳务费等。万某某称其不认识第三人某和岛公司，也从来未同其工作人员接触过，上述《分包服务合作协议》是根据某悦方公司的要求在网上签订的。

2020 年 3 月 10 日，万某某申请事假开始休假。2020 年 3 月 18 日，某悦方公司的李某某通过微信告知万某某，因万某某的单量跑得少，已经删除万某某的骑手App 账号。

2020 年 9 月 30 日，江门市新会区劳动人事争议仲裁委员会受理了万某某的仲裁申请，裁决确认万某某与某悦方公司自 2019 年 3 月 1 日至 2020 年 3 月 17 日存在劳动关系，要求某悦方公司在裁决生效之日起三日内一次性给付万某某解除劳动合同经济补偿金、未休年假工资，合计 14824.75 元。

某悦方公司不服，提起诉讼。

【裁判观点】

法院认为，本案的主要争议焦点有：一、某悦方公司与万某某是否存在劳动关系，如果存在应认定何期间存在；二、某悦方公司是否应支付万某某经济补偿金、带薪年休假工资、春节奖励。

关于某悦方公司与万某某是否存在劳动关系，如果存在应认定何期间存在这一问题。本案中，某悦方公司符合用工主体资格，万某某符合劳动者主体资格；万某某从事的骑手送餐劳动受李某某等某悦方公司人员直接管理、指挥和监督，受到某悦方公司对其进行考勤管理和奖惩，受到某悦方公司的劳动管理；万某某的报酬由某悦方公司工作人员李某某核算，通过案外人北京钱袋宝支付技术有限公司按月支付。故法院认定某悦方公司与万某某自 2019 年 3 月 15 日至 2020 年 3 月 18 日存在劳动关系。

对于某悦方公司与某和岛公司 2019 年 3 月 15 日所签订的《服务外包合同》，以及某和岛公司与万某某于 2019 年 8 月 9 日所签订的《分包服务合作协议》。法院认为，某悦方公司与某和岛公司之间《服务外包合同》是框架合同，某悦方公司并未能提供有关《确认单》，无法证实《服务外包合同》已履行。而且《分包服务合作协议》并非当事人的真实意思表示，也没有实际履行，上述《服务外包合同》《分包服务合作协议》签订后，万某某等骑手仍由某悦方公司支配和管理。因此，法院对此抗辩未予采纳。

关于某悦方公司是否支付万某某经济补偿金、带薪年休假工资、春节奖励的问题。法院以核定的万某某平均工资 3692.98 元作为万某某正常工作期间的工资，因某悦方公司已支付该期间的工资，故某悦方公司还应支付给万某某未休年休假工资的 200%。据此计算出应支付的未休年休假工资为 1697.92 元。某悦方公司与万某某之间的劳动关系自 2019 年 3 月 15 日起至 2020 年 3 月 18 日止，工作的年限为 1 年零 3 天，万某某在劳动合同解除前的平均工资是 3692.98 元，加上月均带薪年休假工资 140.36 元，某悦方公司应向万某某支付经济补偿金 3833.34 元。鉴于万某某提供的证据不足以证实春节奖励的金额和发放条件，对万某某关于春节奖励的主张，缺乏证据证实，法院未予支持。

【判例分析】

外卖骑手是互联网经济中出现的用工形态，与传统就业模式相比，具有从业人员多、覆盖范围广等特点，外卖骑手劳动过程、从属关系、劳动者与生产资料的关系等均发生变化。近年随着外卖行业的快速兴起，与之相关的许多法律问题也随之显现。

关于涉争的经济补偿金、带薪年休假工资、春节奖励的计算并不复杂。首先通过计算得出万某某在劳动合同解除前 2019 年 4 月至 2020 年 2 月正常工作时间的平均工资是 3692.98 元，经济补偿金、带薪年休假工资的计算以此为依据，应支付的未休年休假工资为 1697.92 元（3692.98 元/月÷21.75 天/月×5 天×200% = 1697.92 元），经济补偿金则是平均工资 3692.98 元，加上月均带薪年休假工资 140.36 元【1697.92÷（12+3/31）= 140.36】，合计 3833.34 元。至于春节奖励的部分，由于证据不足，法院未予支持。

本案的重点在于对于原、被告之间劳动关系存在与否的认定。某悦方公司符合用工主体资格，万某某符合劳动者主体资格。万某某受某悦方公司人员直接管理、指挥和监督，受某悦方公司考勤管理和奖惩，受某悦方公司的劳动管理，报酬也是由某悦方公司工作人员核算后，通过案外人北京钱袋宝支付技术有限公司按月支付。虽然双方均未能提供纸质劳动合同，但双方劳动关系客观存在，法院对此予以确认。

一些知名外卖配送平台会通过要求员工注册个体工商户、与第三方公司签订项目转包协议等方式，规避法律责任。本案即为如此，某悦方公司以与某和岛公司之间的《服务外包合同》，以及某和岛公司与万某某之间的《分包服务合作协议》进行抗辩，然而，用人单位与劳动者是否存在劳动关系，并不仅仅依靠是否存在劳动合同进行判断，只要同时满足以下条件，同样可以认定为存在劳动关系：①用人单位及劳动者主体适格；②用人单位依法制定的各项劳动规章制度适用于劳动者，劳动者受用人单位的劳动管理，从事用人单位安排的有报酬的劳动；③劳动者提供的劳动是用人单位业务的组成部分，同样可以认定为存在劳动关系。同时，劳动关系是否存在还可以通过工资支付记录、花名册、员工工作证等证据进行综合判断。

本案综合考虑用人单位与骑手之间的人身依附程度、劳动成果归属、报酬核算依据等事实，依法认定双方存在劳动关系，对相关行业问题的处理具有一定的指导性和借鉴意义。

【风险提示】

互联网时代背景下，以外卖骑手为代表的新型用工形态，实现了企业与巨大量级的使用用户的直接连接。但是，市场经济中客观存在大量企业，凭借自己的优势地位拒绝与骑手签订劳动合同，通过要求骑手注册个体工商户，或是与第三方公司签订项目转包协议等方式，以实现自身节约成本、规避法律责任等目的。

然而，用人单位与劳动者是否存在劳动关系，并不仅仅依靠是否存在劳动合同进行判断。2021 年 11 月 17 日，交通运输部、中央宣传部等部门联合印发了《关于加强交通运输新业态从业人员权益保障工作的意见》，为新业态下外卖骑手的人身权益保护提供了保障。对于客观存在的劳动关系事实，即使要求骑手注册个体工商户，或是与第三方公司签订项目转包协议等，劳动者同样可以通过仲裁、诉讼等方式，确认劳动关系的存在，主张相应的合法权益。

对于劳动者，尤其是类似于外卖骑手等新业态工作方式，应当提升自身的法律意识，学会保存证明劳动关系的相关证据，在权益受到侵害时积极采取劳动仲裁、民事诉讼等方式以进行维权。

而对于用工企业而言，则应当及时与劳动者签订劳动合同，做好员工保险缴纳工作，在发生工伤时及时进行赔偿。以未订立劳动合同的情形为例，若用工企业与劳动者客观存在劳动关系，则劳动者可以通过劳动仲裁、提起民事诉讼等方式主张全部应获得的工资权益，甚至可以要求用工单位支付双倍工资，根据《劳动合同法》第 82 条第 1 款的规定，用人单位自用工之日起超过一个月不满一年未与劳动者订立书面劳动合同的，应当向劳动者每月支付二倍的工资。二倍工资从建立劳动关系满一个月后的次日起开始起算，最长期限不超过十一个月。随着广大人民群众群体法律意识的逐步提升，对于劳动关系的理解逐渐加深，企业出于节约成本、规避法律责任等目的所采取的措施，不仅很难实现此种目的，甚至会加重自身责任，企业应当重视对与劳动者之间的劳动关系的处理，避免承担本不必要的赔偿责任。

【相关法条】

《中华人民共和国劳动合同法》

第四十六条 有下列情形之一的，用人单位应当向劳动者支付经济补偿：

（一）劳动者依照本法第三十八条规定解除劳动合同的；

（二）用人单位依照本法第三十六条规定向劳动者提出解除劳动合同并与劳动者协商一致解除劳动合同的；

（三）用人单位依照本法第四十条规定解除劳动合同的；

（四）用人单位依照本法第四十一条第一款规定解除劳动合同的；

（五）除用人单位维持或者提高劳动合同约定条件续订劳动合同，劳动者不同意续订的情形外，依照本法第四十四条第一项规定终止固定期限劳动合同的；

（六）依照本法第四十四条第四项、第五项规定终止劳动合同的；

（七）法律、行政法规规定的其他情形。

第四十七条 经济补偿按劳动者在本单位工作的年限，每满一年支付一个月工资的标准向劳动者支付。六个月以上不满一年的，按一年计算；不满六个月的，向劳动者支付半个月工资的经济补偿。

劳动者月工资高于用人单位所在直辖市、设区的市级人民政府公布的本地区上年度职工月平均工资三倍的，向其支付经济补偿的标准按职工月平均工资三倍的数额支付，向其支付经济补偿的年限最高不超过十二年。

本条所称月工资是指劳动者在劳动合同解除或者终止前十二个月的平均工资。

《职工带薪年休假条例》

第三条 职工累计工作已满 1 年不满 10 年的，年休假 5 天；已满 10 年不满 20 年的，年休假 10 天；已满 20 年的，年休假 15 天。

国家法定休假日、休息日不计入年休假的假期。

第四部分　刑事犯罪

除民商事法律纠纷外，刑事法律风险更是关乎企业生存发展的根本。无论是破坏计算机信息系统、非法控制计算机信息系统，还是利用网络进行盗窃和诈骗，抑或是侵犯公民个人信息等刑事犯罪，在当今社会环境下，都是互联网企业所应当考虑的问题。确保自身所开展的经营活动不涉及刑事犯罪认定的可能性，在面临刑事犯罪的情况下积极与相关机关、部门沟通并准备诉讼程序，是互联网企业在发展过程中必须重视的红线问题。

本部分选取涉及互联网刑事犯罪相关判例七则，包括通过虚假链接骗取钱财、假冒注册商标、劫持流量、网络赌博等行为的责任的认定，旨在为互联网企业在生产经营中可能涉及的刑事责任作出预警，提供具有一定参考意义的法律建议。

判例一：诱骗他人点击虚假链接以非法获取钱财的法律责任

臧某某等盗窃、诈骗案[①]

【关键词】

刑事 盗窃 诈骗 利用信息网络

【案情简介】

一、盗窃事实

2010 年 6 月 1 日，被告人郑某某骗取被害人金某 195 元后，获悉金某的建设银行网银账户内有 305000 余元存款且无每日支付限额，遂电话告知被告人臧某某，预谋合伙作案。臧某某赶至网吧后，以尚未看到金某付款成功的记录为由，发送给金某一个交易金额标注为 1 元而实际植入了支付 305000 元的计算机程序的虚假链接，谎称金某点击该 1 元支付链接后，其即可查看到付款成功的记录。金某在诱导下点击了该虚假链接，其建设银行网银账户中的 305000 元随即通过臧某某预设的计算机程序，经上海快钱信息服务有限公司的平台支付到臧某某提前在福州海都阳光信息科技有限公司注册的"kissal23"账户中。臧某某使用其中的 116863 元购买大量游戏点卡，并在"小泉先生哦"的淘宝网店上出售套现。案发后，公安机关追回赃款 187126.31 元发还被害人。

二、诈骗事实

2010 年 5 月至 6 月，被告人臧某某、郑某某、刘某分别以虚假身份开设无货可供的淘宝网店铺，并以低价吸引买家。三被告人事先在网游网站注册一账户，并对该账户预设充值程序，充值金额为买家欲支付的金额，后将该充值程序代码植入到一个虚假淘宝网链接中。与买家商谈好商品价格后，三被告人各自以方便买家购物为由，将该虚假淘宝网链接通过阿里旺旺聊天工具发送给买家。买家误以为是淘宝网链接而点击该链接进行购物、付款，并认为所付货款会汇入支付宝公司为担保交易而设立的公用账户，但该货款实际通过预设程序转入网游网站在支付宝公司的私人账户，再转入被告人事先在网游网站注册的充值账户中。三被告人获取买家货款

---

① 最高人民法院指导案例 27 号。浙江省高级人民法院（2011）浙刑三终字第 132 号，载于中国裁判文书网。

后，在网游网站购买游戏点卡、腾讯 Q 币等，然后将其按事先约定统一放在臧某某的"小泉先生哦"的淘宝网店铺上出售套现，所得款均汇入臧某某的工商银行卡中，由臧某某按照获利额以约定方式分配。被告人臧某某、郑某某、刘某经预谋后，先后到江苏省苏州市、无锡市、昆山市等地网吧采用上述手段作案。臧某某诈骗 22000 元，获利 5000 余元，郑某某诈骗获利 5000 余元，刘某诈骗获利 12000 余元。

【裁判观点】

法院认为，盗窃是指以非法占有为目的，秘密窃取公私财物的行为；诈骗是指以非法占有为目的，采用虚构事实或者隐瞒真相的方法，骗取公私财物的行为。对既采取秘密窃取手段又采取欺骗手段非法占有财物行为的定性，应从行为人采取主要手段和被害人有无处分财物意识方面区分盗窃与诈骗。如果行为人获取财物时起决定性作用的手段是秘密窃取，诈骗行为只是为盗窃创造条件或作掩护，被害人也没有"自愿"交付财物，就应当认定为盗窃；如果行为人获取财物时起决定性作用的手段是诈骗，被害人基于错误认识而"自愿"交付财物，盗窃行为只是辅助手段，就应当认定为诈骗。在信息网络情形下，行为人利用信息网络，诱骗他人点击虚假链接而实际上通过预先植入的计算机程序窃取他人财物构成犯罪的，应当以盗窃罪定罪处罚；行为人虚构可供交易的商品或者服务，欺骗他人为支付货款点击付款链接而获取财物构成犯罪的，应当以诈骗罪定罪处罚。

本案中，被告人臧某某、郑某某使用预设计算机程序并植入的方法，秘密窃取他人网上银行账户内巨额钱款，其行为均已构成盗窃罪。臧某某、郑某某和被告人刘某以非法占有为目的，通过开设虚假的网络店铺和利用伪造的购物链接骗取他人数额较大的货款，其行为均已构成诈骗罪。对臧某某、郑某某所犯数罪，应依法并罚。

至于臧某某及其辩护人所提辩解和辩护意见，法院认为其与事实和法律规定不符，未予采纳。

【判例分析】

盗窃罪的行为结构是行为人通过平和手段将他人占有的财物转移为自己占有，而诈骗罪的行为结构是行为人实施欺骗行为使对方产生或维持认识错误，对方基于认识错误处分财物，行为人由此取得财物，对方遭受财产损失。根据二者的行为结构可以得出诈骗罪与盗窃罪的关键区分在于被害人是否基于认识错误处分财物，盗窃罪缺少诈骗罪行为结构中的"基于认识错误而处分财物"。

1. 诈骗罪中的处分行为和处分意识。

处分行为是指处分占有，也即被害人将自己占有的财物处分给对方占有；处分意识是指被害人是否同意处分财产，通俗来说也就是被害人是否意识到将自己占有的财物处分给他人占有。诈骗罪是转移占有的财产性犯罪，关于诈骗罪的处分意识，有不同观点：是只要客观上转移占有就成立诈骗罪（处分意识不要说），还是必须要求被害人意识到转移占有才能够成立诈骗罪（处分意识必要说）。处分意识必要说认为，处分行为不仅要求客观上有转移占有的处分行为，而且被害人主观上要有处分财产的意识；而处分意识不要说认为只要客观上有处分行为即可，不以处分意识为必要。目前我国主流观点是处分意识必要说，德国通说是处分意识不要说。

2. 处分意识的判断。

首先，被害人具有意思自治能力，这是作出意思表示的前提。欺骗幼儿、精神病患者这些没有意思自治能力的人的财物，成立的是盗窃罪而非诈骗罪。其次，被害人具有意志自由，被害人基于"自愿"而处分财物，而非违背意志。再者，被害人对财物的处分意识是该财物现实存在，这种对存在性的判断与不同财物的处分规则有关。如果处分规则是整体处分而非单个处分，在这种规则下，需要区分数量错误和种类错误。数量错误并不会影响处分意识，诈骗罪要求处分人有处分意识即可，并不要求有正确的处分意识；但如果处分人只认识到整体上是 A 种货物，对 B 种货物没有认识，便没有对 B 的处分意识，也即种类错误会影响处分意识。如果处分规则是单个处分而非整体处分，则需要对单个财物有处分意识，认识到每个财物的存在。处分资金是属于单个处分而非整体处分，要求对资金的具体数额有认识。本案中，金某点击 1 元支付链接只对 1 元钱的存在有认识，并没有意识到 305000 元的存在，因此金某对 305000 元缺乏主观处分意识。臧某某、郑某某获取 305000 元起决定性作用的手段是秘密窃取，看似是诈骗的链接行为只是为盗窃创造条件，通过虚假链接窃取财物。臧某某、郑某某、刘某向买家提供虚假的支付链接，金额为买家欲充值的金额，买家由此产生认识错误。此时，买家基于这种认识错误点击链接付款时客观上有处分行为，主观上有对充值金额的存在性的认识，应当认定为诈骗行为。综上所述，臧某某等人利用虚假链接转移被害人账户内钱财的行为和利用虚假淘宝链接获取买方货款的行为虽然都是虚构、隐瞒真相的欺骗行为，但是前一种行为由于缺乏被害人的处分意识，只能作为秘密窃取的一种手段，无法构成诈骗罪；而后一种行为符合诈骗罪中的处分行为的构成要件，即客观上有处分行为，主观上有处分意识，应当以诈骗罪论处。

【风险提示】

随着互联网时代的发展，网络交易和电子支付已经逐渐占据我们的生活，在快速交易和便利支付的同时也出现了利用网络信息手段实施侵害财物的行为，大多是采用交易的方式获取对方支付，从而转移对方的财物。利用网络实施的财产犯罪大致可以分为两种：一种是在网络平台实施的普通诈骗，其主要表现是利用网络传播速度快、范围广的特性发布虚假信息，实施欺骗行为，导致被害人产生或维持认识错误，从而通过网络直接向行为人支付钱款；另一种是利用钓鱼网站来实施诈骗行为，或者在真实网站虚假链接中植入计算机程序，在用户点击时即时获取其信用卡账号密码，进而向银行发出转账付款等请求。第一种诈骗行为与传统诈骗行为并无太大差异，只是虚假信息的传播方式以及财产的转移方式是通过互联网来完成的，自然应当构成诈骗罪。而第二种行为根据《刑法》第287条的规定："利用计算机实施金融诈骗、盗窃、贪污、挪用公款、窃取国家秘密或者其他犯罪的，依照本法有关规定定罪处罚。"实践中，若行为人利用钓鱼网站非法获取账户信息，从而转移被害人账户中的资金，由于缺乏被害人主观上的处分意识，行为人获取资金是在被害人未察觉的情况下秘密窃得而非被害人自愿处分，符合盗窃罪的犯罪构成要件，应当认定为盗窃。钓鱼网站上的犯罪行为往往存在隐蔽性强、社会危害性大、成本低、取证困难等特点，为了从根本上杜绝钓鱼网站对广大网民财产带来的侵害，可以从以下两个方面入手：

一是规范支付机构的运行，督促第三方支付平台承担合理风险。支付宝和快钱是当前应用最广泛的第三方支付平台，但是支付宝在交易过程中并没有审查义务，当卖家不履行义务时，支付宝公司并不承担连带责任，因此支付宝并没有考虑交易信息的真实性、有效性和合法性。而快钱这一支付方式甚至能够通过简单的操作一次性完成存于银行卡内的30万元的转账，使犯罪分子有机可乘。如果支付宝这样的第三方支付机构能够主动采取措施，规范客户认证环节，强调客户的实名认证、机构风险管理和客户权益保护，增强机构的风险意识，从而达到最大程度保障交易安全的目的。对于快钱这样的第三方支付机构，理应规定支付上限，避免发生不可挽回的大额损失。

二是规范电商平台的运行。犯罪分子往往利用消费者"薅羊毛"的心理，挂出低价链接，消费者一旦点击支付就落入圈套。除了消费者要提高防范意识之外，电商平台也应该尽到审慎管理义务。根据《第三方电子商务交易平台服务规范》以及《网络交易监督管理办法》的要求，网络交易平台经营者应当要求申请进入平台销售商品或者提供服务的经营者提交其身份、地址、联系方式、行政许可等真实信息，进行核验、登记，建立登记档案，并至少每六个月核验更新一次。网络交易平台经营者应当对平台内经营者及其发布的商品或者服务信息建立检查监控制度。

【相关法条】

《中华人民共和国刑法》

第二百六十四条　盗窃公私财物，数额较大的，或者多次盗窃、入户盗窃、携带凶器盗窃、扒窃的，处三年以下有期徒刑、拘役或者管制，并处或者单处罚金；数额巨大或者有其他严重情节的，处三年以上十年以下有期徒刑，并处罚金；数额特别巨大或者有其他特别严重情节的，处十年以上有期徒刑或者无期徒刑，并处罚金或者没收财产。

第二百六十六条　诈骗公私财物，数额较大的，处三年以下有期徒刑、拘役或者管制，并处或者单处罚金；数额巨大或者有其他严重情节的，处三年以上十年以下有期徒刑，并处罚金；数额特别巨大或者有其他特别严重情节的，处十年以上有期徒刑或者无期徒刑，并处罚金或者没收财产。本法另有规定的，依照规定。

第二百八十七条　利用计算机实施金融诈骗、盗窃、贪污、挪用公款、窃取国家秘密或者其他犯罪的，依照本法有关规定定罪处罚。

判例二：假冒注册商标犯罪的认定及法律责任

郭某升、郭某锋、孙某某假冒注册商标案①

【关键词】

假冒注册商标罪　非法经营数额　网络销售　刷信誉

【案情简介】

公诉机关指控：2013 年 11 月底至 2014 年 6 月，被告人郭某升为谋取非法利益，伙同被告人孙某某、郭某锋在未经三星（中国）投资有限公司授权许可的情况下，从他人处批发假冒三星手机裸机及配件进行组装，利用其在淘宝网上开设的"三星数码专柜"网店进行"正品行货"宣传，并以明显低于市场价格对外销售，共计销售假冒的三星手机 20000 余部，销售金额 2000 余万元，非法获利 200 余万元，应当以假冒注册商标罪追究其刑事责任。被告人郭某升在共同犯罪中起主要作用，系主犯。被告人郭某锋、孙某某在共同犯罪中起辅助作用，系从犯，应当从轻处罚。

被告人郭某升、孙某某、郭某锋及其辩护人对其未经"SAMSUNG"商标注册人授权许可，组装假冒的三星手机，并通过淘宝网店进行销售的犯罪事实无异议，但对其非法经营额、非法获利提出异议，辩解称其淘宝网店存在请人刷信誉的行为，真实交易量只有 10000 多部。

法院经审理查明："SAMSUNG"是三星电子株式会社在中国注册的商标，该商标有效期至 2021 年 7 月 27 日；三星（中国）投资有限公司是三星电子株式会社在中国投资设立，并经三星电子株式会社特别授权负责三星电子株式会社名下商标、专利、著作权等知识产权管理和法律事务的公司。2013 年 11 月，被告人郭某升通过网络中介购买店主为"汪亮"、账号为"play2011-1985"的淘宝店铺，并改名为"三星数码专柜"，在未经三星（中国）投资公司授权许可的情况下，从深圳市某强北远望数码城、深圳福田区某天地手机市场批发假冒的三星 I8552 手机裸机及配件进行组装，并通过"三星数码专柜"在淘宝网上以"正品行货"进行宣传、销

---

① 最高人民法院指导案例 87 号。江苏省宿迁市中级人民法院（2015）宿中知刑初字第 0004 号，载于中国裁判文书网。

售。被告人郭某锋负责该网店的客服工作及客服人员的管理，被告人孙某某负责假冒的三星 I8552 手机裸机及配件的进货、包装及联系快递公司发货。至 2014 年 6 月，该网店共计组装、销售假冒三星 I8552 手机 20000 余部，非法经营额 2000 余万元，非法获利 200 余万元。

【裁判观点】

法院认为，被告人郭某升、郭某锋、孙某某在未经"SAMSUNG"商标注册人授权许可的情况下，购进假冒"SAMSUNG"注册商标的手机机头及配件，组装假冒"SAMSUNG"注册商标的手机，并通过网店对外以"正品行货"销售，属于未经注册商标所有人许可在同一种商品上使用与其相同的商标的行为，非法经营数额达 2000 余万元，非法获利 200 余万元，属情节特别严重，其行为构成假冒注册商标罪。被告人郭某升、郭某锋、孙某某虽然辩解称其网店销售记录存在刷信誉的情况，对公诉机关指控的非法经营数额、非法获利提出异议，但三被告人在公安机关的多次供述，以及公安机关查获的送货单、支付宝向被告人郭某锋银行账户付款记录、郭某锋银行账户对外付款记录、"三星数码专柜"淘宝记录、快递公司电脑系统记录、公安机关现场扣押的笔记等证据之间能够互相印证，综合公诉机关提供的证据，可以认定公诉机关关于三被告人共计销售假冒的三星 I8552 手机 20000 余部，销售金额 2000 余万元，非法获利 200 余万元的指控能够成立，三被告人关于销售记录存在刷信誉行为的辩解无证据予以证实，不予采信。被告人郭某升、郭某锋、孙某某，系共同犯罪，被告人郭某升起主要作用，是主犯；被告人郭某锋、孙某某在共同犯罪中起辅助作用，是从犯，依法可以从轻处罚。

法院最终以被告人郭某升犯假冒注册商标罪，判处有期徒刑五年，并处罚金人民币 160 万元；被告人孙某某犯假冒注册商标罪，判处有期徒刑三年，缓刑五年，并处罚金人民币 20 万元。被告人郭某锋犯假冒注册商标罪，判处有期徒刑三年，缓刑四年，并处罚金人民币 20 万元。

【判例分析】

我国刑法明确规定未经注册商标所有人许可，在同一种商品、服务上使用与其注册商标相同的商标，构成假冒注册商标罪。由此可见，我国刑法保护的只有注册商标，只有侵犯注册商标才可能构成假冒注册商标罪；未经注册的商标在法律地位上远不及经过登记注册的注册商标，所得到的法律保护自然也不如注册商标，侵犯未注册的商标则不可能成立假冒注册商标罪，一般只会构成普通的商标民事侵权。

假冒注册商标罪的构成要件除了要求犯罪对象是注册商标之外，更为重要的是"同一种产品、服务"和"相同商标"的判断问题，而本案的焦点更着重在"同一种商品"的认定上。

对于如何判断是否为"同一种商品"，《最高人民法院、最高人民检察院、公安部关于办理侵犯知识产权刑事案件适用法律若干问题的意见》（以下简称"《意见》"）第5条首先明确了比较的范围，对于是否为"同一种商品"的判断应当在权利人注册商标核定使用的商品和行为人实际生产销售的商品之间进行。在实践中，权利人注册商标核定使用的商品名称与其实际使用该商标进行生产销售的商品并不是完全相对应的；若行为人实际生产销售的商品与权利人实际生产销售的商品相同，但区别于权利人注册商标核定使用的商品名称，此时行为人的行为并不侵犯权利人注册商标的专有权。简而言之，假冒注册商标罪所要保护的是权利人注册商标核定使用的商品，而非权利人实际生产销售的商品，这也完全符合假冒注册商标罪所要保护的客体，也就是国家对于注册商标的管理制度，若是以权利人实际生产销售的商品为准，那将会造成注册商标登记的专有范围形同虚设。

其次，《意见》也明确了判断标准，在判断涉案商品是否是名称相同的商品或者名称不同但指同一事物的商品时应该采用客观结合主观的方式。《意见》明确规定"名称"是国家工商行政管理总局商标局①在商标注册工作中对商品使用的名称，通常即《商标注册用商品和服务国际分类》中规定的商品名称。"尼斯协定分类法"将注册商标用商品分为了34类，服务类项目8类，共计42类。每一种商品下都分别列出了不同种的商品，类下有目，只要是处于同一种目的商品，无论其重量、规格、类型如何，均视为同一种商品。由于《国际分类表》的分类标准科学清晰，类型明确具体，是国际社会的普遍共识，在判断涉案商品时应当将《国际分类表》作为首要依据，以此来保证司法裁判的客观性和科学性。但是《国际分类表》此种列举分类的方式必然存在其固有缺陷，不可能将世间万物罗列穷尽，更何况处于互联网时代的商品经济快速发展，新的服务和商品种类层出不穷。在《国际分类表》无法解决的前提下，应当结合相关公众对涉案商品的认知进行认定。根据上述判断标准，在本案中三星株式会社的三星商标核定使用的"移动电话""便携式通讯设备""电话装置"等商品与三被告实际生产的"手机"应视为"同一种商品"。

---

① 现为国家知识产权局商标局。

【风险提示】

　　商标是商品的生产者、经营者在其商品上或者服务的提供者在其服务中采用的，用于区别商品或服务来源的，由文字、图形、字母、数字、三维标志、声音或上述要素的组合构成的，具有显著特征的标志。在经济快速发展的当今社会，商家所提供的产品和服务鱼龙混杂，品质参差不齐。因此，商标不仅仅能起到对商品或者服务进行标志区别的作用，更是承载了商品或者服务的质量，以及商家的商誉和知名度，与企业的品牌形象直接挂钩。

　　为了更好地推进商标事业改革发展，聚焦商标审查提质增效，企业应该做到以下几点：

　　一是及时注册商标。我国《刑法》只保护注册商标，未经注册的商标受到的法律保护远不及注册商标，为了使自身的商标专有权更有保障，企业应在第一时间注册商标，重视商标注册，防止有心人士恶意抢注。在注册商标保护期限届满时，及时向商标局申请续展。

　　二是深入发展商标品牌战略。将企业产品、服务做好做大的同时，积极致力于商标的建设，打出商标的知名度，打造商标自身独有的价值，响应中国品牌"走出去"的号召，增强社会责任感。企业要把商标放在一个重要、显著的地位中，以此使其带来的视觉冲击力更强烈，让顾客可以在类型繁多的商品中很快找到它，这样将商标置于醒目地方的做法，既加深了消费者对该商标的印象，更有利于企业打响知名度。

　　三是正确使用商标，加强商标宣传。商标注册成功后，企业应当按照法律规定正确使用商标，做好商标宣传，随时关注商标时效性和动态。按照自身的情况与对未来市场的预测，扩大公司自身注册商标的保护范围，不仅可以真正地增强自身的品牌权利，同时能够利用经营，让自身品牌的内外价值持续增强。

　　四是及时维护自身合法权益。对于侵犯自己商标的行为，企业要坚决并及时维护自身合法权益，保证自身品牌信誉度。此外，建议企业还应当引进、培养或聘请相关专业人才对知识产权进行保护，最大限度地排除外部不正当侵权行为对企业带来的负面冲击。

【相关法条】

《中华人民共和国刑法》

第二百六十四条 盗窃公私财物，数额较大的，或者多次盗窃、入户盗窃、携带凶器盗窃、扒窃的，处三年以下有期徒刑、拘役或者管制，并处或者单处罚金；数额巨大或者有其他严重情节的，处三年以上十年以下有期徒刑，并处罚金；数额特别巨大或者有其他特别严重情节的，处十年以上有期徒刑或者无期徒刑，并处罚金或者没收财产。

《最高人民法院、最高人民检察院、公安部关于办理侵犯知识产权刑事案件适用法律若干问题的意见》

五、关于刑法第二百一十三条规定的"同一种商品"的认定问题

名称相同的商品以及名称不同但指同一事物的商品，可以认定为"同一种商品"。"名称"是指国家工商行政管理总局商标局在商标注册工作中对商品使用的名称，通常即《商标注册用商品和服务国际分类》中规定的商品名称。"名称不同但指同一事物的商品"是指在功能、用途、主要原料、消费对象、销售渠道等方面相同或者基本相同，相关公众一般认为是同一种事物的商品。

认定"同一种商品"，应当在权利人注册商标核定使用的商品和行为人实际生产销售的商品之间进行比较。

判例三：流量劫持行为的刑法适用

付某某、黄某某破坏计算机信息系统案①

【关键词】

刑事 破坏计算机信息系统罪 DNS 劫持

【案情简介】

上海市浦东新区人民检察院因被告人付某某、黄某某涉嫌破坏计算机信息系统罪，向上海市浦东新区人民法院提起诉讼。起诉书称：2013 年年底至 2014 年 10 月，被告人付某某、黄某某等人，租赁多台服务器，使用恶意代码修改互联网用户路由器的 DNS 设置，进而使用户登录 2345.com 等导航网站时跳转至其设置的 5w.com 导航网站，被告人付某某、黄某某再将获取的互联网用户流量出售给杭州某尚科技有限公司（5w.com 导航网站所有者），违法所得共计人民币 754762.34 元。2014 年 11 月 17 日，被告人付某某接公安机关电话通知，主动投案并如实供述了犯罪事实，案发后，被告人付某某让其母亲熊某某打电话劝被告人黄某某投案，2014 年 11 月 17 日，被告人黄某某主动投案并如实供述了犯罪事实。案发后，公安机关扣押了计算机硬盘 1 只。法院审理期间，被告人付某某、黄某某在亲友的帮助下退缴违法所得人民币 754762.34 元。

上述事实，被告人付某某、黄某某在开庭审理过程中亦无异议，且有经庭审质证属实的被害单位员工康某、于某某的陈述笔录，扣押决定书、扣押笔录、扣押清单、照片、聊天记录、收益账户、收入统计表、代码截图等，由被害人签名的情况说明、上海二三四五网络科技有限责任公司提供的相关情况，调取证据通知书、调取证据清单、由支付宝公司提供的光盘及相关支付宝账户明细，证人姜某、黄某的证言笔录，证人汪某某的证言笔录、杭州某尚科技有限公司提供的付款证明，上有"1209 代码"字样光盘、上海某星电子数据司法鉴定中心司法鉴定检验报告书、补充鉴定书，公安机关出具的案发经过、关于被告人付某某、黄某某的到案情况说明，被告人付某某、黄某某的供述笔录等证据证实，足以认定。

---

① 最高人民法院指导案例 102 号。上海市浦东新区人民法院（2015）浦刑初字第 1460 号，载于中国裁判文书网。

【裁判观点】

法院认为，根据《刑法》第 286 条的规定，违反国家规定，对计算机信息系统功能进行破坏，造成计算机信息系统不能正常运行，后果严重的，构成破坏计算机信息系统罪。本案中，被告人付某某、黄某某实施的是流量劫持中的"DNS 劫持"。DNS 是域名系统的英文首字母缩写，作用是提供域名解析服务。"DNS 劫持"通过修改域名解析，使对特定域名的访问由原 IP 地址转入篡改后的指定 IP 地址，导致用户无法访问原 IP 地址对应的网站或者访问虚假网站，从而实现窃取资料或者破坏网站原有正常服务的目的。二被告人使用恶意代码修改互联网用户路由器的 DNS 设置，将用户访问"2345.com"等导航网站的流量劫持到其设置的"5w.com"导航网站，并将获取的互联网用户流量出售，显然是对网络用户的计算机信息系统功能进行破坏，造成计算机信息系统不能正常运行，符合破坏计算机信息系统罪的客观行为要件。根据《最高人民法院、最高人民检察院关于办理危害计算机信息系统安全刑事案件应用法律若干问题的解释》，破坏计算机信息系统，违法所得人民币二万五千元以上或者造成经济损失人民币五万元以上的，应当认定为"后果特别严重"。本案中，二被告人的违法所得达人民币 754762.34 元，属于"后果特别严重"。

综上，被告人付某某、黄某某实施的"DNS 劫持"行为系违反国家规定，对计算机信息系统中存储的数据进行修改，后果特别严重，依法应处五年以上有期徒刑。鉴于二被告人在家属的帮助下退缴全部违法所得，未获取、泄露公民个人信息，且均具有自首情节，无前科劣迹，故依法对其减轻处罚并适用缓刑。

最终判决：一、被告人付某某犯破坏计算机信息系统罪，判处有期徒刑三年，缓刑三年。二、被告人黄某某犯破坏计算机信息系统罪，判处有期徒刑三年，缓刑三年。三、扣押在案的作案工具以及退缴在案的违法所得予以没收，上缴国库。

【判例分析】

流量劫持行为也被称为"搭便车"，也就是说在他人的基础上利用技术手段或者混淆手段将本属于他人的流量转化变成自己的。流量劫持可以根据实施主体、劫持位置以及是否适用技术手段等标准分成不同种类。本案例中被告人付某某和黄某某的行为属于"DNS 劫持"，通过代码恶意修改用户路由器 DNS 设置的 IP 地址，从而导致用户无法正常访问先前所要访问的网站，将本该属于该网站的用户流量转移到被告人设置的网站。本案例系全国流量劫持行为入罪的刑事案件，以司法判决的方式确认了 DNS 劫持行为构成破坏计算机信息系统罪。

对于流量劫持的定性问题，有观点将其认定为盗窃罪，理由在于：流量作为虚拟财产，黄某某和付某某的行为具有将流量非法占有的目的，且违背他人意愿，符合盗窃罪的构成条件，但是此种观点并不符合我国刑法体系。首先，盗窃罪作为一种财产犯罪，需要以非法占有为目的，但是流量劫持行为的目的却是多种多样的，并非只有非法占有一种目的。其次，流量属于虚拟财产，在得到变现之前，只不过是网站用户访问量、网页浏览量等一系列数据指标，数据本身并不存在价值。若是将流量劫持定性为盗窃罪，盗窃数额将难以认定，不利于打击犯罪。以上两个问题足以说明流量劫持行为无法认定为盗窃罪，将其认定为破坏计算机信息系统罪是比较合理的。《刑法》第 286 条规定了破坏计算机信息系统罪的三种类型，分别针对的是计算机信息系统功能；计算机信息系统中存储、处理或者传输的数据和应用程序；计算机病毒。三种类型的客观方面表现不同，但是都要求以"后果严重"为构成要件。由此可以得知，行为人的主观目的并不影响该罪的构成，本案例中的行为人黄某某和付某某具有将流量变现后非法占有财产的目的可以认定为该罪，在实践中若是出现没有变现后非法占有目的，仅仅是针对该网站进行破坏，也不影响该罪的成立。在客观表现方面，根据相关司法解释的规定，计算机信息系统采用扩大解释，几乎可以涵盖所有与计算机相关联的智能设备，其中自然也包括属于网络设备的路由器。付某某和黄某某对用户路由器 DNS 设置中的 IP 地址进行修改，属于对计算机信息系统中的数据进行修改的行为。本案中违法所得达人民币 754762.34元，符合"违法所得 5000 元以上或者造成经济损失 1 万元以上"的入罪条件。

【风险提示】

正如在实体经济时代，商家在选择店址时会去实地考察人流量，大学城、小吃街、地铁口等人流聚集的地方会成为商家的首选，这都是因为人流量在很大程度上等于销量。与早期微商通过抽奖、拉人免费送产品的方式发展微信好友不同，互联网时代的流量很难像微信好友人数那样具体清晰易统计，现在的流量往往只能通过一系列数据指标展现。流量是抽象的，但是其能够带来的网站用户、知名度、市场占有份额等背后的收益却是巨大的。网络平台经营者获得的浏览用户越多，用户浏览时长越长，其能够从中挖掘到的用户信息便越多，比如用户的浏览时段、消费喜好、比较信任的推广渠道等，在这些个人信息的堆积下利用技术分析之后，平台就能够找到最有效的推广途径以及向不同的人群分时间段精准地投放不同性质的广告或信息，最大程度上提高交易量和信息的传播率。长此以往，用户在此平台被精准把控，贡献浏览量，为平台带来长久的流量。通过对各种数据的分析，平台经营者也能在第一时间敏锐地感受到用户喜好的转变，在新的潮流出现之前抢占先机，从而更好地制定出下一步营销计划，推动网站的长远发展。

面对流量劫持，只有让参与者真正意识到该行为所带来的法律风险，发挥法律的预防功能，才能在源头上遏制住。网络平台经营者首先应该明确流量劫持的违法性，增强法律意识，运用正确的手段参与网络竞争，将技术更多地投入建设平台中去，提升平台内容，优化平台服务，提高用户的体验感和满意度，打造良好的平台口碑，留住老用户，发展新用户。作为互联网竞争者，互联网竞争离不开技术手段，要不断突破技术，创新技术手段，利用技术革新提高核心竞争力。互联网平台应当加强与公安机关的合作，加强平台的预警功能，在系统功能、数据或者程序遭到破坏时及时作出反应，联系公安机关。同时需要意识到的是并非所有利用技术手段的互联网竞争行为都是不正当竞争或者违法行为，法律不能过分限制市场竞争，良性的市场竞争行为是推动经济发展和技术创新的重要因素。

【相关法条】

《中华人民共和国刑法》

第二百八十六条 违反国家规定，对计算机信息系统功能进行删除、修改、增加、干扰，造成计算机信息系统不能正常运行，后果严重的，处五年以下有期徒刑或者拘役；后果特别严重的，处五年以上有期徒刑。

违反国家规定，对计算机信息系统中存储、处理或者传输的数据和应用程序进行删除、修改、增加的操作，后果严重的，依照前款的规定处罚。

故意制作、传播计算机病毒等破坏性程序，影响计算机系统正常运行，后果严重的，依照第一款的规定处罚。

单位犯前三款罪的，对单位判处罚金，并对其直接负责的主管人员和其他直接责任人员，依照第一款的规定处罚。

判例四：通过竞猜游戏网站开展赌博行为的刑事责任

洪某强、洪某沃、洪某泉、李某某开设赌场案[①]

【关键词】

刑事　开设赌场罪　网络赌博

【案情简介】

2016 年 2 月 14 日，被告人李某某、洪某沃、洪某泉伙同洪某 1、洪某 2（均在逃）以福建省南安市英都镇阀门基地旁一出租房为据点（后搬至福建省南安市英都镇环江路大众电器城五楼的套房），雇佣洪某 3 等人，运用智能手机、电脑等设备建立微信群（群昵称为"寻龙诀"，经多次更名后为"（新）九八届同学聊天"）拉拢赌客进行网络赌博。洪某 1、洪某 2 作为发起人和出资人，负责幕后管理整个团伙；被告人李某某主要负责财务、维护赌博软件；被告人洪某沃主要负责后勤；被告人洪某泉主要负责处理与赌客的纠纷；被告人洪某强为出资人，并介绍了陈某某等赌客加入微信群进行赌博。该微信赌博群将启动资金人民币 300000 元分成 100 份资金股，并另设 10 份技术股。其中，被告人洪某强占资金股 6 股，被告人洪某沃、洪某泉各占技术股 4 股，被告人李某某占技术股 2 股。参赌人员加入微信群，通过微信或支付宝将赌资转至庄家（昵称为"白龙账房""青龙账房"）的微信或者支付宝账号计入分值（一元相当于一分）后，根据"PC 蛋蛋"等竞猜游戏网站的开奖结果，以押大小、单双等方式在群内投注赌博。该赌博群 24 小时运转，每局参赌人员数十人，每日赌注累计达数十万元。截至案发时，该团伙共接受赌资累计达 3237300 元。赌博群运行期间共分红 2 次，其中被告人洪某强分得人民币 36000 元，被告人李某某分得人民币 6000 元，被告人洪某沃分得人民币 12000 元，被告人洪某泉分得人民币 12000 元。

【裁判观点】

法院认为，被告人洪某强、洪某沃、洪某泉、李某某以营利为目的，通过邀请

---

① 最高人民法院指导案例 105 号。江西省赣州市章贡区人民法院（2016）赣 0702 刑初 367 号，载于中国裁判文书网。

人员加入微信群的方式招揽赌客，根据竞猜游戏网站的开奖结果，以押大小、单双等方式进行赌博，并利用微信群进行控制管理，在一段时间内持续组织网络赌博活动的行为，属于刑法第303条第2款规定的"开设赌场"。被告人洪某强、洪某沃、洪某泉、李某某开设和经营赌场，共接受赌资累计达3237300元，应认定为刑法第303条第2款规定的"情节严重"，其行为均已构成开设赌场罪。

法院最终判决：一、被告人洪某强犯开设赌场罪，判处有期徒刑四年，并处罚金人民币五万元。二、被告人洪某沃犯开设赌场罪，判处有期徒刑四年，并处罚金人民币五万元。三、被告人洪某泉犯开设赌场罪，判处有期徒刑四年，并处罚金人民币五万元。四、被告人李某某犯开设赌场罪，判处有期徒刑四年，并处罚金人民币五万元。五、将四被告人所退缴的违法所得共计人民币66000元以及随案移送的6部手机、1台笔记本电脑、3台台式电脑主机等供犯罪所用的物品，依法予以没收，上缴国库。宣判后，四被告人均未提出上诉，判决已发生法律效力。

【判例分析】

我国刑法规定了"开设赌场罪"，规制的是为赌博提供场所，设定赌博方式，提供赌局、筹码、资金等组织赌博的行为。与第一款规定的"赌博罪"相比，"开设赌场罪"是一个法定刑最高可以达到十年的重罪。

1. "赌场"的认定。

在人们的认知内，"赌场"往往是这样一种场景：在住宅、车库等私人场所，或者酒店、会所等公共场所，又或者说是古装剧里面的"地下赌场"内摆满了赌桌，赌桌旁站着赌徒，赌桌上放着筹码，场内还有四处维护秩序的人员。由此可知，不论是私人还是公共场所，地上还是地下空间，传统意义上的"赌场"都是一片有体的物理空间，赌桌赌具筹码都是有形的。但是在互联网时代，虚拟空间逐渐成为刑法意义上场所的一部分。根据2005年5月最高人民法院、最高人民检察院联合发布的《关于办理赌博刑事案件具体应用法律若干问题的解释》（以下简称《解释》）以及2010年最高人民法院、最高人民检察院、公安部联合印发的《关于办理网络赌博犯罪案件适用法律若干问题的意见》（以下简称《意见》）的规定，"建立赌博网站并接受投注的"；"建立赌博网站并提供给他人组织赌博的"；"为赌博网站担任代理并接受投注的"；"参与赌博网站利润分成的"的行为都属于"开设赌场"。微信的出现晚于《解释》和《意见》的出台，对于微信群是否能够认定为"赌场"需要运用客观目的解释方法，结合现实社会的客观发展来解释法条，避免法条的僵化。所谓赌场，本质上是一个有着特定空间的可以供多人聚集在一起进行赌博活动的相对固定的经营场所。网络虚拟空间中开设的赌场，例如"微信群"，虽然在现实空间中没有固定场所，但是在网络世界中有着属于自己的固定代码，而微信用户进入微信群中参与赌博活动与现实进入实体房间进行赌博并没有本质区别。在本案中，洪某强、洪某沃、洪某泉、李某某建立的微信群，可以解释为"赌场"，并没有超出公民的预测可能性。

2. 赌博罪和开设赌场罪的辨析。

"开设赌场罪"作为从"赌博罪"中分离出来的一个新罪名，与"赌博罪"相比，两者既有相似之处，又存在差异。

①营利目的。

《刑法》第 303 条第 1 款规定的"赌博"明确规定需要以营利为目的，但在第 2 款并没有此规定，对于第 1 款规定的以营利为目的能否作为第 2 款罪名的前置条件，在理解上存在分歧。而《解释》第 2 条的表述中明确提出"以营利为目的"，根据体系解释，为了保持《刑法》与《解释》的立场一致，可以由《解释》的表述中推论出开设赌场罪应以营利为目的。"赌博罪"是法定刑为三年以下的轻罪，而"开设赌场罪"的最高法定刑可以达到十年，量刑上远重于赌博罪。根据当然解释，入罪时举轻以明重，若成立轻罪需要符合此构成要件，那么可以得出成立重罪"开设赌场罪"要求在主观上具有营利目的。

②赌博与开设赌场的区分。

在赌博和开设赌场的行为方式中，均会出现不特定的人聚集在一起进行赌博的情形。但是赌博往往是临时性的，参与人员一般是彼此熟悉的，人合性较强；而开设赌场本质上是一种非法经营行为，行为人设立赌场后，对赌场和赌场内的人员具有较强的控制性，赌场的组织架构和人员分工相对清晰完备。作为经营场所，赌场的人员具有较强的流动性，不断吸引参赌人员扩大规模，从而获取更大的收益。两者的营利模式也是完全不同，赌博的输赢存在偶然性，获利一方获得的钱财即是输家的亏损，参赌人员是从赌博行为本身获得的收益。"开设赌场罪"的行为人并不是通过赌博行为直接获取钱财，而是通过为参与赌博的人员提供场所、赌具等服务以及管理行为间接获得钱财，且无论赢家还是输家，均要支付费用。因此与赌博的临时性、人员的无组织性以及营利的偶然性相比，开设赌场往往具有持续性、组织性以及收益的稳定性。

【风险提示】

互联网时代，微信作为一款全民使用的社交软件，在拉近人与人距离的同时也被不法分子用来构建赌场，牟取非法利益。与传统实体赌场相比，以微信群构建网上赌场的成本更低，行为人只需要创建一个微信群，在网络上拉拢赌客即可，不需要任何场地费用，人工成本也可以忽略不计，本案中仅五个行为人，涉案金额就高达 3000 万元。依托于网络的虚拟性和隐蔽性，微信群解散仅需几秒，案件侦查难度大大提高，为犯罪治理带来了挑战。除此之外，比起在传统实体赌场看着自己面前的筹码一点点减少的视觉冲击和由此造成的心理压力，在微信群中赌博大多数人会对金钱失去概念，转账的便捷性容易使人产生钱只是一个数字的错觉，输钱带来的罪恶感也随着转账的便捷性而消散，等回过头来已经酿下不可挽回的大错。

赌博体现的是人贪婪、自负、侥幸与盲从等性格弱点，赌场的开设正是利用了这些人性的弱点，网络又将这些弱点无限扩大，使得网络赌博的社会危害性更加恶劣。对于微信群赌博活动，必须坚持"严惩"的刑事政策导向。同时应当提高公众对于微信赌博群的认知，网络不是法外之地，很多人对于现实生活中的赌博行为避而远之，却在网络赌场中抱有侥幸心理，在一次次放纵之中试探法律的底线。加强对于网络赌博危害的宣传，将网络赌博与电信诈骗的宣传预防措施结合起来，提高民众对于网络赌场的警惕意识，倡导良好的社会风气。有关监管部门应当加强与微信平台的合作，落实网络监管平台的责任，微信作为移动社交平台，在为用户提供沟通、支付、消费等服务的同时，应当承担日常监管责任，对于涉及资金转移，存在安全风险的微信群及时发出警告提示，采取相应措施，将线索交由公安部门，从源头上制止微信群沦为网络赌场。开通民众举报平台和机制，网络赌场危害的不仅仅是个人的财产安全，更会给家庭乃至社会风气造成巨大的危害，建立健全网络赌场的举报机制，鼓励人民群众在发现有关微信群时及时举报，或者为公安机关的调查提供线索。

【相关法条】

《中华人民共和国刑法》

第三百零三条 以营利为目的，聚众赌博或者以赌博为业的，处三年以下有期徒刑、拘役或者管制，并处罚金。

开设赌场的，处五年以下有期徒刑、拘役或者管制，并处罚金；情节严重的，处五年以上十年以下有期徒刑，并处罚金。

组织中华人民共和国公民参与国（境）外赌博，数额巨大或者有其他严重情节的，依照前款的规定处罚。

《最高人民法院、最高人民检察院关于办理赌博刑事案件具体应用法律若干问题的解释》

第二条 以营利为目的,在计算机网络上建立赌博网站,或者为赌博网站担任代理,接受投注的,属于刑法第三百零三条规定的"开设赌场"。

判例五：非法向计算机系统上传网页链接代码的法律责任

张某某等非法控制计算机信息系统案①

【关键词】

非法控制计算机信息系统罪　　破坏计算机信息系统罪　　木马程序

【案情简介】

自 2017 年 7 月开始，被告人张某某、彭某某、祝某、姜某某经事先共谋，为赚取赌博网站广告费用，在马来西亚吉隆坡市租住的 Trillion 公寓 B 幢 902 室内，相互配合，采取对互联网中存在防护漏洞的目标服务器进行检索、筛查，向目标服务器植入木马程序进行控制，再使用"菜刀"等软件链接目标服务器中的木马程序，获取目标服务器后台浏览、增加、删除、修改等操作权限，将添加了赌博关键字并设置自动跳转功能的静态网页，上传至目标服务器的手段，提高赌博网站广告被搜索引擎命中的概率。其中，张某某负责联系赌博网站商谈广告收费、上传含有赌博关键字的网页；彭某某、祝某查找入侵网站、提供账户接收转移赃款；姜某某查找网站、提供账户接收转移赃款。截至 2017 年 9 月底，四被告人链接被植入木马程序的目标服务器共计 113 台，其中包含江苏人大等部分政府网站服务器还被植入了含有赌博关键词的广告网页。

2017 年 11 月 25 日至 28 日，张某某在马来西亚吉隆坡市 Trillion 公寓 B 幢 902 室被抓获，姜某某在浙江省台州市峰江街道谷岙村 2 区 131 号被抓获，祝某在辽宁省丹东市振兴区表厂路 22 号 1 单元 702 室被抓获，彭某某在广西壮族自治区桂林市叠彩区北辰路 72 号维也纳酒店被抓获。四人归案后均如实供述了侵犯目标服务器的主要事实。审理中，祝某的亲属代为退出违法所得人民币 2.5 万元。

【裁判观点】

一审法院认为，被告人张某某、彭某某、祝某、姜某某违反国家规定，对我国

---

① 最高人民法院指导案例 145 号。江苏省南京市中级人民法院（2019）苏 01 刑终 768 号，载于中国裁判文书网。

境内计算机信息系统实施非法控制，情节特别严重，其行为均已构成非法控制计算机信息系统罪，且系共同犯罪，依法均应予惩处。在共同犯罪过程中，张某某、彭某某、祝某实施了主要非法控制行为，起主要作用，系主犯；姜某某实施了部分检索并提供账号用于转移赃款的行为，系从犯，依法减轻处罚。张某某、彭某某、祝某、姜某某归案后均如实供述了实施非法侵入计算机信息系统的主要事实，自愿认罪，依法可从轻处罚。

法院判决：一、被告人张某某犯非法控制计算机信息系统罪，判处有期徒刑四年，罚金人民币五万元；被告人彭某某犯非法控制计算机信息系统罪，判处有期徒刑三年九个月，罚金人民币五万元；被告人祝某犯非法控制计算机信息系统罪，判处有期徒刑三年六个月，罚金人民币四万元；被告人姜某某犯非法控制计算机信息系统罪，判处有期徒刑二年三个月，罚金人民币二万元。二、扣押在公安机关的作案工具电脑 3 台、移动硬盘 1 块及在案的被告人祝某退出的违法所得人民币 2.5 万元，均予以没收。

宣判后，原审被告人姜某某以"量刑过重"为由提出上诉。

二审法院认为，上诉人姜某某、原审被告人张某某、彭某某、祝某违反国家规定，对计算机信息系统实施非法控制，情节特别严重，其行为均已构成非法控制计算机信息系统罪，且系共同犯罪。在共同犯罪中，原审被告人张某某、彭某某、祝某起主要作用，系主犯，上诉人姜某某起次要作用，系从犯，依法可减轻处罚。上诉人姜某某、原审被告人张某某、彭某某、祝某归案后均如实供述了犯罪的主要事实，系坦白，依法可从轻处罚。

关于上诉人提出"量刑过重"的上诉理由及辩护人提出"不能认定上诉人犯罪后果特别严重，一审量刑过重"的辩护意见，经查，法律规定，非法控制计算机信息系统一百台以上的，应当认定为"情节特别严重"，本案中上诉人及原审被告人链接被植入木马程序的目标服务器共计 113 台，属于情节特别严重，并非辩护人所称的"犯罪后果特别严重"；非法控制计算机信息系统，情节特别严重的，应处三年以上七年以下有期徒刑，并处罚金，一审法院依据本案的犯罪事实和上诉人在共同犯罪中系从犯，且有坦白等情节，对上诉人减轻处罚，判处有期徒刑二年三个月，罚金人民币二万元，量刑适当且与其他原审被告人的刑期均衡。故该上诉理由及辩护意见不能成立，法院未予采纳。对其辩护人提出的"请求二审法院对上诉人适用缓刑"的辩护意见同样未予采纳。

二审法院认定一审判决事实清楚，证据确实、充分，定性准确，量刑适当。审判程序合法，应予维持。最终驳回上诉，维持原判。

【判例分析】

　　为了打击计算机犯罪，2009 年通过的《刑法修正案（七）》中增加了有关计算机犯罪的条款，增加了计算机犯罪形式，非法控制计算机信息系统罪便是其中一个新增罪名。《刑法》第 285 条第 1 款规定的非法侵入计算机信息系统罪的犯罪对象仅限于国家事务、国防建设、尖端科学技术领域的计算机信息系统，是典型的行为犯，即只要实施了侵入行为，不论是否造成严重后果，都构成该罪。而第 286 条规定的破坏计算机信息系统罪则更注重侵入行为造成的结果，要求侵入并且破坏造成严重后果才能构成该罪。在非法侵入计算机信息系统罪和破坏计算机信息系统罪规制的行为的中间地带，即行为人对普通领域的计算机信息系统进行侵入，仅获取其中的数据或者实施非法控制，未对数据或应用程序进行删除、修改、增加、干扰。相较于非法侵入计算机信息系统罪规制的"到此一游"行为，破坏计算机信息系统罪的"到此一游并偷家"的行为，非法控制计算机信息系统罪正是处于两者之间的上述中间地带。

　　虽然在理论上破坏计算机信息系统罪与非法控制计算机信息系统罪的界限十分清晰，但是在司法实践中，两者的适用存在一定争议。两者的行为模式有重叠的部分，修改、删除计算机系统中的数据导致权利人不能正常使用的行为，究竟属于非法控制计算机信息系统罪还是应当认定为破坏计算机信息系统罪，应当从客观和主观两方面来判断。在客观方面，非法控制行为的本质在于未经授权或者超越授权获取他人的操作权限，其目的是控制计算机信息系统执行特定的操作，至于他人的控制权限丧失与否则在所不问，可以是部分丧失，也可以是完全丧失；而破坏行为在一定程度上也是符合非法控制的本质的，例如，行为人盗取苹果手机用户的账号密码，登录其系统账号后更改其密码，或者将其手机设置为"丢失模式"从而远程锁定用户的手机，在此情况下，用户不能正常使用手机，其使用权被剥夺，符合非法控制；同时，系统被锁定不能正常运行，也符合破坏计算机信息系统罪的构成。因此，此时不能简单通过客观表现形式来定罪，需要结合行为人的主观来分析。在本案中，张某某等人通过植入木马程序的方式，非法获取网站服务器的控制权限，进而通过修改、增加计算机信息系统数据，向相关计算机信息系统上传网页链接代码，其根本目的并非破坏目标网站的功能或数据，相反，张某某等人要借助网站的正常运行提高赌博广告的浏览量，网站数据或者功能一旦被破坏，犯罪人的目的也会落空。因此本案中张某某等人的行为应该定性为非法控制计算机信息系统罪，而非破坏计算机信息系统罪。

【风险提示】

随着信息化时代的到来，计算机带给人们生活便利的同时，也带来了很多安全隐患。尤其是随着技术手段的发展，催生出了计算机网络黑客，运用非法或者违规的手段侵入他人的计算机系统，窃取相关数据或者破坏计算机系统，不仅会大大降低普通用户的上网体验感，更是给计算机系统安全和用户信息安全造成了巨大的安全隐患。饱受计算机被非法入侵或控制危害的不仅限于个人，这些行为对企业和社会造成的损失和危害更加巨大。行为人通过网页植入暗链等方式为赌博、贩毒、私服网站等违法犯罪活动进行推广，从中谋取非法利益，严重影响企业的计算机信息系统安全和互联网经济秩序。

因此，企业在利用计算机拓展商业版图、获取更多利润的同时，也要加强应对风险的能力。首先是要提高预防能力，预防是解决危机的最好办法。企业要注重对自身计算机信息系统的防火墙建设。从人员和技术两方面出发，在人员方面，重视网络安全管理人员的筛选和培养，提高整体管理人员的综合素质，保持团队在维持系统安全方面的专业性。在技术方面，以计算机网络安全系统的研究和升级为基础，借助新型网络安全技术，提高对非法入侵的敏感度，提前预判系统安全性；对系统及时进行检测，提前掌握系统的构造和弱点，第一时间优化系统，弥补系统漏洞。网络安全的治理并不是一朝一夕就能完成的，在与黑客的长期对抗中，企业之间应当建立信息共享平台，以此实现网络攻击信息跨行业、跨领域、跨部门的互通有无，将网络安全威胁扼杀在摇篮里，维持数据和资料的安全状态。其次是要加强加密技术，为系统提供安全保障。如果黑客已经冲破系统的防御网，那么此时系统内部信息的加密就变得尤其重要。有效的加密技术是网络安全的前提，是信息系统安全的有力保障。企业的信息系统不仅仅包含了企业的各种文件、数据等内部信息，更包含了企业员工的个人信息。网络加密常用的方法有链路加密、端点加密和节点加密三种，应当根据不同的信息采用最合适有效的加密途径。最后是要强化网络平台的主体责任，进一步强化打击和整治效果。计算机黑客犯罪呈现团体化、组织化趋势，因此各级职能部门和司法机关要追根溯源，从源头入手，不仅要严惩实施违法犯罪行为的个人，而且要依法严肃查处违法企业和平台，加大行政处罚力度，涉嫌刑事犯罪的应当依法追究相关人员和单位的刑事责任。

【相关法条】

《中华人民共和国刑法》

第二百八十五条 违反国家规定，侵入国家事务、国防建设、尖端科学技术领域的计算机信息系统的，处三年以下有期徒刑或者拘役。

违反国家规定，侵入前款规定以外的计算机信息系统或者采用其他技术手段，获取该计算机信息系统中存储、处理或者传输的数据，或者对该计算机信息系统实施非法控制，情节严重的，处三年以下有期徒刑或者拘役，并处或者单处罚金；情节特别严重的，处三年以上七年以下有期徒刑，并处罚金。

提供专门用于侵入、非法控制计算机信息系统的程序、工具，或者明知他人实施侵入、非法控制计算机信息系统的违法犯罪行为而为其提供程序、工具，情节严重的，依照前款的规定处罚。

单位犯前三款罪的，对单位判处罚金，并对其直接负责的主管人员和其他直接责任人员，依照各该款的规定处罚。

第二百八十六条 违反国家规定，对计算机信息系统功能进行删除、修改、增加、干扰，造成计算机信息系统不能正常运行，后果严重的，处五年以下有期徒刑或者拘役；后果特别严重的，处五年以上有期徒刑。

违反国家规定，对计算机信息系统中存储、处理或者传输的数据和应用程序进行删除、修改、增加的操作，后果严重的，依照前款的规定处罚。

故意制作、传播计算机病毒等破坏性程序，影响计算机系统正常运行，后果严重的，依照第一款的规定处罚。

单位犯前三款罪的，对单位判处罚金，并对其直接负责的主管人员和其他直接责任人员，依照第一款的规定处罚。

判例六：通过互联网实施跨境侵犯著作权罪的认定

陈某等侵犯著作权罪案①

【关键词】

刑事　侵犯著作权罪　跨境侵权

【案情简介】

上海市人民检察院第三分院起诉指控，2017年7月至2019年3月，被告人陈某受境外人员"野草"委托，在国内先后招募被告人林某、赖某、严某、杨某某、黄某某、吴某某、伍某某等人，组建"鸡组工作室"QQ聊天群，通过登录远程服务器，从人人影视、西瓜影视、OK资源网等网站下载，或者从爱奇艺、优酷等网站下载后转化格式，或者从百度云盘分享等方式，获取包括2019年春节档电影《流浪地球》《廉政风云》《疯狂外星人》等8部影片在内的各类影视作品片源，下载至远程服务器上，再将远程服务器上的片源上传至云转码服务器，在云转码服务器上实现切片、转码、添加赌博网站广告及水印、生成链接的功能，最后将转码生成的链接复制粘贴至"www.131zy.net""www.156zy.cc""www.caijizy.com""www.zuikzy.com"等盗版影视资源网站，从而维护、更新上述盗版影视资源网站不同板块内容。其间，陈某收到"野草"汇入的盗版影视资源网站运营费用共计人民币（以下币种皆为人民币）12509643元，其个人获利50万元左右，林某、赖某、严某、杨某某、黄某某、吴某某、伍某某参与期间，涉及非法经营数额分别为500余万元至1250余万元不等，个人获利分别为1.8万余元至16.6万余元不等。

2019年3月10日，被告人陈某、林某、赖某、严某、杨某某、黄某某、吴某某、伍某某被公安机关抓获，到案后均如实供述了上述犯罪事实。

【裁判观点】

法院认为，被告人陈某、林某、赖某、严某、杨某某、黄某某、吴某某、伍某

① 2021年5月31日最高人民法院发布的互联网十大典型案例。https://www.court.gov.cn/zixun-xiangqing-306541.html. 上海市第三中级人民法院（2019）沪03刑初127号刑事判决书，载于中国裁判文书网。

某以营利为目的，未经著作权人许可，复制并通过信息网络传播他人影视作品，其行为已构成侵犯著作权罪，且具有其他特别严重情节，依法应予惩处。本案系共同犯罪，被告人陈某系主犯，被告人林某、赖某、严某、杨某某、黄某某、吴某某、伍某某均系从犯，对从犯应从轻或减轻处罚。被告人陈某系累犯，依法从重处罚。八名被告人到案后均如实供述自己的罪行，自愿认罪认罚，且预缴了罚金，对各被告人均从轻处罚。综合各被告人犯罪的事实、性质、情节及对社会的危害程度，对被告人陈某从轻处罚，对被告人林某、赖某、严某、杨某某、黄某某、吴某某、伍某某减轻处罚。公诉机关指控的事实清楚，证据确实、充分，指控的罪名成立，量刑建议适当，法院予以采纳。辩护人与此相关的辩护意见，合法有据，法院予以采纳。

关于陈某辩护人提出的陈某个人获利与其侵犯著作权行为并非完全对应，林某辩护人提出的陈某从"野草"处收到的钱款去向尚未完全查清，建议对被告人陈某、林某酌情从轻处罚的意见。法院认为，本案系共同犯罪，应以全案非法经营数额并结合各被告人参与共同犯罪的时间认定各被告人涉及的非法经营数额；至于陈某收到钱款的具体去向，不影响对各被告人涉及的非法经营数额的认定，陈某从其收到钱款中获取的全部非法收入均应计入其个人获利数额，两名辩护人要求对两名被告人酌情从轻处罚的意见，可以结合被告人在共同犯罪中的地位、作用在量刑时酌情考虑。

关于林某的辩护人提出的"野草"尚未到案，可能会影响在案被告人刑事责任认定的意见。法院认为，在案被告人参与犯罪的事实已经查清，"野草"尚未到案并不影响对各被告人刑事责任的认定，对林某辩护人的该项辩护意见本院不予采纳。被告人陈某到案后如实供述了另案处理的王某某参与犯罪的事实，属于其应当如实供述的内容，不构成立功，但可在量刑时酌情考虑。对陈某辩护人的该项辩护意见，予以采纳。

关于林某、杨某某、黄某某、吴某某的辩护人建议对被告人进一步从宽处罚或宣告缓刑的意见。法院认为，公诉机关提出的量刑建议适当，应当采纳；本案被告人均自愿认罪认罚，且在律师见证下签署了具结书，其后亦未发现新的对量刑有重大影响的事实，故对上述辩护人的意见，法院未予采纳。

【判例分析】

《刑法修正案（十一）》生效之前，《刑法》第217条规定，以营利为目的，未经著作权人许可，复制发行其电影、电视等作品，违法所得数额较大或者有其他严重情节的，构成侵犯著作权罪。在《刑法修正案（十一）》中，将"通过信息网络向公众传播"与"复制发行"在同一条文中并列出现，中间采用的是顿号，回应了一直以来理论界和实务界对于二者的争论——并列出现说明二者是相互独立的行为，并非包容关系。"复制""发行""通过网络传播"是不同的概念，在《刑法修正案（十一）》之前，对三者的概念经常存在混淆。所谓"复制"，是由一变多的行为，既可以是有形载体的复制，比如报刊书籍的印刷；也可以是以无形载体，通过网络的数字化复制，比如视频的拷贝、游戏软件代码的复制。而"发行"与"通过网络传播"都是在复制的基础上进行，传统的"发行"行为是绝对非数字化的，其发行的对象往往是有形的、具体的，而"通过网络传播"是数字化的传播行为，其传播的是一种无形的数字化信息，而且以信息网络作为一种传播媒介，其本身便具有数字化的特征。

"通过信息网络向公众传播"这一概念来源于《著作权法》中的"信息网络传播权"，所谓信息网络传播权是指以有线或者无线方式向公众提供，使公众可以在其选定的时间和地点获得作品的权利，是著作财产权中的一项重要内容。信息网络传播权最本质的特征是交互性，使公众可以在其选定的时间和地点获得作品，在任何时间、任何地点只要用户有需要，网络都可以满足。根据这个本质特征可以将其与广播权区分开来，广播权需要公众迁就节目的时间表，错过了特定的播放时间就无法获取该节目。简单来说，电视直播可以看作广播权，而电视点播则是属于信息网络传播权的范畴。"通过信息网络向公众传播"与"网络传播权"二者虽然联系密切，但是不能将其简单等同。首先，《刑法》第217条中"通过信息网络向公众传播"的对象是作品、表演、录音录像制品，并不包括电视直播、网络直播等不能称为"作品"的视频。受《著作权法》保护的对象不一定受刑法保护，侵犯著作权罪这一罪名保护的对象不以《著作权法》保护的对象为基础，这也符合刑法的谦抑性原则。其次，若将侵犯著作权中的"通过信息网络向公众传播"与"网络传播权"简单等同，则说明侵犯著作权罪只规制具有交互性的网络传播行为，在这种情况下会造成广播式网络传播的规制漏洞，例如，一部电视剧周末固定时间在卫视直播，工作日则将剧集上传到网络平台供用户自行观看，周末的直播因缺乏交互性不受刑法保护，而工作日的剧集则受刑法保护，如此，会出现同一部电视剧因时间关系出现不同的保护态度。

【风险提示】

侵犯著作权在互联网技术的加持下呈现出鲜明的犯罪特点：首先，犯罪成本低。传统的"盗版"书籍或者光盘需要以有体物作为载体，行为人需要进行印刷、复刻，需要有场地、技术以及工具；制作出来以后，在销售阶段又需要大量成本。

但是随着互联网的发展，网络的无门槛性使得任何人都可以借助网络平台的开放性上传资源，行为人往往只需要一台服务器，利用技术手段绕开著作权人设定的技术保护措施，或者直接从境外网站进行下载转换格式即可获取盗版影视资源。与传统的人力、物力、技术成本相比，在网络上获取盗版影视资源的成本基本可以忽略不计。其次，犯罪主体多为自然人，但是半数以上侵犯著作权的犯罪属于共同犯罪，甚至有境外人员的参与，且趋向集体化和产业化，已经形成了相对稳定的黑色产业链。再者，随着互联网技术的代际升级和信息网络传播技术的发展，侵犯信息网络传播权的犯罪手段同步跟进、深度链接、网络爬虫等网络技术的发展不断翻新，为利用网络侵犯著作权犯罪的滋生提供了技术条件。

互联网侵犯著作权行为泛滥很大一部分原因在于被害者缺乏版权保护意识。软件公司、中文文学网站、影视 App 等受害者，往往缺乏自我保护意识，无法在第一时间发现侵权行为，放纵他人复制、发行盗版作品。因此作为享有著作权的权利人，公司更应该加强版权保护意识，对盗版行为零容忍，一旦发现盗版侵权行为，要使用法律武器追责到底，捍卫自己的合法权益。这不仅有利于公司保护自身的合法权益，也有利于保护处于弱势的网络用户的合法权利。公司与用户应当建立良好的交流合作平台，当分散在网络各处的用户发现侵权行为时应当第一时间联系公司，帮助公司进行维权。与此同时，盗版能够在网络平台中泛滥，很大程度上在于正版的价格和质量不成正比，例如视频网站的会员价格超出用户的心理预期，且该App 中只有一部或者几部高质量影视作品，在用户觉得开会员并不划算时，此时盗版视频网站便以免费观看视频这点打开了市场，获取了流量。因此公司在享受平台用户提供的帮助时也应该及时提高提供的产品或者服务质量，让用户能够以最低的价格得到最极致的体验。一旦用户能够以最合适的价格获得与盗版相同甚至更好的体验，盗版视频、游戏、软件就会失去市场，无利可图。

另外，考虑侵犯著作权罪被害人通常维权举证成本高，建议便捷著作权人启动刑事诉讼的程序，来进一步提升著作权保护力度。涉案网站在自诉人完全不知情的情况下投放其作品，自诉人只要能够证明自己对该作品享有合法的著作权，则无须证明涉案网站的资质、作案手段、营利目的等即可提起自诉，法院应当依法受理。这就降低了对被害人自诉的证据要求，有利于强化其权利保护意识。

【相关法条】

《中华人民共和国刑法》

第二百一十七条 以营利为目的，有下列侵犯著作权或者与著作权有关的权利的情形之一，违法所得数额较大或者有其他严重情节的，处三年以下有期徒刑，并处或者单处罚金；违法所得数额巨大或者有其他特别严重情节的，处三年以上十年以下有期徒刑，并处罚金：

（一）未经著作权人许可，复制发行、通过信息网络向公众传播其文字作品、音乐、美术、视听作品、计算机软件及法律、行政法规规定的其他作品的；

（二）出版他人享有专有出版权的图书的；

（三）未经录音录像制作者许可，复制发行、通过信息网络向公众传播其制作的录音录像的；

（四）未经表演者许可，复制发行录有其表演的录音录像制品，或者通过信息网络向公众传播其表演的；

（五）制作、出售假冒他人署名的美术作品的；

（六）未经著作权人或者与著作权有关的权利人许可，故意避开或者破坏权利人为其作品、录音录像制品等采取的保护著作权或者与著作权有关的权利的技术措施的。

判例七：首例利用 AI 侵犯公民信息犯罪案

李某、杨某某、周某等提供侵入、
非法控制计算机信息系统程序、工具案①

【关键词】

刑事　侵犯公民个人信息罪　主观明知

【案情简介】

2015 年年初开始，被告人李某创建"快某题"平台，后与提供图文验证码识别技术的被告人杨某某合作，合伙有偿为他人提供批量图文验证码识别服务。被告人张某、林某、陈某某、张某某、朱某等众多软件开发者在编译出具有批量登录腾讯 QQ 账号功能的软件后，将软件接入被告人李某提供的"快某题"平台的对外端口。软件通过平台接入的被告人杨某某的图文验证码识别技术，快速、批量实现对腾讯公司服务器下发图文验证码的识别，以顺利完成腾讯 QQ 账密的验证及账号的登录。后众多软件用户以向"快某题"平台充值的形式有偿使用上述程序工具，并通过运行上述程序工具侵入腾讯公司服务器，批量验证腾讯 QQ 账密的一致性以及登录账号获取账号内信息。

被告人张某某、胡某某、李某某、陈某、李某某通过网络购买等方式获取大量 QQ 账密形式的数据，后利用软件进行批量账密匹配并出售获利。

2016—2017 年，被告人曾某、郑某某经事先合谋，付费委托他人制作能够后台修改中奖号码的博彩网站，并登录购买的 QQ 账号进行网络推广，引诱玩家加入 QQ 群组并至网站下注博彩。被告人曾某、郑某某同时招募刘某、陈某 1、周某、熊某某（均另案处理）等数十人分组管理博彩 QQ 群组，团伙成员在 QQ 群组中以管理员、技术员、玩家等不同角色通过发布投注计划、虚假中奖结果等方式活跃气氛，引导玩家集中下注"幸运彩"，并通过后台修改开奖结果以"杀大放小"方式占有玩家的下注钱款。经查，被告人曾某、郑某某通过上述方式占有的玩家的钱款超过 486 万元。

---

① 浙江省绍兴市中级人民法院（2018）浙 06 刑终 742 号刑事裁定书，载于中国裁判文书网。

在案件审理过程中，被告人朱某退缴了人民币 10000 元，被告人周某退缴了人民币 58308 元，被告人张某某退缴了人民币 4000 元，被告人胡某某退缴了人民币 10000 元，被告人李某某退缴了人民币 4000 元，被告人李某退缴了人民币 5000 元。

【裁判观点】

一审法院认为，被告人李某、杨某某、张某、林某、陈某某、张某某、朱某、周某的行为均已构成提供侵入计算机信息系统程序、工具罪，且系共同犯罪；被告人曾某、郑某某、张某某、胡某某、李某某、陈某、李某某、李某的行为均已构成侵犯公民个人信息罪，部分系共同犯罪；被告人曾某、郑某某的行为均已构成诈骗罪，系共同犯罪。对被告人曾某、郑某某的行为予以数罪并罚。基于本案及系列案件的恶劣社会影响，酌情对各被告人予以从重处罚。被告人曾某、郑某某组织、领导犯罪集团实施犯罪行为，对二被告人予以从重处罚。

后，李某、杨某某、张某提起上诉。

二审法院认为，上诉人李某、杨某某、张某及原审被告人林某、陈某某、张某某、朱某、周某违反国家规定，提供专门用于侵入计算机信息系统的程序、工具，情节特别严重，其行为均已构成提供侵入计算机信息系统程序、工具罪，系共同犯罪；上诉人李某某、郑某某及原审被告人曾某、张某某、胡某某、李某某、陈某、李某违反国家有关规定，以非法方式获取或出售公民个人信息，情节特别严重，其行为均已构成侵犯公民个人信息罪，且部分系共同犯罪；上诉人郑某某及原审被告人曾某以非法占有为目的，采用虚构事实、隐瞒真相的方法，骗取他人财物，数额特别巨大，其行为均已构成诈骗罪，系共同犯罪。上诉人郑某某及原审被告人曾某均构成两罪，依法予以并罚。基于本案及系列案件的恶劣社会影响，酌情对各被告人予以从重处罚。原判定罪和适用法律正确，已结合各原审被告人的犯罪事实、情节、悔罪表现等情况作出适当量刑。审判程序合法。各上诉人提出的上诉意见，未予采纳，要求二审改判，均未予支持。

【判例分析】

根据《刑法》第 253 条之一规定，违反国家规定，向他人出售或者提供公民个人信息；窃取或者以其他方法非法获取公民个人信息的行为应当认定为侵犯公民个人信息罪。但是该条款未对"公民个人信息"作出明确界定。对于"公民个人信息"的概念认定，经历了 2012 年《全国人民代表大会常务委员会关于加强网络信息保护的决定》，2013 年《最高人民法院、最高人民检察院、公安部关于依法惩处侵害公民个人信息犯罪活动的通知》、2016 年《网络安全法》、2017 年《最高人民法院、最高人民检察院关于办理侵犯公民个人信息刑事案件适用法律若干问题的解释》、2021 年《个人信息保护法》，概念认定的范围不断扩大。《全国人民代表大会常务委员会关于加强网络信息保护的决定》将个人信息分为能够识别公民个人身份的信息和涉及公民个人隐私的电子信息，《最高人民法院、最高人民检察院、公安部关于依法惩处侵害公民个人信息犯罪活动的通知》在可识别性和隐私性的基础上具体列举了姓名、年龄、证件号码等，并且将数据资料列入个人信息之中，以上两个法律文件对于个人信息的定义本质是一样的，即"可识别性+隐私性"，而到了《网络安全法》将可识别性作为认定个人信息的唯一标准，包括直接识别和间接识别，删除了隐私性的认定。这样的变化说明了立法者将个人信息的范围进一步扩大，个人信息与个人隐私二者之间是包含关系。2017 年的《最高人民法院、最高人民检察院关于办理侵犯公民个人信息刑事案件适用法律若干问题的解释》仍然延续了可识别性这唯一标准，但是增加了账号密码、财产状况、行踪轨迹三个不同的内容，进一步保护公民的人身权利和财产权利。《个人信息保护法》仍然将可识别性作为唯一界定标准，但是与之前列举方式相比，《个人信息保护法》并未采取列举的表述方法，而是笼统表述为"各种信息"，这样笼统的表述一方面符合大数据时代信息多元化的趋势，但在另一方面措辞的模糊性会给司法实践中的认定带来一定阻碍。

本案的争议焦点之一在于 QQ 账号密码是否属于公民个人信息，被告人郑某某主张 QQ 账号密码不属于公民个人信息，因为其存在于网络虚拟空间中，具有虚拟性，且大部分 QQ 账号并未实名认证，因此该数据并不具有可识别性。该主张显然存在避重就轻的嫌疑，如果 QQ 账号仅仅是一串数据，行为人获得数据后无法与特定行为人相对应，那么 QQ 账号密码确实不具有价值。但是事实显然并非如此，QQ 是一款全民社交软件，其账号具有专属性，每个账号对应的个人是确定唯一的，而且 QQ 账号密码关联的身份认证信息、好友资料、空间动态、钱包、游戏等信息，能够直接锁定特定的自然人，且能反映该自然人的社交圈及财产状况。尤其随着越来越多的社交软件的出现，很多软件都会设置由 QQ 登录，与 QQ 进行绑定，QQ 账号密码一旦泄露，会出现一系列连锁反应。由此可知 QQ 账号密码不仅仅是一串数字，还具有专属性，并且具有人格属性和财产属性。被告人李某、杨某某利用技术手段躲避 QQ 设置的验证关卡获得大量 QQ 账号密码行为应当认定为《刑法》第 253 条之一规定的侵犯公民个人信息罪。

【风险提示】

在大数据时代，公民个人信息的安全与人身安全、财产安全同等重要，个人信息一旦泄露，公民便仿佛在社会中"裸奔"一样，不仅会遭到垃圾短信、推销电话、垃圾邮件的骚扰，不法分子还会利用获得的信息进行诈骗，使公民遭受财产损失。不仅像案例中的社交软件存在泄露个人信息的风险，网络购物、门禁刷脸等行为都出现过信息泄露的事件。公民个人信息泄露的下一步往往是被犯罪分子利用进行网络诈骗，侵犯公民个人信息罪也逐渐衍生为侵犯财产类犯罪的上游犯罪，下游犯罪主要是诈骗罪、敲诈勒索罪等。保护个人信息不仅仅是为了保护个人的权利，在当今大数据与人工智能高速发展的时代，数据蕴含着巨大的商业价值。企业商家通过大数据分析，精准投放广告、推荐商品和服务，大大降低了试错成本的同时提高了成交概率。

因此，要加强对个人信息的保护。在信息收集阶段，"非必要不收集"。公民对于信息收集的警惕意识十分薄弱，导致在一些根本不需要提供个人信息的场所也对外提供了自己的个人信息。提高公民的个人意识，提高对信息收集的警惕性，政府和社会团体需要在群众中加强宣传，促进公民知法、懂法、守法。有关部门应该采取各种手段明确哪些信息属于个人信息，在对某类信息是否属于个人信息存在争议时，先按照个人信息进行处理，因为信息一旦泄露就很难挽回。除了政府之外，企业是否有权利收集公民的个人信息仍需要论证，尤其是互联网企业。社交平台、游戏软件的"实名认证""刷脸登录"是否有必要，以及用户在注册登录时填写的个人信息企业是否就有权利收集储存。在信息收集之后，企业应当强化内部的数据管理机制，一方面，作为个人信息收集、管理、存储以及运用的主体，必须建立健全完善的个人信息保护体系，并且将信息保护状况作为考核企业经营管理水平的重要指标，还需要履行相应的提示和审查义务，提示客户注意《隐私政策》以及涉及个人信息的重要条款。另一方面，企业还应加强对员工的管理，入职前需重视相应的背景调查以及提高准入门槛，定期考察员工的信用状况，构建良好的企业信用体系；明确不同员工的权限，在出现疏漏时能够做到准确定位到个人，避免出现"内鬼"。当信息不慎发生泄露时，企业应该多一些担当，及时告知有关部门和相关用户，积极配合调查，对用户的损失进行赔偿，将损失最小化。

【相关法条】

《中华人民共和国刑法》

第二百五十三条之一 违反国家有关规定，向他人出售或者提供公民个人信息，情节严重的，处三年以下有期徒刑或者拘役，并处或者单处罚金；情节特别严重的，处三年以上七年以下有期徒刑，并处罚金。

违反国家有关规定，将在履行职责或者提供服务过程中获得的公民个人信息，出售或者提供给他人的，依照前款的规定从重处罚。

窃取或者以其他方法非法获取公民个人信息的，依照第一款的规定处罚。

单位犯前三款罪的，对单位判处罚金，并对其直接负责的主管人员和其他直接责任人员，依照各该款的规定处罚。

《中华人民共和国网络安全法》

第四十二条 网络运营者不得泄露、篡改、毁损其收集的个人信息；未经被收集者同意，不得向他人提供个人信息。但是，经过处理无法识别特定个人且不能复原的除外。

网络运营者应当采取技术措施和其他必要措施，确保其收集的个人信息安全，防止信息泄露、毁损、丢失。在发生或者可能发生个人信息泄露、毁损、丢失的情况时，应当立即采取补救措施，按照规定及时告知用户并向有关主管部门报告。

第四十三条 个人发现网络运营者违反法律、行政法规的规定或者双方的约定收集、使用其个人信息的，有权要求网络运营者删除其个人信息；发现网络运营者收集、存储的其个人信息有错误的，有权要求网络运营者予以更正。网络运营者应当采取措施予以删除或者更正。

第四十四条 任何个人和组织不得窃取或者以其他非法方式获取个人信息，不得非法出售或者非法向他人提供个人信息。

第五部分　其他民商事纠纷

除前述各类法律问题外，随着公民对个人权利保护意识的不断增强，包括个人信息保护、个人隐私权的维护、平等就业权等权利形式的重要性已然不容忽视，《民法典》中专章规定的人格权正是对这一问题的正面回应。对于互联网企业而言，公民人格权的保护具有不容忽视的重要意义。再如 NFT（非同质化通证）等元宇宙中新型产业形式的出现，对其合法与否的定性问题必须予以重视。互联网企业合规制度建设，理当也应注重诸如此类的其他民商事纠纷的处理。

本部分选取民商事法律判例共七例，包括个人信息保护、隐私权保护、平等就业权保护，以及 NFT 等相关法律纠纷，旨在为互联网企业在人格权、新兴产业类型等领域的纠纷处理，提供具有一定参考意义的法律建议。

判例一："人脸识别纠纷第一案"

郭某与杭州某野生动物世界有限公司服务合同纠纷案①

【关键词】

人脸识别　个人信息　敏感信息

【案情简介】

杭州某野生动物世界的单人门票全票价格为 220 元/张，双人年卡价格为 1360 元/张。某野生动物世界曾以店堂告示形式公示涉及指纹识别的"年卡办理类别""年卡办理流程"和"年卡使用说明"。"年卡办理流程"载明分三步：1. 售票窗口购买缴费；2. 至年卡中心拍照扫描指纹后激活年卡；3. 凭年卡及指纹正常使用。"年卡使用说明"记载的部分内容为：1. 年卡仅限本人使用，年卡办理时录入信息和持卡本人资料必须一致；2. 持卡人游览园区需同时验证年卡及指纹入园；3. 年卡即办即用、有效期为生效之日起一年内（365 天自然日），不限时间、次数游园；4. 年卡一经出售，不予退换、不予更改人员。

2019 年 4 月 27 日，郭某向某野生动物世界购买"畅游 365 天"双人年卡，其以微信支付方式向某野生动物世界交付卡费 1360 元。郭某与其妻子叶某某留下姓名、身份证号码、拍照并录入指纹，郭某还向某野生动物世界登记留存电话号码等信息。某野生动物世界开具的入园门票发票联显示，该年卡有效期至 2020 年 4 月 25 日。后某野生动物世界决定将入园方式从指纹识别入园调整为人脸识别入园，并以店堂告示形式公示涉及人脸识别的"年卡办理流程"和"年卡使用说明"。

2019 年 7 月 12 日，某野生动物世界向包括郭某在内的年卡持卡客户群发短信，短信的部分内容为：年卡系统已升级，用户可刷脸快速入园，请未进行人脸激活的年卡用户携带实体卡至年卡中心激活。2019 年 10 月 7 日，某野生动物世界的指纹识别闸机停用。2019 年 10 月 17 日，某野生动物世界向包括郭某在内的年卡持卡客户群发短信，短信的部分内容为：园区年卡系统已升级为人脸识别入园，原指纹识别已取消，即日起，未注册人脸识别的用户将无法正常入园。如尚未注册，请您携

---

① 浙江省杭州市中级人民法院（2020）浙 01 民终 10940 号民事判决书，载于中国裁判文书网。

指纹年卡尽快至年卡中心办理。

此后，双方就入园方式、退卡等相关事宜协商未果，郭某遂提起诉讼，要求确认某野生动物世界店堂告示、短信通知中相关内容无效，并以某野生动物世界违约且存在欺诈行为为由要求赔偿年卡卡费、交通费，删除个人信息等。

【裁判观点】

二审法院认为，本案二审的争议焦点为：一、店堂告示的效力认定；二、郭某办理指纹年卡时选择权是否受到限制或侵害；三、某野生动物世界是否存在欺诈；四、一审法院认定的赔偿损失数额是否合理；五、一审法院对个人信息删除的处理是否妥当。

一、指纹识别店堂告示对双方具有约束力，但人脸识别店堂告示对郭某不发生效力。指纹识别店堂告示内容系双方服务合同条款的一部分，对双方均具有约束力。人脸识别店堂告示是某野生动物世界指纹年卡升级后面向新办卡用户发出的要约，并非郭某与某野生动物世界之间的合同条款，对其不产生效力。

二、郭某办理指纹年卡时选择权并未受到限制或侵害。某野生动物世界通过店堂告示告知消费者办理年卡需收集、使用生物识别信息用于入园身份验证，而消费者对是否允许经营者使用自身的生物识别信息享有自决权。某野生动物世界只有在年卡消费者知情同意的前提下，才可以收集、使用消费者的生物识别信息。

三、某野生动物世界的行为不构成欺诈。某野生动物世界实际上并未完成对人脸识别入园方式所需的人脸识别信息的处理。某野生动物世界是否对此进行披露不会对郭某是否作出办理指纹年卡的决定产生影响。且，双方未就年卡入园方式变更为人脸识别达成合意，某野生动物世界实际上并未获取郭某信息。郭某关于欺诈的主张依据不足。

四、一审法院认定的赔偿损失数额合理。一审法院结合双方的合同履行情况，确定某野生动物世界赔偿郭某合同利益损失 678 元应属适当。郭某前往某野生动物世界咨询、交涉产生的交通费支出系因野生动物世界违约导致的损失，一审法院酌情确定交通费为 360 元亦属合理。郭某要求赔偿因本案诉讼而产生的交通费于法无据，法院未予支持。

五、某野生动物世界除删除郭某的面部特征信息外还应删除其指纹识别信息。某野生动物世界欲利用收集的照片扩大信息处理范围，超出事前收集目的，违反了正当性原则。同时某野生动物世界要求郭某激活人脸识别，存在侵害郭某面部特征信息之人格利益的可能与危险。故一审法院判令某野生动物世界删除郭某办卡时提交的包括照片在内的面部特征信息并无不当。鉴于某野生动物世界在合同履行过程中单方变更指纹年卡的入园方式，并停止使用指纹识别闸机，致使原约定的指纹识别入园服务方式无法实现，现郭某要求删除其指纹识别信息，法院予以支持。

【判例分析】

大数据时代正在兴起，大数据流通交易已然起步，源头数据、可视化数据结果等各种各样产品的具体大数据变现形式都是数据交易中的主要交易对象。与此同时，各类数据交易产品也正在源源不断地被开发。大数据时代背景下，网络用户的个人信息极易被侵害，这已成为现实生活中不可回避的问题。互联网的普及和应用，一方面给人们的日常工作生活带来了极大的便利，即使足不出户，依旧能够通过互联网满足自己大部分的日常工作生活需求；但另一方面也给我们的社会带来了许多新的问题与挑战，网络社会中的公民隐私问题尤为明显。

以人脸识别为例，其在金融、交通、人社、医疗等行业均得到广泛的落地应用，创造了巨大的社会价值以及经济价值。但同时，人脸识别信息不易改变，一旦丢失可能永远失去，是个人敏感信息的一种。人脸识别数据滥采、存储、使用方面没有明确的安全要求，安全防护措施薄弱，未经用户明确授权或超范围使用人脸信息的情况普遍存在。人脸识别信息相比其他生物识别信息而言，呈现出敏感度高、采集方式多样、隐蔽和灵活的特性，不当使用将给公民的人身、财产带来不可预测的风险，应当作出更加严格的规制和保护。

本案的重点问题在于经营者处理消费者个人信息，尤其是指纹和人脸等个人生物识别信息行为的评价和规范问题。一审法院主要依据合同法律关系进行判决。从合同层面来看，本案中的被告方某野生动物世界，在签订合同时便约定刷指纹，之后单方面更改合同，要求刷脸，这本身就是违约。法院的最终判决同样认定某野生动物世界违约，关于"刷脸"问题，未做深入论述。

对此，二审法院认为，某野生动物世界虽自述并未将收集的照片激活处理为人脸识别信息，但其欲利用收集的照片扩大信息处理范围，超出事前收集目的，违反了正当性原则。同时，鉴于收集照片与人脸识别利用的特定关系，某野生动物世界又以短信通知等方式要求郭某激活人脸识别，表明其存在侵害郭某面部特征信息之人格利益的可能与危险。对于人脸识别信息这类高敏感度的个人信息，应当作出更加严格的规制和保护。经营者只有在消费者充分知情同意的前提下方能收集和使用，且须遵循合法、正当、必要原则。

【风险提示】

　　互联网企业的发展运营中，由于账号注册、线上交易等业务开展，掌握了大量的个人信息，随之而来的法律风险也不容小觑。对于互联网企业而言，首先应当对敏感性信息作出界定。解决网络平台数据利用与个人信息权益保护之间的冲突，应该解决的问题就在于如何区分涉及隐私信息的个人信息数据。我国普遍认同以识别性标准作为区分方式，即以能否借以识别个人身份的信息数据作为个人隐私信息的区分标准。但大多数相关的案件判决中都没有直接提及身份识别的认定问题，而是简单地给予判定的结果。检索相关的法律判决书可以发现法院并未对身份识别性给予足够的司法裁判视角的描述，多为引述关于个人信息的概念。对于互联网企业而言，应当以相较宽泛的个人信息范围作为敏感信息的判断标准。即使是姓名、联系方式等个人基础信息，也可能由于互相的结合而成为被认定为个人隐私的敏感信息。

　　互联网企业，在采集用户信息时，应当以非经权利人同意不得采集个人信息为原则，应对互联网平台、互联网经营者等进行明确，必须经过自然人同意方可采集信息。而同意条款不得违反格式条款的法律规定，应该以醒目的字眼、用突出的或不同的字体尽说明解释义务，让自然人知道自己的信息正在被采集，并引起足够的重视。

　　个人信息等数据的掌握和交易，既具有与之相应的经济价值，又伴随着侵犯个人信息权利的法律风险。有鉴于此，互联网企业有必要也有责任建立切实有效的企业内部个人信息保护体系，实现数据价值与个人信息保护之间的衡平。

【相关法条】

《中华人民共和国消费者权益保护法》

　　第二十六条　经营者在经营活动中使用格式条款的，应当以显著方式提请消费者注意商品或者服务的数量和质量、价款或者费用、履行期限和方式、安全注意事项和风险警示、售后服务、民事责任等与消费者有重大利害关系的内容，并按照消费者的要求予以说明。

　　经营者不得以格式条款、通知、声明、店堂告示等方式，作出排除或者限制消费者权利、减轻或者免除经营者责任、加重消费者责任等对消费者不公平、不合理的规定，不得利用格式条款并借助技术手段强制交易。

　　格式条款、通知、声明、店堂告示等含有前款所列内容的，其内容无效。

　　第二十九条　经营者收集、使用消费者个人信息，应当遵循合法、正当、必要的原则，明示收集、使用信息的目的、方式和范围，并经消费者同意。经营者收集、使用消费者个人信息，应当公开其收集、使用规则，不得违反法律、法规的规定和双方的约定收集、使用信息。

经营者及其工作人员对收集的消费者个人信息必须严格保密，不得泄露、出售或者非法向他人提供。经营者应当采取技术措施和其他必要措施，确保信息安全，防止消费者个人信息泄露、丢失。在发生或者可能发生信息泄露、丢失的情况时，应当立即采取补救措施。

经营者未经消费者同意或者请求，或者消费者明确表示拒绝的，不得句其发送商业性信息。

判例二：个人信息保护及隐私权侵权的认定

庞某某诉中国某航空股份有限公司、
北京某拿信息技术有限公司隐私权纠纷案①

【关键词】

　隐私权　个人信息　信息传播

【案情简介】

　　2014 年 10 月 11 日，庞某某委托鲁某通过去哪儿网平台订购了 2014 年 10 月 14 日 MU5492 泸州至北京的东航机票 1 张，所选机票代理商为长沙星旅票务代理公司。去哪儿网订单详情页面显示该订单登记的乘机人信息包括原告姓名及身份证号，联系人信息、报销信息均为鲁某及其尾号 1858 的手机号。

　　同日，北京某拿信息技术有限公司（以下简称"某拿公司"）发件人为 106903330762（25）号向鲁某尾号 1858 发送短信："2014-10-14，泸州蓝天机场到北京首都机场 T2 的 MU5492 航班已出票。……"某拿公司同时向鲁某发送了提醒短信："尊敬的用户，温馨提醒您：警惕以飞机故障、航班取消为诱饵的诈骗短信，请勿拨打短信中的电话。……"

　　2014 年 10 月 13 日，庞某某尾号 9949 手机收到号码为 0085255160529 的发件人发来短信："……您预订 2014 年 10 月 14 日 16：10 起飞 19：10 抵达的 MU5492 次航班（泸州－北京首都）由于机械故障已取消，请收到短信后及时联系客服办理改签业务……"鲁某知晓上述短信后拨打某航客服电话 95530 予以核实，客服人员确认该次航班正常，并提示庞某某收到的短信应属诈骗短信。关于诈骗短信为何发至庞某某本人，客服人员解释称通过该机票信息可查看到开头 136、尾号 949 手机号码及开头 189、尾号 280 手机号码，可能是订票点泄露了庞某某手机号码。鲁某在通话中向客服人员确认了尾号 949 系庞某某本人号码。

　　2014 年 10 月 14 日，某航客服 95530 向庞某某号码发送通知短信："……由于

　　① 2018 年 8 月 16 日最高人民法院发布第一批涉互联网典型案例。https：//www.court.gov.cn/zixun-xiangqing-112611.html. 北京市第一中级人民法院（2017）京 01 民终 509 号民事判决书，载于中国裁判文书网。

飞机故障，您原定 10 月 14 日泸州蓝田机场飞往北京首都机场的 MU5492，时刻调整至 19：50 泸州蓝田机场起飞，预计 22：30 到达北京首都机场。……"此后庞某某又两次收到 95530 发来的航班时刻调整短信通知。当日 19：43，鲁某再次拨打95530 确认航班时刻，被告知该航班已取消。

鲁某出庭证明了其代庞某某购买本案机票并沟通后续事宜，其认可购买本案机票时未留存庞某某手机号。

本案机票代理商星旅公司出具书面意见称，该公司通过去哪儿网平台接触到鲁某尾号 1858 手机号，未接触到庞某某手机号，该公司从某航购买本案机票时留存的是该公司刘某尾号 1280 手机号，涉案机票最终从某航官网出票。

庞某某起诉要求某拿公司和某航在各自的官方网站以公告的形式向庞某某公开赔礼道歉，并要求某拿公司和某航赔偿庞某某精神损害抚慰金 1000 元。

【裁判观点】

法院认为，本案争议的焦点问题有四：一、本案涉及的姓名、电话号码及行程安排是否可以通过隐私权纠纷而寻求救济；二、根据现有证据能否认定涉案隐私信息是由某航和某拿公司泄露；三、在某航和某拿公司有泄露庞某某隐私信息的高度可能之下，其是否应当承担责任；四、中航信更有可能泄露庞某某信息的责任抗辩事由是否有效成立。

本案中，庞某某被泄露的信息包括姓名、尾号 9949 手机号、行程安排等。庞某某被泄露的上述诸信息中，其行程安排无疑属于私人活动信息，从而应该属于隐私信息，可以通过隐私权纠纷主张救济。将姓名、手机号和行程信息结合起来的信息归入个人隐私进行一体保护，符合信息时代个人隐私、个人信息电子化的趋势。

关于根据现有证据能否认定涉案隐私信息是由某航和某拿公司泄露的问题。法院最终认定本案中某拿公司和某航存在泄露的高度可能：一是某拿公司和某航都掌握着庞某某的姓名、身份证号、手机号、行程信息；二是其他人整体上全部获取庞某某上述信息的可能性非常低；三是 2014 年间，某拿公司和某航都被媒体多次质疑存在泄露乘客隐私的情况。

关于某航和某拿公司是否应当承担责任的问题。法院认为，其是否应该承担责任归根到底还须审查其是否有过错。某航和某拿公司作为各自行业的知名企业，在被媒体多次报道涉嫌泄露乘客隐私后，即应知晓其在信息安全管理方面存在漏洞，但该两家公司却并未举证证明其在媒体报道后迅速采取了专门的、有针对性的有效措施。本案泄露事件的发生，正是其疏于防范导致的结果，因而可以认定某拿公司和某航具有过错，理应承担侵权责任。

关于某航和某拿公司所提出的中航信更有可能泄露庞某某信息的责任抗辩事由是否有效成立的问题。法院认为，中航信的确与某航、某拿公司一样存在泄露庞某某信息的高度可能。但是，庞某某并没有起诉中航信，而中航信也并非必须加入本案诉讼。对某航和某拿公司提出的该项抗辩，法院未予采纳。

综上，法院判决某航和某拿公司存在泄露庞某某隐私信息的高度可能，并且存在过错，应当承担侵犯隐私权的相应侵权责任。庞某某请求某拿公司和某航向其赔礼道歉，应予支持。但现有证据无法证明庞某某因此次隐私信息被泄露而引发明显的精神痛苦，对于其精神损害赔偿的诉讼请求，法院未予支持。

【判例分析】

互联网时代背景下，信息传播的快捷性与高效性，使得个人信息保护面临严峻的挑战，个人信息的不当扩散与不当利用已经越来越成为危害公民民事权利的一个社会性问题，对于个人信息的保护已经成为全球共识。《全国人民代表大会常务委员会关于加强网络信息保护的决定》明确提出要对个人电子信息进行保护。本案即为由网络购票引发的涉及航空公司、网络购票平台侵犯公民隐私权的纠纷。

关于隐私权的民事纠纷，首先应当明确个人隐私的涵盖范围。本案中，庞某某被泄露的信息包括姓名、尾号9949手机号、行程安排等，其行程安排无疑属于私人活动信息，应该属于隐私信息，可以通过本案的隐私权纠纷主张救济。而对于姓名、手机号等个人基本信息，虽与行程安排等信息内容存在性质上的差异，但在大数据时代，信息的收集和匹配成本越来越低，原来单个的、孤立的、可以公示的个人信息一旦被收集、提取和综合，就完全可以与特定的个人相匹配，从而形成某一特定个人详细准确的整体信息。随着对个人信息保护的重视，个人有权自主决定是否公开及如何公开其整体的个人信息。自然人本就对其姓名拥有姓名权，姓名本身也是一种身份识别信息，它和手机号及行程信息结合起来的个人信息也应属于个人信息自主的内容。将姓名、手机号和行程信息结合起来的信息归入个人隐私进行一体保护，也符合信息时代个人隐私、个人信息电子化的趋势。

关于涉案隐私信息是由某航和某拿公司泄露的认定。庞某某作为普通公民，与体量巨大的某航、某拿公司相比，客观上并无对其内部数据信息管理是否存在漏洞等情况进行举证证明的能力，法律不能也不应要求庞某某证明必定是某航或某拿公司泄露了其隐私信息。而某航和某拿公司则均未能证明涉案信息泄漏归因于他人，是原告本身的问题抑或是案外第三方的原因。

　　法院在排除其他泄露隐私信息可能性的前提下，结合本案证据认定上述两公司存在过错。某航和某拿公司作为各自行业的知名企业，一方面因其经营性质掌握了大量的个人信息，另一方面亦有相应的能力保护好消费者的个人信息免受泄露，这既是其社会责任，也是其应尽的法律义务。从本案证据来看，某航和某拿公司应当知晓其在信息安全管理方面存在漏洞，但该两家公司却并未举证证明其在媒体报道后迅速采取了专门的、有针对性的有效措施。本案的发生，是航空公司、网络购票平台疏于防范导致的结果，因而可以认定其具有过错，应承担侵权责任。

　　本案中，法院对个人信息的保护范围以及隐私权侵权的认定进行了充分论证，对隐私权保护与信息传播之间的衡平具有重要的借鉴意义。

【风险提示】

　　随着我国公民隐私保护意识逐步提升，对于互联网企业而言，使用用户对企业保护客户隐私的能力和意愿的重视程度愈发提高。加强企业隐私保护，建立起切实有效的企业内部信息保护体系，可以帮助企业避免由侵犯个人隐私所引发的民事责任、行政责任甚至刑事责任，同时也可以在一定程度上帮助企业树立在消费者心目中的良好形象，实现更进一步的发展。

　　企业建立个人信息保护体系，首先应当实现对用户权利的保障。一方面应当建立向用户展示的隐私政策，实现对用户的告知以及用户同意的获取，包括但不限于告知用户信息收集者相关信息、处理信息的目的和方式、存储期限、用户权利及实现方式等。另一方面应当为用户提供权利诉求的路径，建立与用户的沟通交流渠道，以方便用户提出权利请求，并帮助企业及时处理和回应。

　　其次，应当构建数据管理制度。如本案中的某航公司和某拿公司一般，其作为各自行业的知名企业，掌握了大量的个人信息。对获得的信息进行有效管理，以保障用户信息的安全，是企业个人信息保护体系的重要组成部分。对于信息数据的储存，应当对信息进行分类，进而设置不同的储存期限。当储存期限届满，抑或是信息主体行使删除权、信息出现更迭等情况时，应当对相应的信息进行永久性删除等处理。同时，应当设置信息获取等权限，确保未经授权的工作人员无法取得用户的个人信息，保障信息安全。

　　最后，由于不同企业主体之间的交流合作可能涉及用户的个人信息，增加了隐私信息的泄漏风险，因此，企业应当加强与第三方主体交互时的相关审查。在涉及数据购买的情况下，对数据的来源与合法性进行审查，避免可能面临的法律责任；在委托第三方对数据进行处理的情况下，对其数据安全能力进行审查，避免信息数据泄露带来的法律风险。对于相关的审查，应当对相关文件进行留存，用以证明企业已尽到应尽的审查义务，以规避潜在的法律责任。

【相关法条】

《中华人民共和国民法典》

第一百一十条　自然人享有生命权、身体权、健康权、姓名权、肖像权、名誉权、荣誉权、隐私权、婚姻自主权等权利。

法人、非法人组织享有名称权、名誉权和荣誉权。

《中华人民共和国消费者权益保护法》

第二十九条　经营者收集、使用消费者个人信息，应当遵循合法、正当、必要的原则，明示收集、使用信息的目的、方式和范围，并经消费者同意。经营者收集、使用消费者个人信息，应当公开其收集、使用规则，不得违反法律、法规的规定和双方的约定收集、使用信息。

经营者及其工作人员对收集的消费者个人信息必须严格保密，不得泄露、出售或者非法向他人提供。经营者应当采取技术措施和其他必要措施，确保信息安全，防止消费者个人信息泄露、丢失。在发生或者可能发生信息泄露、丢失的情况时，应当立即采取补救措施。

经营者未经消费者同意或者请求，或者消费者明确表示拒绝的，不得向其发送商业性信息。

判例三：代驾发生车损后车主、平台及保险人的责任划分

中国某财产保险股份有限公司广东分公司诉吴某某、北京某心宜行汽车技术开发服务有限公司保险人代位求偿权纠纷案①

【关键词】

代位求偿权　　代驾　　保险合同

【案情简介】

王某某将其所有的车牌号码为粤A×××＊＊号宝马牌轿车向中国某财产保险股份有限公司广东分公司（以下简称"某保险公司"）投保交强险、车辆损失险、商业第三者责任险等险种，并加购不计免赔，保险期间为2014年10月24日至2015年10月23日。2014年11月12日，王某某因饮酒不能驾驶该机动车，遂通过"e代驾"网络平台向北京某心宜行汽车技术开发服务有限公司（以下简称"某心公司"）请求有偿代驾服务，某心公司接受后指派了吴某某为王某某提供代驾服务。王某某签署了由吴某某提供的《委托代驾服务协议》，该协议适用于某心公司利用自身研发的代驾营运管理系统管理下属e代驾项目为客户推荐代驾司机的服务项目；驾驶服务中，如遇意外交通事故发生，代驾车辆负有责任，委托方同意先行使用车辆保险理赔，属于保险责任范围内但未能赔付部分由e代驾承担，非代驾车辆负有责任，e代驾不负责损失赔偿。王某某在该协议委托方一栏署名，吴某某、某心公司在该协议被委托方一栏签名和签章。

2014年11月12日23时许，吴某某在驾驶粤A×××＊＊号车辆行驶至广州市内环路A线中山八路入口匝道处时，因突然变更车道致车辆右侧前部部位与案外人罗某某（以下简称"案外人"）驾驶的粤A×××＊＊号车辆左侧部位发生碰撞，随后两车失控分别撞上防护墙，经广州市公安局交通警察支队内环路大队作出事故认定书，认定本次事故由吴某某负事故全部责任，案外人无责任。

在事故发生后，王某某所有车辆粤A×××＊＊号车辆经某保险公司定损金额为

---

① 2018年8月16日最高人民法院发布第一批涉互联网典型案例。https://www.court.gov.cn/zixun-xiangqing-112611.html.广东省广州市中级人民法院（2017）粤01民终13837号民事判决书，载于中国裁判文书网。

154775.36 元，并在广州宝泽汽车销售服务有限公司实际维修产生维修费金额 154775 元，另该车产生拖车费 290 元。案外人所有车辆粤 A××××＊号车辆经某保险公司定损金额为 4129 元，并在广州市白云区广连汽车维修中心实际维修产生维修费金额 4129 元。因王某某向吴某某、某心公司索偿未果，遂要求某保险公司在王某某向其购买的交强险财产损失限额、商业第三者责任险保额内赔偿案外人的车辆损失及拖车费损失，某保险公司共赔付了 159194 元。王某某向某保险公司出具《机动车辆保险权益转让书》承诺：贵公司机动车辆保险 10435033900052015273 及 10435033980017431145 号保单项下的赔款 159194 元已于 2015 年 3 月 4 日收到已赔部分，同意将已获赔部分的追偿权转移给贵公司，并协助贵公司行使代位追偿权。

某保险公司遂将吴某某、某心公司起诉至法院，要求连带赔偿某保险公司经济损失 159194 元。

【裁判观点】

一审法院认为，本案的争议焦点为：一、代驾人是否为讼争保险合同的被保险人；二、某保险公司能否行使代位求偿权；三、有偿代驾法律关系中的代驾人能否成为代位求偿的求偿对象；四、涉案《委托代驾服务协议》的责任条款是否有效，能否限制某保险公司的代位求偿权；五、本案的代驾人是否为某心公司，或吴某某，还是两者为共同的代驾人。

关于争议焦点一。本案中车辆损失保险的保险利益系王某某基于其对涉案车辆即保险标的投保而享有的经济利益。而且在保险事故发生时，保险车辆并未转移代驾人占有，代驾人不据此取得保险车辆的占有权而获得保险利益。代驾人系基于有偿商业服务而取得王某某的许可驾驶车辆，不存在对保险车辆的占有利益。因此，代驾人并非讼争保险合同的被保险人。

关于争议焦点二。本案代驾人作为"第三者"在提供有偿代驾服务过程中发生事故造成投保车辆受损，并对此负全责。在王某某向某保险公司取得保险赔偿款，并向某保险公司出具了《机动车辆保险权益转让书》后，某保险公司可依法行使代位求偿权。

关于争议焦点三。代驾人既非保险车辆的被保险人，又系导致保险车辆受损的直接责任主体，某保险公司有权以代驾人作为代位求偿的求偿对象提起诉讼。

关于争议焦点四。涉案《委托代驾服务协议》虽对委托方的理赔顺序作了限制，并非完全免除代驾人的民事责任，该种约定并未加重合同相对方的责任或排除合同相对方的权利，且无违反法律法规的强制性规定，上述约定并未约束某保险公司的代位求偿权，因此《委托代驾服务协议》不能限制某保险公司的代位求偿权。

关于争议焦点五。一审法院认为吴某某与某心公司之间并非雇佣关系。依据某心公司、吴某某共同在《委托代驾服务协议》中的"被委托方"一栏署名及签章，某心公司与吴某某通过对代驾服务费进行内部分成的方式取得服务收益，且某心公司向王某某赔偿 38360 元等事实，认定某心公司与吴某某为共同代驾人。

在二审程序中，某心公司主张其与吴某某是合作关系，其仅是代驾服务的居间方，不应承担赔偿责任；而吴某某主张其与某心公司是雇佣关系，其提供代驾服务是职务行为，应由某心公司承担赔偿责任。针对该争议焦点，二审认为，依据现有证据结合各方当事人的陈述，某心公司与吴某某之间应属雇佣关系，吴某某提供代驾服务系职务行为。最终判令某心公司向某财产公司支付赔偿款。

【判例分析】

互联网时代，企业各类新业态工作模式层出不穷，通过网约代驾平台请求有偿代驾服务越来越常见，代驾服务期间发生交通事故而产生的纠纷随之产生，不同于日常生活中亲朋借车或友情代驾行为，有偿代驾服务中多方主体的存在，使得其中的法律关系并不清晰。

本案中，法院首先对代驾人是否为讼争保险合同的被保险人进行论证。依据《保险法》第 12 条的规定："人身保险的投保人在保险合同订立时，对被保险人应当具有保险利益。财产保险的被保险人在保险事故发生时，对保险标的应当具有保险利益。人身保险是以人的寿命和身体为保险标的的保险。财产保险是以财产及其有关利益为保险标的的保险。被保险人是指其财产或者人身受保险合同保障，享有保险金请求权的人。投保人可以为被保险人。保险利益是指投保人或者被保险人对保险标的的具有的法律上承认的利益。"从该规定出发，代驾人显然不具有涉案车辆损失保险的保险利益，保险事故发生时车辆的实际占有人也并非代驾者，且并不存在对保险车辆的占有利益。因此，代驾者无法成为涉案保险合同的被保险人。

在这一前提下，某保险公司依约向王某某支付了保险赔偿款后，且王某某也向某保险公司出具了《机动车辆保险权益转让书》，某保险公司依法可行使代位求偿权，《委托代驾服务协议》不能限制某保险公司的代位求偿权。

本案中的重点与亮点在于二审法院对某心公司与吴某某之间法律关系的判定。某心公司主张其与吴某某是合作关系，其仅是代驾服务的居间方，吴某某则主张其与某心公司是雇佣关系。

对此，一审法院认为，吴某某没有固定的工作场所，工作时间自行掌握，并非按月从某心公司获取劳动报酬，故二者之间并非雇佣关系。

二审法院则认为，双方间实际为雇佣关系。某心公司称其仅为代驾服务的居间方，但无法解释其在服务协议上盖章确认、事故专员在事故发生后通过电话与王某某沟通并达成赔偿协议、制定代驾费用标准，以及为吴某某提供有"e 代驾"标识证件的事实。而且，工作场所、工作时间以及按月获取劳动报酬均属于认定双方之间是否存在劳动关系的考量因素，但并不妨碍双方之间成立雇佣关系。吴某某主张其是履职行为有事实及法律依据。

综上，提供有偿网约代驾服务的主体并不具有车损险被保险人地位，代驾过程中发生事故造成车损，代驾司机负有责任的，保险人向被保险人赔偿后，有权在赔偿金额范围内行使代位求偿权。而且，从代驾公司对代驾驾驶员具有选任、考核的权利，并对其实行一定的监督管理来看，双方实质应为雇佣关系。代驾驾驶员在执行职务过程中造成损害的，应当由代驾公司进行赔偿。

【风险提示】

互联网时代背景下，通过网络平台寻求有偿代驾服务的需求大大增加，以此为业的网约平台大量涌现。但是由于机动车自身的特性，在代驾服务期间发生事故进而引发纠纷的情形也时有发生。如本案一般，代驾过程中发生事故造成车损，代驾司机负有责任的，保险人向被保险人赔偿后，有权在赔偿金额范围内行使代位求偿权。而依据本案的观点，即使平台方通过在相关的服务协议中强调自身代驾服务的居间方身份等方式以应对法律风险，但法院最终同样认定平台方与代驾者之间的雇佣关系，要求平台方承担赔偿责任。

因此，对于网约平台企业一方而言，首先应当加强对代驾员的资质审查，通过对驾驶年限、驾驶经验等方面因素的综合考量，筛选出相较可以保证驾驶安全的代驾员，避免不必要的交通事故的发生。同时，网约平台企业应当加强日常的代驾员管理，通过定期开展体检、安全培训等措施，保证代驾员的身体健康与安全意识。

由于平台方与代驾者之间的雇佣关系，一旦出现事故，责任将由代驾公司承担。目前已有保险公司注意到了类似的风险问题，推出了相应的责任保险产品为代驾公司规避相应的代驾事故风险，将代驾司机提供服务过程中可能产生的意外事故造成人身伤害或财产损失纳入保险赔付范围。一旦发生意外，可以由保险公司直接赔付，不需要启动车主的交强险与商业险，避免后续投保成本提高，直接减少代驾员与代驾公司的经济损失。

由于网约平台企业的运营，需要大量的驾驶员来扩大平台规模以获取盈利，因此，对于平台企业而言，包括团体意外险、雇主责任险等在内的保险险种，都可以有效地帮助企业进行风险规避，减轻其可能面临的法律责任与经济损失。

【相关法条】

《中华人民共和国民法典》

第一千一百九十一条 用人单位的工作人员因执行工作任务造成他人损害的，由用人单位承担侵权责任。用人单位承担侵权责任后，可以向有故意或者重大过失的工作人员追偿。

劳务派遣期间，被派遣的工作人员因执行工作任务造成他人损害的，由接受劳务派遣的用工单位承担侵权责任；劳务派遣单位有过错的，承担相应的责任。

《中华人民共和国保险法》

第六十条 因第三者对保险标的的损害而造成保险事故的，保险人自向被保险人赔偿保险金之日起，在赔偿金额范围内代位行使被保险人对第三者请求赔偿的权利。

前款规定的保险事故发生后，被保险人已经从第三者取得损害赔偿的，保险人赔偿保险金时，可以相应扣减被保险人从第三者已取得的赔偿金额。

保险人依照本条第一款规定行使代位请求赔偿的权利，不影响被保险人就未取得赔偿的部分向第三者请求赔偿的权利。

判例四： 网络域名可作为采取强制执行的补充方式

深圳市某玩家文化传播有限公司申请强制执行案①

【关键词】

强制执行 侵害作品信息网络传播权 网络域名

【案情简介】

2013 年 10 月 12 日，摄影师陈某某出具一份《拍摄委托书》，确认同意接受深圳市某玩家文化传播有限公司（以下简称"某玩家公司"）委托，为模特拍摄主题照片和视频，并且不可撤销地同意本次主题拍摄的所有图片的所有权利都归属于某玩家公司。某玩家公司称摄影师陈某某系其法定代表人，并确认系参考 Blade&Soul 游戏中"瑞雪"人物形象的着装、发型拍摄了涉案摄影作品。

某玩家公司提交了涉案摄影作品"召唤师—灵族—瑞雪"的底片，该底片系数码照片电子文件，编号为"5D3_4394"。某玩家公司另提交涉案摄影作品的正片，该正片亦为数码电子文件，编号为"4394-3"。经比对，除略有裁剪外，编号为"4394-3"的图片中女子的服装、动作、姿势、神态、拍摄角度与底片一致，仅对色调以及背景进行了处理，两者实为同一作品。另某玩家公司提交的存储上述图片的光盘内存储有在同一地点、同一时间，同一模特身穿同一服装连续拍摄的多幅摄影图片。

广东省深圳市深圳公证处于 2014 年 7 月 24 日出具的（2014）深证字第 99869 号《公证书》对此作出证实。经原审当庭比对，某玩家公司、某悦公司均确认涉案被控侵权图片与某玩家公司主张权利的摄影作品内容一致，是同一张图片。某悦公司确认上述公证书所记载的网址为 www.yzz.cn 的网站是其主办及经营。

进入诉讼程序后，一审法院判令某悦公司赔偿某玩家公司经济损失及合理费用，二审法院维持原判。

后，申请执行人某玩家公司与某悦公司系列案，广州市越秀区人民法院依据已

① 2018 年 8 月 16 日最高人民法院发布第一批涉互联网典型案例。https：//www.court.gov.cn/zixun-xiangqing-112611.html. 广东省广州市越秀区人民法院（2017）粤 0104 执 6507-6526 号执行系列案，载于中国裁判文书网。

经发生法律效力的民事判决，向被执行人某悦公司发出执行通知书，责令被执行人履行上述法律文书确定的义务，被执行人未履行义务。执行法院除查明并扣划被执行人名下的少量银行存款外，未发现有其他可供执行的财产，同时该公司法定代表人亦下落不明。执行法院向申请执行人告知上述案件执行情况后，申请执行人向法院提出被执行人有三个网站均在正常运营，其中一个网页中有广告投放公告，每天广告费为2万元到32万元不等。

法官通过工信部网站及搜索引擎查出网站运营商后，依法作出执行裁定及协执文书，要求查封被执行人名下的网站域名并限制登录，将上述法律文书邮寄到运营商阿里云公司。2017年9月12日阿里云公司出具复函，已查封被执行人某悦公司名下www.yzz.cn域名及www.15666.com域名。9月18日，法官接到被执行人来电询问如何履行义务，随后将全款打入法院账户。

【裁判观点】

二审法院认为，本案二审争议的焦点为：一、某玩家公司是否为涉案图片的著作权人；二、某悦公司的行为能否免予赔偿责任；三、原审法院确定的赔偿金额是否适当。

关于某玩家公司是否为涉案图片的著作权人这一问题。本案中，某玩家公司提交的涉案作品拍摄委托书、底片、正片、详细图片拍摄信息以及同一时间段及拍摄情景下同一模特拍摄的多幅摄影作品等形成了完整的证据链。在无相反证据的情况下，原审法院认定某玩家公司是涉案图片的著作权人依法有据。某悦公司上诉认为涉案图片著作权不明确的意见，法院未支持。

关于某悦公司的行为能否免予赔偿责任这一问题。法院认为，《信息网络传播权保护条例》第22条规定仅适用于"网络服务提供者为服务对象提供信息存储空间，供服务对象通过信息网络向公众提供作品、表演、录音录像制品"的情形，而某悦公司在本案中实施的是提供涉案侵权图片的行为，不属于上述条款适用的范畴。某悦公司未经授权，通过信息网络向公众提供涉案侵权图片的行为，侵犯了某玩家公司就涉案图片享有的信息网络传播权，应当承担赔偿责任。

关于赔偿金额这一问题，法院认为，人民法院在确定赔偿数额时，应当考虑作品类型、合理使用费、侵权行为性质、后果以及为制止侵权行为所支付的合理开支等情节综合确定。原审法院综合考虑了涉案作品类型、某悦公司经营网站的性质、规模、主观过错程度、使用涉案图片的方式和某玩家公司为制止侵权行为所支出费用的必要及合理程度，以及本案为系列案之一等因素，酌情确定的本案赔偿金额并无不当，依法予以维持。

在执行过程中，执行法院除查明并扣划被执行人名下的少量银行存款外，未发现有其他可供执行的财产。后申请执行人向法院提出被执行人有三个网站均在正常运营，其中一个网页中有广告投放公告，每天广告费为 2 万元到 32 万元不等。经研究，法院认为该网址具有财产性质，可进行执行，遂依法作出执行裁定书及协助执行通知书，对该网络域名进行了查封。

【判例分析】

科学技术的高速发展使得互联网经济随之高度活跃。由互联网产生的法律纠纷也随之大量产生，而基于互联网的民事纠纷中执行程序的展开，相较传统民事纠纷更为棘手。

本案中，经申请执行人提供线索，后经法院核实，发现被执行人所拥有的网页中有广告投放公告，且每天广告费为 2 万元到 32 万元不等。该网络域名已在国家管理部门注册登记，权利人具有专有使用权。在本案的执行已穷尽查询银行财产、房管、车管、工商登记、搜查等传统执行措施，仍无可供执行财产的情况下，法院可依法将网络域名作为补充方式采取强制措施，向有关单位发出协助执行通知书进行查封，以使被执行人主动履行法定义务。

《最高人民法院关于人民法院执行工作若干问题的规定（试行）》第 35 条明确规定了人民法院的查封范围包括知识产权。虽然网络域名在民事执行领域尚未明确属于知识产权范围，但其与商标商号类似，与企业自然关联，属于无形资产，具备知识产权属性。域名是互联网上识别和定位计算机的层次结构式的字符标识，是与该计算机的互联网协议（IP）地址相对应的。一个域名只对应一个所有者，具有排他性。而且，企业可以依托域名直接获取经济收益，具有价值的实在性。域名的设立也是一个独立创作的过程，域名作为一种智力成果，其具有知识产权所独具的独创性特征。网络域名以数据形式存在于网络空间，其具备一定价值，满足人们的需求，具有合法性，能够为人所掌控，属于在一定条件下可以进行交易的特殊财产，具备可转让性和财产性。

依据我国民事诉讼法的规定，被执行人未按执行通知履行法律文书确定的义务，人民法院有权查封、扣押、冻结、拍卖、变卖被执行人应当履行部分义务的财产。当今时代背景下，网站、微信公众号、微博号等虚拟载体的经济价值高涨，应当列入被执行人财产进行执行。查封被执行人的网站、微信公众号等虚拟载体，可影响其经营收益、降低其在用户群中的信誉度与使用率，从而达到震慑被执行人，迫使其履行法定义务的效果。网络域名由工业和信息化部进行管理，人民法院可通过工信部网站及搜索引擎查询运营商，并通过中国域名管理中心或网站运营商查封网络域名，具备执行可操作性。

【风险提示】

互联网时代背景下，互联网金融等信贷消费产业蓬勃发展，由此产生的法律纠纷随之大量涌现；网络信息流通的便捷、高效，使得与之相关的知识产权纠纷数量也随之剧增。诸如此类基于互联网经济产生的新型民事纠纷，存在争议标的小、当事人地域分散等情形。受此影响，成批量的此类民事纠纷，即使当事人已经获得了生效的胜诉判决，同样面临难以执行到位的现实问题。执行作为维护公平正义的最后一道防线，是兑现判决权利的重要保障。对于企业而言，对执行程序的重视程度甚至应当更重于诉讼程序，因为执行程序的顺利履行才是企业实际受偿的直接途径。

具体而言，企业在收到胜诉判决后，应当及时督促对方履行应尽义务，在判决生效后对方仍未履行义务的，应当及时申请进入执行程序。

关于执行法院的选择。发生法律效力的民事判决、裁定，以及刑事判决、裁定中的财产部分，由第一审人民法院或者与第一审人民法院同级的被执行的财产所在地人民法院执行。法律规定由人民法院执行的其他法律文书，由被执行人住所地或者被执行的财产所在地人民法院执行。

关于执行的申请时间。法律文书规定履行的，从该时间的最后一日起的两年内；如果是分期履行的，从每次履行时间的最后一日起的两年内；没有规定履行时间的，从法律文书生效之日起的两年内；法律文书要求义务人不做某种事情（履行不作为义务）的，则从其违反该规定时起的两年内。

关于申请执行应当提交的材料。企业主体在申请执行时，一般应当提交：1. 经签字盖章的申请执行书，具体应当写明申请执行的理由、事项、执行标的，以及申请执行人所了解的被执行人的财产状况；2. 生效的法律文书，即判决书、裁定书、调解书等法律文书；3. 企业主体的身份材料，包括企业营业执照及复印件、法定代表人或主要负责人的身份证明书及身份证等材料；4. 其他法院所规定应当提交的材料。

对于执行程序的顺利履行而言，财产线索的掌握是重中之重。企业应当在诉讼程序开展之前即着手收集对方当事人的财产信息，同时应当注意多方位地全面收集。如本案中，除被执行人名下的少量银行存款外，未发现有其他可供执行的财产，申请执行人通过提供被执行人所拥有的带有广告投放公告的网页，最终实现了权利的救济。

互联网时代，除传统的银行账户、房产地产等财产外，网站、微信公众号、微博号等虚拟载体的经济价值也愈发提升。企业主体可以对诸如此类的财产信息多加留意，在传统财产无法完全清偿债务的情况下，对被执行人微信公众号、网站等的查封冻结，可以直接影响其经济收益、用户商誉等切身利益，迫使其履行法定义务。将此类财产线索提交执行法院，由法院对其进行处理，可以帮助企业实现合法债权。

【相关法条】

《中华人民共和国民事诉讼法》

第二百四十九条　被执行人未按执行通知履行法律文书确定的义务，人民法院有权向有关单位查询被执行人的存款、债券、股票、基金份额等财产情况。人民法院有权根据不同情形扣押、冻结、划拨、变价被执行人的财产。人民法院查询、扣押、冻结、划拨、变价的财产不得超出被执行人应当履行义务的范围。

人民法院决定扣押、冻结、划拨、变价财产，应当作出裁定，并发出协助执行通知书，有关单位必须办理。

第二百六十一条　人民法院采取本法第二百四十九条、第二百五十条、第二百五十一条规定的执行措施后，被执行人仍不能偿还债务的，应当继续履行义务。债权人发现被执行人有其他财产的，可以随时请求人民法院执行。

判例五： 平等就业权与用人单位自主用工权的衡平

闫某某与浙江某来登度假村有限公司平等就业权纠纷案①

【关键词】

平等就业权　就业歧视　自主用工权

【案情简介】

2019 年 7 月，浙江某来登度假村有限公司（以下简称"某来登公司"）通过智联招聘平台（https：//www. zhaopin. com/）向社会发布了一批公司人员招聘信息，其中包含"法务专员""董事长助理"两个岗位。2019 年 7 月 3 日，闫某某通过智联招聘手机 App 软件就某来登公司发布的前述两个岗位分别投递了求职简历。闫某某投递的求职简历中，包含姓名、性别、出生年月、户口所在地、现居住城市等个人基本信息，其中户口所在地填写为"河南南阳"，现居住城市填写为"浙江杭州西湖区"。据杭州市杭州互联网公证处出具的公证书记载，公证人员使用闫某某的账户、密码登录智联招聘 App 客户端，显示闫某某投递的前述"董事长助理"岗位在 2019 年 7 月 4 日 14 点 28 分被查看，28 分给出岗位不合适的结论，"不合适原因：河南人"；"法务专员"岗位在同日 14 点 28 分被查看，29 分给出岗位不合适的结论，"不合适原因：河南人"。另，闫某某因案涉公证事宜，支出公证费用1000 元。

闫某某的一审诉讼请求为：1. 判令某来登公司向闫某某口头道歉；2. 判令某来登公司自判决生效之日起连续十五日在《人民日报》《河南日报》《浙江日报》上向闫某某登报道歉；3. 判令某来登公司向闫某某支付精神抚慰金 6 万元；4. 诉讼费、公证费等一切与诉讼相关费用由某来登公司承担。

【裁判观点】

法院认为，本案主要争议焦点为：一、被告某来登公司被诉侵权行为是否构成

———————

① 最高人民法院指导案例 185 号。浙江省杭州市中级人民法院（2020）浙 01 民终 736 号民事判决书，载于中国裁判文书网。

对原告闫某某平等就业权的侵害；二、若侵权行为成立，被告某来登公司应承担何种民事责任。

关于被告被诉侵权行为是否构成对原告平等就业权的侵害这一问题。法院认为应当从某来登公司是否存在就业歧视行为、闫某某就业机会是否受到侵害、就业歧视与不利后果之间是否存在因果关系及是否存在主观过错进行评判。

首先，法院认为，被告某来登公司在针对原告闫某某的招聘活动中，提出与职业没有必然联系的地域事由进行区别对待，构成对闫某某的就业歧视。

本案中，原告曾两次向被告投递求职简历。被告均予以拒绝，拒绝的理由则为"河南人"不合适。显然，被告使用主体来源的地域空间这一标准对人群进行了归类，依此标准拒绝对原告的录用，可以认定被告因"河南人"这一地域事由要素对原告进行了差别对待。而且，某来登公司以地域事由要素对闫某某的求职请求进行区别对待，而地域事由属于无法自主选择、控制的与生俱来的"先赋因素"，在某来登公司无法提供客观有效的证据证明，地域要素与闫某某申请的工作岗位之间存在必然的内在关联或存在其他的合法目的的情况下，某来登公司的区分标准不具有合理性，构成法定禁止事由。

其次，本案中，被告某来登公司直接以原告闫某某系"河南人"为由，两次拒绝闫某某的求职请求，该公司拒绝理由本身就包含明显的不合理的差别对待，属于直接就业歧视，直接剥夺了闫某某平等参与和平等被对待的就业机会，对其人格尊严和意志自由构成侵害，故闫某某在求职中遭受的损害与某来登公司歧视行为存在直接因果关系。

再者，从本案已查明的事实，可以推定被告某来登公司对于其实施的歧视行为至少存在有主观上明知或应知而放纵损害发生的主观过错，具有可责难性。

关于被告应当承担的民事责任这一问题。法院依据《最高人民法院关于确定民事侵权精神损害赔偿责任若干问题的解释》《最高人民法院关于审理利用信息网络侵害人身权益民事纠纷案件适用法律若干问题的规定》的相关规定，酌定被告应赔偿原告精神抚慰金及合理维权支出损失共计 10000 元。至于原告要求赔礼道歉的诉讼请求，法院酌定由被告向原告进行口头道歉并在国家级媒体《法制日报》登报道歉。

后原、被告均提起上诉，二审法院驳回上述，维持原判。

【判例分析】

本案系全国首例涉地域歧视的平等就业权纠纷案件。

就业歧视现象在社会上时有发生，所谓就业歧视，是指用人单位在招聘过程中，对招聘条件相同或相近的求职者基于某些与个人工作能力或工作岗位无关的因素，而不能给予其平等的就业机会或在工资、岗位安排、劳动条件与保护、社会保险与福利等方面不能提供平等待遇。《就业促进法》明令禁止用人企业就业歧视行为的存在，且明确规定了劳动者就业，不应当因"民族、种族、性别、宗教信仰等不同而受歧视。"诚然，用人单位合理、合法的自主用人权应当受到尊重，市场在配置劳动力资源过程中的决定性、基础性作用不容否定，但用人单位的自主权应受到法律的规制。企业自主用人权与劳动者平等就业权的衡平即为本案的核心要点。并非所有的差别对待都构成歧视，就业歧视的本质不是差别，而是不正当的差别对待。

本案中，被告某来登公司以原告闫某某"河南人"的地域标签而对其予以否定，则其他劳动者也可能因为民族、性别、年龄、容貌等各类几乎无限的个人特征而受到不公平的对待。在用人单位无法证明其诸如此类的要求与实际工作之间的必然联系的情况下，也可以合理合法地认为其此种差别对待具有不正当性，属于就业歧视行为。对此行为，应当旗帜鲜明地给予否定，对平等就业权受到侵害的劳动者予以保护，维持劳动者就业的良性环境。

客观来讲，本案的案件事实并不复杂，裁判的要点也就在于对某来登公司是否侵害闫某某的平等就业权这一问题的分析，属于一般侵权行为的范畴。对其的分析判断，也就是判定是否符合一般侵权责任的构成要件，即行为的违法性、损害事实的存在、不法行为与损害事实之间的因果关系，以及行为人主观上的过错。

本案中，某来登公司以"河南人"为由拒绝给予闫某某就业机会，此种行为已经违反了《就业促进法》中关于就业歧视的禁止性规定。该就业歧视行为也已造成闫某某就业机会的丧失，损害了闫某某作为劳动者的人格尊严，造成了客观的损害事实。某来登公司就业歧视行为与闫某某的就业机会的丧失以及劳动者人格尊严的损害之间，具有直接的因果关系，且工作人员对于应聘者的过滤和选择反映了某来登公司对应聘人员的选择和评判标准，法律后果应归属于某来登公司，可以认定其存在主观上的过错。因此，某来登公司构成对闫某某平等就业权的侵害，依法应当承担相应的法律责任。

【风险提示】

互联网时代背景下，广大人民群众获取各类信息的门槛被大大降低，就业信息的获取同样如此。就业是最大的民生问题，就业公平无疑是民众最大的期待。用人企业作为以营利为目的的市场经济主体，需要整合和优化公司结构，根据生产经营的需要对劳动者进行录用和调整，属于用人单位经营以及用工自主权的范畴，但若处理不得当，也极易引发纠纷。用人企业应当正确行使自身的用工自主权。

对于用人企业而言，用工自主权的正确行使，首先，应当把好招聘入职关。用人企业在招聘过程中，应当严格依照《广告法》《就业促进法》等有关规定，不得进行虚假宣传，不得使用歧视性语言，避免如本案中用人企业因地域歧视而拒绝给予劳动者就业机会的明显的错误，同时，建议将入职体检设置在决定录用之前，而非入职后，避免相关纠纷。在员工入职时，应当要求其填写具体而细致的个人信息，要求员工承诺信息的真实性并签名按印，妥善保管相关材料。

其次，用人企业应当制定内容完备的劳动合同，尤其是一些涉及企业用工管理权和解除终止合同的情形必须详细。在员工入职后，及时与其签订劳动合同，合同期满的及时续签，未签订过的及时补签，如此既是对劳动者合法权益的保护，也可以使得用人企业自身避免相关的法律风险。同时，企业应当依《劳动合同法》规定，经各项要式程序，制定完善而全面的企业劳动规章制度，使得企业劳动管理制度化、合法化。建议在专业律师指导下制作和完善劳动合同文本，并建立完善的劳动规章制度。

用人企业的用工自主权还体现在劳动者的岗位调整问题上。《劳动合同法》规定，用人单位和劳动者协商一致方能变更劳动合同，但不能因此完全否定用人单位的用工自主权。用人单位根据自身生产经营需要和合同约定，在不违背法律所要求的合理性原则的前提下依法对劳动者进行调岗，属于其用工自主权范畴，并不违法。

根据法律规定，劳动合同履行期间涉及合同变更事项的，双方应通过友好方式协商一致后再变更。但是出于对用人企业的用工自主权的保障，用人单位可以对劳动者岗位进行调整，但用人单位因市场发展及生产经营发生重大变化需要合并、缩减部分内设部门而将被缩减内设部门的劳动者重新安排到本单位其他岗位工作的，应符合合理性原则，将对劳动者带来的影响降到最小，并与劳动者充分协商以尽可能取得劳动者的同意。在保证新岗位与原岗位的工作内容相同或者相似，且新岗位不具有侮辱性和惩罚性，调整岗位后的工资水平亦不低于原岗位的前提下，用人企业用工自主权的行使一般受法律保护。

【相关法条】

《中华人民共和国就业促进法》

第三条 劳动者依法享有平等就业和自主择业的权利。

劳动者就业，不因民族、种族、性别、宗教信仰等不同而受歧视。

第二十六条　用人单位招用人员、职业中介机构从事职业中介活动，应当向劳动者提供平等的就业机会和公平的就业条件，不得实施就业歧视。

《最高人民法院关于确定民事侵权精神损害赔偿责任若干问题的解释》

第五条　精神损害的赔偿数额根据以下因素确定：

（一）侵权人的过错程度，但是法律另有规定的除外；

（二）侵权行为的目的、方式、场合等具体情节；

（三）侵权行为所造成的后果；

（四）侵权人的获利情况；

（五）侵权人承担责任的经济能力；

（六）受理诉讼法院所在地的平均生活水平。

《最高人民法院关于审理利用信息网络侵害人身权益民事纠纷案件适用法律若干问题的规定》

第十二条　被侵权人为制止侵权行为所支付的合理开支，可以认定为民法典第一千一百八十二条规定的财产损失。合理开支包括被侵权人或者委托代理人对侵权行为进行调查、取证的合理费用。人民法院根据当事人的请求和具体案情，可以将符合国家有关部门规定的律师费用计算在赔偿范围内。

被侵权人因人身权益受侵害造成的财产损失以及侵权人因此获得的利益难以确定的，人民法院可以根据具体案情在50万元以下的范围内确定赔偿数额。

判例六：首例涉"借名"直播虚拟财产侵权纠纷案

王某某与广州某星互娱信息科技有限公司、王某网络侵权责任纠纷案①

【关键词】

　　网络侵权责任　　虚拟财产　　"借名"直播

【案情简介】

　　2016年，王某某以其个人身份证号在酷狗直播平台注册了涉案帐号，但绑定的手机号码为王某晗的个人电话号码。后王某一直使用涉案帐号并进行直播，直播收入均打入王某某名下尾号为1004的银行卡账户。2020年1月31日，王某向广州某星互娱信息科技有限公司（以下简称"某星公司"）申请变更涉案帐号的实名认证信息为其本人。2020年2月2日，某星公司在未告知王某某的情况下直接将涉案帐号实名认证信息变更为王某。

　　涉案帐号目前的实名认证人为王某，拥有30.6万粉丝，财富等级为"神皇"，明星等级为"歌神5"，主播荣誉为2019年大奖季军，2019年最佳才艺奖冠军。2020年10月，王某又注册了新的酷狗帐号进行直播。与此同时，其仍在继续使用涉案帐号。

　　涉案帐号可通过"帐号+密码"的方式进行登录，也可通过"手机号+验证码"的方式进行登录，在网络异常等特殊情形下需要王某某进行人脸识别后才能登录。登录密码由王某掌握，王某某声称其掌握登录密码，但其提交的微信聊天记录显示其进行人脸识别时询问王某登录密码，同时该聊天记录显示王某可通过"手机号+验证码"的形式进行登录。

　　2020年1月30日，王某某在王某不知情的情况下将涉案帐号绑定的尾号为1004的银行卡挂失后重新补办，并将卡内76万元取走。王某多次向王某某索要该款，王某某一直不予返还，王某遂向黑龙江省哈尔滨市松北区人民法院提起诉讼，请求判令王某某返还其不当得利款76万元。法院判决王某某返还王某76万元。王

---

　　①　广州互联网法院发布的涉数据及虚拟财产纠纷十大典型案例。广州互联网法院（2020）粤0192民初38173号民事判决书，载于中国裁判文书网。

某某提起上诉后又撤回上诉。

庭审中，王某某称王某因违规直播而不能注册帐号，但其不清楚王某违规直播的具体情况；双方口头约定以王某某的身份信息进行实名注册并绑定其银行卡帐号，由王某进行直播并向王某某支付分红款，帐号归王某某所有。王某称其未违规直播；双方是出于娱乐的心态注册帐号并无盈利目的，当时是以王某某的身份信息注册了涉案帐号，双方未对帐号归属进行约定，其也未向王某某分红。某星公司称未查询到王某在其平台存在违规直播的记录。法院认为，王某某主张王某存在违规直播记录，且双方曾对帐号归属、分红进行约定，但均未提交相关证据予以证实且王某予以否认，违规直播方面的主张亦与中国演出协会网络表演（直播）分会回复的情况不符，故对其上述主张未予采信。

【裁判观点】

法院认为，虚拟财产是一种能够用现有的标准度量其价值的数字化新型财产，属于财产权保护的范畴。本案的争议焦点为：某星公司基于王某的申请变更实名认证人的行为是否侵害了王某某的虚拟财产权。对此应当分类判定直播平台的帐号本身与帐号上添附的财产性内容。

关于变更实名认证人的行为是否侵害了王某某对涉案帐号本身的虚拟财产权这一问题。法院认定变更实名认证人的行为未侵害王某某对涉案帐号的虚拟财产权。

首先，王某某享有涉诉帐号的使用权。虽然王某某注册之后将帐号交给了王某使用，但缺乏明确的将其在上述协议中的权利义务概括转让给王某的意思表示，故应认定帐号实名认证人为王某某期间，帐号的使用权属于王某某。其次，某星公司在发现帐号的注册人与实际使用人不一致后终止王某某继续使用帐号，属于其行使合同权利的行为，不构成对王某某帐号使用权的侵害。最后，某星公司在王某某违约情况下，基于与王某之间的合意订立新的合同，并将帐号使用权让渡于王某，属于其作为民事主体所享有的订立合同的自由，其行为不违反法律法规的禁止性规定。

关于变更实名认证人的行为是否侵害了王某某在涉案帐号上添附的虚拟财产权这一问题。法院认定王某某对本案帐号上添附的虚拟财产不享有权益。

首先，王某对于帐号上添附的虚拟财产的形成作出了重要的、无可替代的贡献。而王某某从未使用涉案帐号进行直播，其对帐号上添附的虚拟财产的形成没有发挥明显作用。其次，从 2016 年注册涉案帐号到 2020 年发生争议，王某某未提供证据证明在此期间内分配过收益或向王某提出过分配收益的主张，其对帐号上添附的财产权益长期缺乏权利宣示。最后，从公平与效率角度考量，帐号上添附的财产内容是王某多年直播、经营的劳动成果，其对该部分财产权益的形成作出了重要的、无可替代的贡献，要求王某舍弃该帐号，既不符合公平原则，也不符合效率原则。

综上，某星公司变更实名认证人的行为，不属于与王某恶意串通实施的共同侵权行为，也未侵害王某某的虚拟财产权。最终法院驳回了王某某的诉讼请求。

【判例分析】

本案为全国第一例涉"借名"直播虚拟财产侵权纠纷案，既涉及网络虚拟财产的权属认定问题，又涉及实名认证监管以及平台的自治权边界问题。

本案的裁判前提，在于对虚拟财产的财产权益的确认。《民法典》第127条规定："法律对数据、网络虚拟财产的保护有规定的，依照其规定。"由此可见，虚拟财产作为一种数字化新型财产，应当受法律保护。

在虚拟财产应当受法律保护的前提下，办案法官将涉案帐号的财产权益客体划分为账号本身与帐号上添附的包括粉丝、流量等所反映的财产性权益的财产性内容两部分，首次提出了账号类虚拟财产权益的两分法，区别适用权利归属规则的裁判思路。

对于账号本身。涉案帐号最初以王某某的身份信息进行注册，在此过程中，王某某完成了实名认证并与某星公司签订了《酷狗直播用户服务协议》《酷狗用户帐号规则》，上述协议内容未违反法律、行政法规的强制性规定，应为合法有效。某星公司在王某某违约情况下，基于与王某之间的合意订立新的合同，并将帐号使用权让渡于王某，属于其作为民事主体所享有的订立合同的自由。互联网订立的合同具有合同主体虚拟化、广泛化，意思表示电子化等特点。对于平台来说，用户通过勾选同意用户协议、服务协议，即与其建立了合同关系。从合同实际履行情况来看，王某某违约出借帐号，某星公司有权据此终止双方之间的服务合同，并未侵害王某某对涉案帐号本身的虚拟财产权。

对于帐号上添附的包括粉丝、流量等所反映的财产性权益的财产性内容。王某一方对帐号上添附的虚拟财产的形成发挥了重要作用，而且王某某在几年间也并未对帐号上添附的虚拟财产进行权利宣示。同时，法院从公平与效率的角度对其进行考量。

从公平原则来看。网络虚拟财产一个重要的特征是具有价值，民事主体为获得相应的价值付出了劳动。本案中，王某某从未使用过案涉帐号，而王某付出了大量的劳动并通过各种方式增加了帐号的价值，且"粉丝关注数量"等无形的数据价值亦具有一定的人身依附属性。将相关权益给予付出劳动较多的一方，符合公平原则的实质要求。从效率原则来看。王某某注册新的帐号的成本较低，而让王某舍弃该帐号，会造成帐号上添附的虚拟财产及社会资源的浪费，不符合效率原则。

总体来说，法院确立了帐号类虚拟财产与帐号上添附的虚拟财产权益两分法，区别适用权利归属规则的裁判思路，认为，帐号类虚拟财产权益的享有和处分应受网络服务合同的约束，帐号上添附的虚拟财产权益则根据诚信、公平和效率原则，归由帐号实际使用人享有。

【风险提示】

《民法典》第 127 条规定："法律对数据、网络虚拟财产的保护有规定的，依照其规定。"为网络虚拟财产的保护提供了民事基本法的依据，直接承认了网络虚拟财产作为价值载体的财产属性。从司法裁判观点来看，司法实践中对此的适用也得到了承认，即虚拟财产应当受法律保护。

互联网时代背景下，各类新型产业层出不穷，以本案中所提及的直播行业为例，大量的自然人个体通过与互联网平台签约而开展直播活动，用以获取直播签约金、直播打赏等经济收益。而通过互联网订立的合同具有合同主体虚拟化、广泛化，意思表示电子化等特点。诸如本案中"借名"直播等问题，对于互联网企业而言，较难避免。如何应对此类问题，避免不必要的法律责任的承担，成为互联网平台应当重点考虑的现实问题。

如本案一般，虽然某星公司在本案中无需承担法律责任，但法院认为，某星公司的用户协议条款存在不完善的情况，其应当完善管理规则，完善并履行必要的告知、申诉等程序。

因此，对于互联网平台企业而言，应当进一步完善实名制管理，通过推广人脸识别技术、加强定期抽查核验等方式，认真落实用户身份真实查验管理制度，加强对用户帐号合法合规性的动态化核验与监测，严格防范、规制用户借用、冒用他人帐号的行为，提升实名制监管的精准性，有效打击借用、冒用他人身份信息规避监管的行为，完善管理规则，尊重用户的主体地位，特别是规范终止用户对帐号使用的规定，完善并履行必要的告知、申诉等程序，正确行使平台自治权。保障网络用户的合法财产权益的同时，也是在规避自身可能面临的法律风险。

互联网平台在选择内部员工进行直播营销时，要加强对其管理，直播前做好专业技能培训，规范直播过程中的言行举止。选择委托他人直播营销时，应签署规范的委托合同，明确具体委托事项、权利义务及违约责任等内容。在开展"直播带货"等经营业务时，尤其应当注意加强商品的质量管理，依法宣传推介商品。

而对于如本案中原告的互联网平台用户来说，应当加强自身权利意识，在开展诸如网络直播等活动时，应选择具有相应规模且为人熟知的正规平台开展合作，避免与资质不齐、信誉度不高的企业合作的风险。对于自身通过签订合同、实名注册等方式获取的互联网平台帐号，应当保持关注，避免自身虚拟财产被他人占用、处分等，在确定不再继续使用相关帐号时，应当及时予以注销，避免帐号受互联网平台或其他主体不当使用，减损自身利益，抑或是产生其他不必要的法律责任。

【相关法条】

《中华人民共和国民法典》

第一百二十七条　法律对数据、网络虚拟财产的保护有规定的，依照其规定。

《最高人民法院关于适用〈中华人民共和国民法典〉时间效力的若干规定》

第一条　民法典施行后的法律事实引起的民事纠纷案件，适用民法典的规定。

民法典施行前的法律事实引起的民事纠纷案件，适用当时的法律、司法解释的规定，但是法律、司法解释另有规定的除外。

民法典施行前的法律事实持续至民法典施行后，该法律事实引起的民事纠纷案件，适用民法典的规定，但是法律、司法解释另有规定的除外。

判例七：首例 NFT 数字藏品侵权纠纷

深圳某策迭出文化创意有限公司与杭州某与宙科技有限公司侵害作品信息网络传播权纠纷案①

【关键词】

信息网络传播权　NFT 元宇宙　数字藏品

【案情简介】

原告深圳某策迭出文化创意有限公司（以下简称"某策公司"）发现，用户在 NFT 平台 Bigverse 上铸造并发布了"胖虎打疫苗"NFT，售价为 899 元。该作品与艺术家马千里在微博发布的插图作品完全一致，右下角还带有作者的微博水印，而某策公司经作者授权，享有"我不是胖虎"系列作品在全球范围内独占的著作权、财产性权利及维权权利。

登录进入被告公司运营的 NFT 平台，首页显示："在这里，每个人都有权创作，交易，分享 NFT 艺术品，简介：致力于打造人人都能参与的 NFT 生态；开发的侧链'去币存链'技术大大降低了用户使用成本；定制化打造的 NFT 铸造系统，一键操作、零门槛，用户无需手动创建数字钱包，即可实现在平台上自由铸造、零售、交易 NFT 数字艺术作品。"

诉争平台为 NFT 数字作品交易服务平台，其向交易双方提供数字作品平台服务，注册用户通过该平台发布数字作品，并申请铸造拟发布作品的非同质化通证（NFT），铸造完成后，用户的数字作品通过平台与其他用户进行交易。

某策公司认为，被告作为专业 NFT 平台，理应尽到更高的知识产权保护义务，对于在其平台发布的 NFT 数字作品权属情况应进行初步审核。然而，被告并未履行审核义务，还收取一定比例的交易费用。被告行为构成信息网络传播权帮助侵权，因此将被告起诉至法院，要求停止侵权并赔偿损失 10 万元。

杭州某与宙科技有限公司（以下简称"某与宙公司"）辩称：1. 其系第三方平台，涉案作品系平台用户自行上传，无需承担责任；2. 其只有事后审查义务，已经

---

① 杭州互联网法院（2022）浙 0192 民初 1008 号民事判决书。http：//tingshen.court.gov.cn/live/28688202。

将涉案作品打入地址黑洞，尽到通知-删除义务，所以也没有停止侵权的必要性；3. 其并没有披露涉案作品对应 NFT 所在的具体区块链及节点位置以及涉案作品 NFT 所适用的智能合约内容的义务，法律对此没有明文规定。

【裁判观点】

法院认为，本案主要争议焦点为：一、某策公司主张的《胖虎打疫苗》图是否构成美术作品；二、某策公司是否为本案适格原告；三、NFT 数字作品铸造、交易的法律性质；四、被控平台的属性及责任认定；五是民事责任的承担。

关于某策公司主张的《胖虎打疫苗》图是否构成美术作品这一问题。法院认为，涉案作品《胖虎打疫苗》呈现了作者的独特个体表达，体现了一定的艺术美感，应当属于著作权法意义上的美术作品。

关于某策公司是否为本案适格原告这一问题。法院认为，本案现有证据足以证明涉案作品《胖虎打疫苗》已公开发表且著作权人为作者马千里。某策公司与马千里签订《著作权授权许可使用合同》后作为涉案作品独占性被许可人，依法享有诉权，某策公司为本案的适格原告。

关于本案中 NFT 数字作品铸造、交易的法律性质。法院认为，网络用户未经原告许可通过公司经营的被控平台交易《胖虎打疫苗》NFT 数字作品的行为，应认定为侵害原告作品的信息网络传播权。

首先，NFT 交易实质上是"数字商品"所有权转移，并呈现一定的投资和收藏价值属性。其次，NFT 交易模式本质上属于以数字化内容为交易内容的买卖关系，购买者所获得的是一项财产权益，并非对一项数字财产的使用许可，亦非对一项知识产权的转让或许可授权。再者，当前著作权法中的发行限定为有形载体上的作品原件或复制件的所有权转让或赠与，故未经权利人许可将 NFT 数字作品在第三方交易平台的出售行为尚无法落入发行权所控制范畴。最后，NFT 数字作品铸造过程中存在对作品的上传行为，目的在于以互联网方式向社会公众提供作品，故复制造成的损害后果已经被信息网络传播给权利人造成的损害后果所吸收，无需单独对此予以评价。

关于被控平台的属性及责任认定。本案中，关于诉争事实，被告没有进行审查，没有履行必要的注意义务，被控平台对被控侵权事实主观上构成应知。而且，在上传被控侵权作品的用户构成侵权的前提下，被控平台知道也应当知道网络用户侵害信息网络传播权却未能及时采取有效制止侵权的必要措施，存在主观过错，故应当承担相应的帮助侵权责任。

关于民事责任的承担。法院判令被告立即停止侵害原告信息网络传播权的行为，并且综合侵权作品交易金额、公司收取的费用、某策公司为制止侵权所支出的取证费、律师费等其他合理费用，确定损害赔偿额为 4000 元。

【判例分析】

作为国内首例关于 NFT 数字藏品侵权纠纷的判决，本案对于界定 NFT 数字藏品的法律性质、NFT 交易法律关系以及 NFT 交易平台责任具有重要的参考意义与指导价值。

所谓 NFT，是指非同质权益凭证，是用来标记特定数字内容的区块链上的元数据。其与存储在网络中某个位置的某个数字文件具有唯一的且永恒不变的指向性。NFT 本身不具备任何直接转变为画面的数据，不能"观赏"，只是一个抽象的信息记录。文学艺术领域的作品通过 NFT 进行交易的称为"NFT 数字作品"。因此当一件数字作品复制件以 NFT 形式存在于交易平台上时，就被特定化为一个具体的"数字商品"，NFT 交易实质上是"数字商品"所有权转移，并呈现一定的投资和收藏价值属性。

杭州互联网法院对"数字商品"的内涵作出了界定，但并未适用《民法典》第 127 条将其划入虚拟财产的范围。关于 NFT 交易中涉及的作品"著作权"与一般财产权益的区分，法院认为，NFT 数字作品持有人对其所享有的权利包括排他性占有、使用、处分、收益等，主要依据著作权法理论进行裁判。

对于 NFT 数字作品的交易行为，法院虽然认可其作为数字藏品的财产权益属性，但未对发行行为中作品与有形载体作出区分，有形载体的所有权仍是法院认为的作为判断发行行为的标准，并未开启可以使得发行权进入虚拟世界的大门。

关于 NFT 交易平台责任这一问题。法院认为 NFT 交易平台不属于《信息网络传播权保护条例》定义的四种网络服务提供者，涉案 NFT 交易平台属于新型的网络服务提供者。基于平台智能合约的交易模式，如果发生侵权行为，将会损害 NFT 交易链条上的众多相关主体的利益，将严重损害交易秩序的确定性以及相关主体的合法权益。平台直接从交易中获利，其应当负有较高的注意义务，同时应当构建有效的知识产权审查机制、侵权预防机制。

【风险提示】

作为一个诞生于科幻作品中的概念，元宇宙概念的横空出世引来了资本市场的狂欢。2021 年 3 月，元宇宙概念第一股罗布乐思公司在纽交所上市，上市后市值超

500 亿元，元宇宙概念在资本市场爆发出巨大能量。但是，元宇宙本身的去中心化、匿名化、跨时空性等特征，使得其中所存在的法律风险同样不容小觑。

大量行业人士将 NFT 等数字藏品视为元宇宙产业的发展起点。但是，在现行法律框架下，由于没有有形载体，元宇宙场景下所有交易均会被统一划入信息网络传播行为，这就意味着元宇宙下购买者的二次销售行为都仍然属于著作权人专有权利的控制下。

当前阶段，我国尚没有针对元宇宙问题进行专门的立法，针对 NFT 等数字藏品的交易平台的平台规则同样存在极强的不确定性。对于涉及相关领域，抑或是有意向进军相关领域的个人与企业来说，应当知晓其中可能存在的经济风险与法律风险。

首先，如本案中的裁判观点一般，NFT 等数字藏品交易的性质限于数字商品本身的财产权转移。数字藏品购买者的二次交易应划入信息网络传播行为，购买者通过平台二次销售数字藏品仍然需要获得权利人的单独许可，而且，数字藏品的使用存在一定的限制，购买者并不当然有权在线下公开展览其所购买的藏品。因此，平台方应当通过明示的方式提示购买者注意相关数字藏品的使用方式，提示版权转让或许可协议的另行签订，购买者知晓这一问题，就可避免不必要的纠纷。

对于以盈利为目的，尤其是希望收取佣金的数字藏品交易平台而言，应当负有相较于传统的以交易平台更高的注意义务。平台不仅需要履行一般网络服务提供者的责任，还应当建立一套有效的知识产权审查机制，对平台上交易的 NFT 作品的著作权做初步审查，如审查申请 NFT 铸造的用户是否提供了涉及著作权底稿、原件、合法出版物、著作权登记证书、认证机构出具的证明等初步证据证明其为著作权、与著作权有关权益的权利人。同时平台应构建相应的侵权预防机制，必要时可要求铸造用户提供必要的保证。

数字藏品交易平台还应当主动提示使用用户其他可能存在的风险。如本案一般，在数字藏品存在侵权的情况下，相关藏品将面临被销毁的风险。平台可以通过签订用户协议等方式，事前、明示、着重地提醒相关用户可能存在的诸如此类的风险，做逾期收益与风险规避的衡平。

随着元宇宙热度的不断攀升，不法分子同样开始利用 NFT 产品牟利，开展炒作、洗钱活动。2022 年 2 月 18 日，银保监会发布《关于防范以"元宇宙"名义进行非法集资的风险提示》。与之相关的骗局主要包括恶意炒作元宇宙房地产、编造虚假元宇宙投资项目、变相从事元宇宙虚拟币等形式。无论是交易平台还是相关的产品购买者，都应当加强对相关概念的警惕意识。建议通过律师或其他专业领域人士获取有效建议。

【相关法条】

《中华人民共和国民法典》

第一千一百九十五条 网络用户利用网络服务实施侵权行为的，权利人有权通知网络服务提供者采取删除、屏蔽、断开链接等必要措施。通知应当包括构成侵权的初步证据及权利人的真实身份信息。

网络服务提供者接到通知后，应当及时将该通知转送相关网络用户，并根据构成侵权的初步证据和服务类型采取必要措施；未及时采取必要措施的，对损害的扩大部分与该网络用户承担连带责任。

权利人因错误通知造成网络用户或者网络服务提供者损害的，应当承担侵权责任。法律另有规定的，依照其规定。

《最高人民法院关于审理侵害信息网络传播权民事纠纷案件适用法律若干问题的规定》

第九条 人民法院应当根据网络用户侵害信息网络传播权的具体事实是否明显，综合考虑以下因素，认定网络服务提供者是否构成应知：

（一）基于网络服务提供者提供服务的性质、方式及其引发侵权的可能性大小，应当具备的管理信息的能力；

（二）传播的作品、表演、录音录像制品的类型、知名度及侵权信息的明显程度；

（三）网络服务提供者是否主动对作品、表演、录音录像制品进行了选择、编辑、修改、推荐等；

（四）网络服务提供者是否积极采取了预防侵权的合理措施；

（五）网络服务提供者是否设置便捷程序接收侵权通知并及时对侵权通知作出合理的反应；

（六）网络服务提供者是否针对同一网络用户的重复侵权行为采取了相应的合理措施；

（七）其他相关因素。

后　记

　　从笔者踏入律师队伍之日起，笔者的恩师段逸超律师就日日嘱咐，在日常工作中要多积累、多思考，要形成文字，要出版成书。法律书籍的出版不但可以促进法律人之间的交流，更是法律知识乃至法治思想的传播。但对于常年奔波在实务一线的办案律师而言，动笔完成一部以万字为计量单位的文字作品实非易事。在笔者从业 20 年之际，终于完成了本书的最终定稿，其间的艰辛不言而喻。但庆幸的是，在诸多坚持之后，终于有了本书与大家见面之日。

　　本书的写作，一方面是对笔者过往实务经验的梳理与整合，借此机会进行自身的沉淀；另一方面更是希望将自身的实务经验落实成文字，为互联网企业的运营和发展提供风险防范以及纠纷处理的建议。正如本书所提到的，互联网在极大地提升人民生活质量的同时，所造成的互联网巨头企业滥用自身市场支配地位、企业主体采取不正当竞争行为等各类违法行为大量发生。凡此种种，无疑对互联网企业的正向发展产生了消极的影响。虽是奢望，但还是希望本书的写作为解决互联网市场中的乱象提供一丝助力。

　　本书的完成，首先需要感谢家人多年来对笔者工作的理解和支持。

　　感谢刘建军律师，作为笔者的亲密战友，为本书的出版提供了大力支持和无私的帮助。

　　感谢王林丽律师、郑思思律师、陈婉玲律师为本书的完成做了案例搜索、观点探讨、资料查询、文字校对等重要工作。

　　感谢正在服务的以及过往服务的客户，为笔者提供了宝贵的实践机会。

　　于笔者而言，即使是在极其细微的程度上能够为互联网企业的合规建设和纠纷处理等问题提供有所裨益的建议，也算是尽到一名法律从业者的微薄之力了。

图书在版编目（CIP）数据

互联网时代背景下企业主体常见法律风险提示：以全国典型案例为样本／胡栋编著．—北京：中国法制出版社，2023.4

ISBN 978-7-5216-3395-5

Ⅰ.①互… Ⅱ.①胡… Ⅲ.①企业法-研究-中国 Ⅳ.①D922.291.914

中国国家版本馆 CIP 数据核字（2023）第 059865 号

责任编辑　卜范杰　　　　　　　　　　　封面设计　杨泽江

互联网时代背景下企业主体常见法律风险提示：以全国典型案例为样本
HULIANWANG SHIDAI BEIJING XIA QIYE ZHUTI CHANGJIAN FALÜ FENGXIAN TISHI：
YI QUANGUO DIANXING ANLI WEI YANGBEN

编著/胡栋
经销/新华书店
印刷/北京虎彩文化传播有限公司
开本/710 毫米×1000 毫米　16 开　　　　印张/15　字数/206 千
版次/2023 年 4 月第 1 版　　　　　　　　2023 年 4 月第 1 次印刷

中国法制出版社出版
书号 ISBN 978-7-5216-3395-5　　　　　　　定价：56.00 元

北京市西城区西便门西里甲 16 号西便门办公区
邮政编码：100053　　　　　　　　　　　　传真：010-63141600
网址：http：//www.zgfzs.com　　　　　　　编辑部电话：010-63141793
市场营销部电话：010-63141612　　　　　　印务部电话：010-63141606

（如有印装质量问题，请与本社印务部联系。）